AF482630

Friedrich Gerstäcker

Südamerika

e-artnow 2018

Wilhelm Cremer
Die Entdeckung des Erdballs - Die Reisen des Marco Polo, Christoph Kolumbus, Vasco da Gama, Fernando Cortez, Francis Drake, James Cook, Die Eroberung des Nordpols und viel mehr

Robert Louis Stevenson
In der Südsee

Annette von Droste-Hülshoff
Gesammelte Werke von Annette von Droste-HülshoffDie Judenbuche + Bei uns zu Lande auf dem Lande + Bilder aus Westfalen + Gedichte …Am Bodensee, Carpe diem! und vieles mehr)

Hermann von Pückler-Muskau
Aus Mehemed Alis Reich: Ägypten und der Sudan um 1840

Jakob Wassermann
Christoph Columbus - Der Don Quichote des Ozeans (Vollständige Biografie): Historischer Roman

Heinrich Smidt
Seeschlachten und Abenteuer berühmter Seehelden - Ein Buch der Admirale: Spannende Kapitänsgeschichten: Horatio Nelson + Kap Sanct ... Forbin + Die Schlacht der fünf Admiräle...

Hanns Reska
Die Todesfahrt der "Advance" im ewigen Eise: Voll illustriertevon E. K. Kane's berühmte Grinnell-Nordpolexpedition (RMS Titanic Vorgänger)

Alexandre Dumas
Napoleon Bonaparte

Klabund / Alfred Henschke
Borgia: Aufstieg und Fall einer machtbesessenen Familie: Historischer Roman - Geschichte einer Renaissance-Familie

Robert Falcon Scott
Letzte Fahrt: Tagebücher eines Überlebenskampfes

Friedrich Gerstäcker

Südamerika

e-artnow, 2018
ISBN 978-80-268-8922-9

Inhaltsverzeichnis

1. Die Ausfahrt.

An Bord des Talisman in der Weser – 18. März 1849. Es ist ein wunderliches, eigentümliches Gefühl, an Bord eines Fahrzeuges, vor Beginn einer langen Seereise, noch im alten Vaterland fest vor Anker zu liegen, und diesem, während man die Reise selber noch gar nicht begonnen, den heimischen Boden noch nicht verlassen hat, doch auch eigentlich schon nicht mehr anzugehören – es ist ein wunderliches aber auch recht fatales Gefühl und hält unsere Nerven in einer Abspannung, die uns zuletzt ordentlich den Zeitpunkt *ersehnen* läßt, vor dem es Manchem im Anfang wohl heimlich gebangt hatte – den Abschied von seiner Muttererde.

Auf die Passagiere eines Auswandererschiffes macht das übrigens den verschiedenartigsten, wenn auch im Endresultat sich ziemlich gleich bleibenden Eindruck. Unthätig und mit langweiligen verdrossenen Gesichtern treiben sich die Meisten von ihnen bald an dem, kaum fünfzig Schritt entfernten Land (wir liegen dicht vor Groß's Hotel in Brake) – bald an Bord umher, und so ungemüthlich, so unbehaglich Alles am Ufer ist, ebenso jeder Bequemlichkeit und Ruhe förmlich trotzend, ist es an Bord.

Fortwährend treffen noch neue Passagiere mit einer Masse von Gepäck ein, als ob jeder Einzelne erwarte, die Arche Noäh zu eigener Disposition gestellt zu bekommen. – Alle Luken sind geöffnet, Kisten, Koffer, Bettsäcke, Körbe, Schachteln *etc.* stehen überall in Menge; kein Mensch findet was ihm selber gehört, Namen werden verwechselt und Koffer und Kasten waren es von Anfang an. Die Matrosen, die diesem *gewohnten* Treiben dabei mit der äußersten Gleichgültigkeit zuschauen, steigen in einer wahrhaft fabelhaften Gemüthsruhe über das wild umhergestreute Passagiergut hin und her, treten Hut-und andere Schachteln in ganz unbestimmte Formen und Fayons, hissen, was ihnen in den Wurf kommt – manchmal nur durch das verzweifelte Zuspringen der Passagiere verhindert – in den unteren Raum, etwas mehr unter den Füßen weg zu bekommen, und kehren sich sonst an gar nichts, während sich die Zwischendecks und auch Cajütspassagiere gerade im Gegentheil um Alles bekümmern, jedes Collo besehen und untersuchen wollen, über die Luken hinüber oder auch hineinschreien, und Alles thun, was in ihren Kräften steht, die Verwirrung aufs Aeußerste zu steigern.

Nasses Wetter vermehrt nur natürlich das Unangenehme, ja Widerliche solchen Zustandes, und kein Wunder, daß Mancher wirklich voller Verzweiflung in das dunkle Chaos – in die Höhle des Zwischendecks, niederstarrt, aus der ihm ein enormer widerlicher Dunst entgegenquillt, und die ihm nicht fünf bis sechs Wochen, wie auf einer Reise nach Newyork, nein ebensoviele Monate hindurch zum fast alleinigen Aufenthaltsort dienen soll. Wäre Tausenden von diesen ein solcher Blick verstattet gewesen, als sie noch zwischen »Auswandern« und »zu Hause bleiben« im Geiste schwankten, wie Viele, o wie unendlich Viele würden nie in ihrem Leben ein Schiff betreten, die aber können jetzt natürlich nicht mehr zurück, und müssen nun auch, mit einem alten deutschen Sprüchwort, ausessen, was sie sich vorher in aller Unschuld auf das sorgfältigste eingebrockt hatten.

Was das Gepäck übrigens betrifft, so ordnet sich das, erst einmal ein paar Tage in See, gar bald von selber. – Ganz unglaubliche Quantitäten werden in die wirklich kleinsten Räumlichkeiten weggestaut, und Sachen und Gegenstände, an deren Unterbringen man bis dahin förmlich verzweifelte, bekommen einen Platz und scheinen vollkommen gut aufgehoben – bis dahin aber heißt es »Geduld und Fügsamkeit« bis ins Unendliche.

Unsere Passagiere für Californien – denn der Talisman ist direkt nach San Francisco bestimmt – bilden eine höchst eigentümliche und wirklich interessante Masse. Es sind fast lauter junge kräftige Leute, die jenem abenteuerlichen Leben des neu entdeckten Eldorado mit so goldenen Träumen entgegengehen, wie sie nur je ein Alchymist in seiner düsteren Stube geträumt hatte – keine einzige Frau – kein Kind ist zwischen ihnen. Die meisten, besonders die Zwischendecks-Passagiere, sind dazu, bei ihrer Ankunft an Bord, bis an die Zähne bewaffnet, Manche auf wirklich komische Art. So kam gestern Einer vom Dampfboot auf den Talisman mit einer Flinte, einem Spaten und – einem baumwollenen Regenschirm. »Mit dem Spaten willst Du wohl s' Gold 'rauskriegen?« frug ihn ein Matrose. »Ich werd's doch nicht sollen mit den Händen rauſßer krabbeln,« antwortete ihm der Mann im höchsten Ernst.

Spaten führen übrigens die Meisten bei sich; Manche Dutzende davon – auch Massen von alten Säbeln, Pistolen, Dolchen, Bajonnet-Flinten und überhaupt *Waffen* kommen zum Vorschein, als ob eine Rüstkammer geplündert wäre, oder ein Antiquitätencabinet aufgestellt werden sollte. Eine Persönlichkeit darf ich jedoch hier nicht übergehen, denn sie hat nicht allein bei uns, sondern auch in ganz Bremen großes Aufsehen erregt. Es ist das ein Messerschmied aus Magdeburg – hier jetzt nur kurzweg *der Riese* genannt, der ebenfalls nach Californien auswandern will.

Der Leser denke sich eine wahre Herkulesgestalt, von riesigem Körperbau mit krausem Bart, rothen Wangen und gutmüthigen klaren Augen – nur ein klein wenig zu bauchig, also eine Figur, die schon ohnedieß durch ihren kolossalen Umfang aufgefallen wäre, nun auch noch nach folgender Art gekleidet: grüne Blouse, helle Beinkleider und weißen Turnerhut; um den Leib einen etwa fünf Zoll breiten weißen Ledergurt und an diesem *erstens* einen wahrhaft riesigen Pallasch, der über die Steine klirrt, neben diesem einen Hirschfänger, der an der Stelle allerdings nur wie ein Messer aussieht, und neben dem Hirschfänger noch einen gigantischen »Rickfänger« zum Zusammenklappen – ebenfalls etwa 18 Zoll lang. Außerdem trägt diese Titanengestalt einen Dolch mit Terzerolläufen daran, wie eine verhältnißmäßige Anzahl von Pistolen.

Noch abenteuerlicher, ja fast komisch wird aber diese Persönlichkeit durch ihre Begleitung. Es sind das drei, hier jetzt »Trabanten« genannte Individuen, die den mächtigen Führer in Diminutivform, wie die Lootsen den Haifisch, umschwimmen. Drei sehr *kleine* Männer, ebenfalls in grünen Blousen, Turnerhüten und mit dem weißen Gurt, also ganz wie *junge* Riesen, und nur statt des Pallasches mit sehr kurzen Messern oder Hirschfängern an der Seite. Ich habe wirklich lange nichts Originelleres gesehen.

Der Riese ist dabei allem Anschein nach ein höchst gutmüthiger, ja fast gemächlicher Mann – wie das meist alle großen kräftigen Naturen sind – er läßt sich Pallasch und Messer von allen Leuten herausziehen und untersuchen, und kommt mir überhaupt vor wie ein Kauffahrer, der Kanonen ohne Munition führt. Wie mir gesagt wurde, kann der Mann – charakteristisch ja auch natürlich genug, nicht reiten, und soll einen kleinen Handwagen benutzen wollen. Wie der wohl Californien betritt? –

Die Auswanderung scheint dieses Jahr, wie sich das auch kaum anders erwarten ließ, an Größe alle anderen Jahre weit zu übertreffen. Bremen schwärmt von Auswanderern aus allen Theilen Deutschlands, und jeder Bahnzug bringt neue Massen, ja nicht selten sogar müssen Extrazüge genommen werden, die Hinzuströmenden zu befördern. Die Weser-Dampfboote können in ihren regelmäßigen Fahrten gar nicht einmal mehr alle Passagiere ihren Schiffen und den äußeren Häfen zuführen, und selbst die Schleppdampfer müssen deßhalb mit zum Passagiertransport genommen werden, was bis dahin noch in keinem anderen Jahr nöthig geworden war. In Brake liegt eine sehr große Anzahl und Bremerhafen soll ebenfalls überfüllt seyn.

Unser Fahrzeug, der Talisman, ist ein wackeres, noch ziemlich neues und gut aussehendes Schiff (eine Barke von 180 Last) und soll schnell und gut segeln. Der Capitän ist noch ein junger Mann und macht seine erste Reise als wirklicher Führer eines Schiffes. Der Cargadeur ist ein »befahrener« im Seeausdruck »weit zur See gewesen«) und wackerer Mann, die Passagiere scheinen fast durchgängig der gebildeten Klasse anzugehören, und alle Aussichten sind also vorhanden – *wind and weather permitting* – eine angenehme und schnelle Fahrt hoffen zu dürfen.

Der Zudrang nach Californien hat übrigens, wie es scheint, mit der Ausrüstung dieses Fahrzeugs erst begonnen; nicht einmal all die Fracht kann mitgenommen werden, die eingeliefert wurde, und die Firma Heydorn und Comp., die noch mehrere andere Schiffe dem Talisman nachzusenden gedenkt, beabsichtigt auch in San Francisco ein Zweiggeschäft unter der Firma Pajeken Frisius und Comp. zu etabliren. Herr Clemens Pajeken geht mit dem Talisman, Herr Frisius mit der Gesina als Cargadeur hinüber.

Gestern Abend ging hier bei Brake das neue *deutsche* Kriegsdampfschiff *Britannia* unter dem Abfeuern der Landböller vor Anker – es ist ein tüchtiges, stark und scharfgebautes und gewiß schnelles Boot und wird hoffentlich sein Möglichstes gegen den Feind thun (o schöne Träume). Mit freudigem Stolz sah ich an seinem Bord die schwarzroth-goldene Flagge wehen – möge sie über *alle* ihre Feinde triumphiren.

Nachdem wir uns nun über eine Woche in einem solchen Zwitterdaseyn zwischen Reisenden und Ansäßigen herumgetrieben, kam endlich die frohe Botschaft, daß wir »unter Segel gehen,« oder wenn wir keinen günstigen Wind bekämen, wenigstens mit der rückströmenden Ebbe der Mündung der Weser zutreiben sollten. Unsere Geschäfte mit dem Land waren bald abgebrochen und regulirt, und noch an demselben Abend lösten wir die Taue, die uns noch am Ufer hielten und schwammen den Fluß hinunter. Die Nacht mußten wir freilich wieder vor Anker gehen, und dasselbe Spiel trieb der Wind mit uns den nächsten Tag.

Gerüchte über neuausbrechende Feindseligkeiten mit Dänemark gaben uns dabei ziemlich gegründete Ursache, eine Unterbrechung unserer Reise fürchten zu müssen, falls wir nicht den Canal, wenigstens vor der Aufkündigung des Waffenstillstands, erreichten, denn unsere Flotte lag noch in den Windeln (ich dachte damals wahrlich nicht, daß ich sie bei der Rückkehr schon im Leichenhemde finden sollte) und dänische Kreuzer hätten uns einen bösen Strich durch die Rechnung machen können.

Der Abschied vom Vaterland ist schon immer an und für sich ein trübes niederdrückendes Gefühl, selbst wenn die Fahrt günstig und den Wünschen entsprechend ist, wie nun, wenn noch Mißmuth und Langweile über aufgehaltene, ja bedrohte Fahrt hinzukommen, und kein Wunder also, daß sich die Meisten, unserer Passagiere mürrisch und unzufrieden an Deck herumtrieben, und sicherlich mit nicht günstigen Augen das letzte Stück ihres Vaterlandes, die niederen monotonen Ufer des Weserstromes, betrachteten, als ein eigenthümlicher Zwischenfall der ganzen Sache eine andere Wendung gab.

Der größte Theil der Passagiere bestand, wie schon gesagt, aus jungen, unverheiratheten Leuten, und von diesen war Einem derselben schon an Bord, ich glaube sogar durch den Lootsen, aus Neckerei das Daguerreotyp eines nicht besonders geachteten Mädchens nachgesandt. Das schien unter den Passagieren bekannt geworden zu seyn; die Seeleute mochten es wohl ebenfalls erfahren haben, und plötzlich hieß es, *das Bild* gerade sey es, das den bösen Wind bringe, und wir müßten hier so herumtreiben, bis es über Bord geworfen wäre. Es dauerte auch gar nicht lange, so war schon der Beschluß gefaßt es der Tiefe zu übergeben, denn Seeleute wie Jäger sind alle ein wenig abergläubisch. Das Gerücht des beabsichtigten Opfers lief mit Windesschnelle von Mund zu Mund und unter donnerndem Hurrah flog, wenige Minuten später, das arme Bild in den stillen Weserstrom hinab.

Ob sich nun irgend ein, bei den Blasebälgen droben, angestelltes Engelein einen Spaß mit uns machen wollte, oder das Bild wirklich auf irgend eine elektromagnetische Weise mit den Geistern der Luft in Verbindung stand; kurz, so viel war gewiß, die kleine Tafel konnte kaum den Wesergrund berührt haben, als sich die Segel leise an zu heben fingen, vorn am Bug begann das Wasser zu kräuseln, die auf dem Strom schwimmenden Blasen, mit denen wir bis dahin friedlich niedergetrieben waren, blieben zurück, und in kaum einer Viertelstunde hatten wir eine zwar leichte, aber doch günstige Brise, die von Stunde an wuchs und uns endlich mit vollgeblähten Segeln, und zwar noch an demselben Abend, an den letzten Wesertonnen vorüber in die Nordsee hineinführte.

Als wir Bremerhafen gerade gegenüber waren, kam ein Boot von dort ab, zwei Leute saßen darin, ruderten aus Leibeskräften und hatten es nur ihrem zeitig genug vom Ufer fahren zu danken, daß sie uns wirklich einholten, denn das Schiff lief wenigstens fünf Knoten durchs Wasser. Die Passagiere standen fast Alle an Deck und schauten gespannt nach diesem letzten Boten vom festen Land herüber. Der Capitän glaubte, es sey eine Depesche für ihn, und die Uebrigen zerbrachen sich den Kopf, was die Sendung zu bedeuten haben könne, denn Niemand befand sich im Boot, als eben die beiden Rudernden. Und was brachten sie? – einen Brief für einen der Zwischendeckspassagiere.

»He – Schulze – Schulze – ein Brief für Dich!« rief es aus einer Anzahl Kehlen, als das heranschießende Boot von einem zugeworfenen Tau gehalten, mit dem Talisman fortgezogen wurde, und Einer der Bootsleute an Bord gesprungen war.

»Ein Brief für *mich*?« sagte der Angeredete, der sich jetzt hinzudrängte, anscheinend ganz erstaunt, ja fast erschreckt, »ich gehe nicht wieder zurück.«

Während noch einige der Uebrigen lachten, erbrach er den Brief und frug zugleich den Bootsmann, was er als Botenlohn zu beanspruchen habe.

»*Einen* Dollar,« lautete die tröstliche Antwort, die den armen Teufel von Passagier nicht wenig erschreckte – »einen Dollar,« wiederholte er ganz verblüfft und las dabei zugleich den Inhalt des Briefes halblaut vor sich hin – lieber Bruder, ich rufe Dir nochmals ein Lebewohl aus der Ferne zu – ich wünsche Dir eine recht glückliche Reise und gute Gesundheit – und das kostet einen Dollar – und laß recht bald etwas recht Gutes von Dir hören – es grüßt und küßt Dich tausendmal Dein getreuer Bruder Franz – und dafür will ich mein ganzes Leben lang nichts weiter thun, als Briefe transportiren – wie können Sie denn dafür einen Dollar fordern?«

»Das ist Taxe,« betheuerte der Mann, »und es war wahrhaftig keine Kleinigkeit, das Schiff mit solchem Fortgang noch einzuholen – seyen Sie froh, daß wir noch zur rechten Zeit gekommen sind.«

»Ich?« – sagte der Passagier ganz erstaunt – »für einen Thaler zehn Silbergroschen das Stück wünsch ich den Leuten das ganze Jahr hindurch eine »glückliche Reise« – ich wollte Sie wären eine halbe Stunde später gekommen.«

Der Mann mußte jedoch seinen Dollar bekommen, und Herr Schulze fügte sich endlich seufzend darein, nachdem er dem Bootsmann noch vorher den, wenn auch vergeblichen Vorschlag gemacht hatte, ihm den Brief für das halbe Porto wieder abzunehmen.

Aus der Weser erst hinaus wurde der Wind immer schärfer und besser, wir mußten aufbrassen und liefen vor günstigster Brise wohl sieben bis acht Meilen.

Dem nicht nautischen Leser hier übrigens gleich im Anfang wenigstens einen Begriff der nautischen Rechnungsart zu geben, werden ein paar Worte genügen. Der Lauf des Schiffes wird nach dem *Log* gemessen – (jedes Conversationslexikon gibt darüber Auskunft) – und wenn es heißt, das Schiff läuft z. B. acht *Knoten* in der *Stunde* (nach den Merkmalen in der Loglinie) – so sind damit englische Meilen gemeint; heißt es acht *Meilen* in der Wacht, so sind das geographische oder vielmehr nautische. Vier englische gehen aber auf eine nautische, und vier Stunden auf eine Wacht, so daß acht Knoten oder Meilen (engl.) die Stunde – auch dasselbe ist, was acht Meilen die Wacht bedeutet, denn wenn man von der Wacht spricht, rechnet man nur nach *nautischen* Meilen.

Donnerstag Abend um sieben Uhr liefen wir also in die Nordsee ein – am Freitag Abend mit Dunkelwerden sahen wir schon die Leuchtfeuer von Dover – etwas später auch die von Calais und Sonntag Morgens, am 25. erreichten wir die Mündung des englischen Canals.

»With the blue above and the blue below
And silence reigns wherever we go«

So lagen denn all die gefährlichen Dünen und Sandbänke der Nordsee – all die grünen Untiefen des Canals glücklich hinter uns – mit diesen allen aber auch die Heimath, und es war ein wahrlich nicht zu beschreibendes Gefühl das mich ergriff, als ich endlich einmal wieder auf dem blauen, so wundervoll blauen Ocean, aber auch so fern von den Meinen schaukelte, nun auf's Neue einem wilden tollen Leben in die Arme gesprungen.

Die Gefühle meiner Mitpassagiere schienen größtentheils anderer Art; mit nur sehr geringen Ausnahmen wurden die meisten seekrank, und wen nicht das grimme Seeleid, den jagte gewiß die nichtswürdige Kälte unter die Decken, so daß das Verdeck die ersten Tage ziemlich verödet lag. Von günstigem Wind getrieben schossen wir aber rasch dahin, und mit dem freudigen Bewußtseyn einen ziemlich fatalen Theil der Reise überstanden zu haben, mischte sich jetzt auch noch das beruhigende Gefühl jeder Gefahr eines, durch die dänische Blokade möglichen Aufenthalts glücklich entgangen zu seyn. Da tauchte ein Segel am Horizont auf – es kam näher, und unsere Fernröhre zeigten uns eine, gegen den Wind anlavirende Brigg.

Ein Segel auf offenem Meere ist stets ein interessanter Gegenstand, um so mehr dieses, da es das erste war, das uns auf dem Ocean in Sicht kam, und wir schauten seinem Nahen mit gespannter Aufmerksamkeit entgegen. Es kam mehr und mehr heran – an unserem Gaffelbaum flatterte die Bremer Flagge und von dem anderen Fahrzeug – stieg grüßend die dänische – das weiße Kreuz im rothen Felde, empor. Es war vielleicht ein Holsteiner, aber jedenfalls wehten diese beiden feindlichen Flaggen hier – was auch die Nationen daheim gegeneinander beginnen mochten, sich friedlich gegenüber, und stiegen zuletzt Abschied nehmend dreimal auf und nieder.

Mit derselben herrlichen Brise erreichten wir die Breite der Insel Madeira, die wir jedoch nicht zu Gesicht bekamen, und trafen hier den Nordostpassat, der uns eine rasche Fahrt, unserem nächsten Ziele zu, versprach, oder uns doch wenigstens glücklich und schnell unter den Aequator bringen mußte.

Die See, die bis dahin eine sehr starke Dünung gehabt, wurde in den Passaten ziemlich ruhig, die Seekranken erholten sich vollkommen, und man sah wieder einmal freundliche belebte Gesichter und – etwas sehr seltenes bis dahin – hungrige Mägen. – Es wird jetzt aber auch Zeit, daß ich zu unserem Schiff und dessen Passagieren und Eintheilung übergehe.

Der Talisman führte 101 Passagiere – 31 in der Cajüte und 70 im Zwischendeck, und es ist dieß vielleicht das erste deutsche Auswandererschiff das, gänzlich ohne Frauen an Bord, fast nur mit jungen Leuten in See, einem fernen Welttheile zuging. Die erste Woche auf dem Meere zeigte aber schon wie nöthig es sey, daß eine gewisse Ordnung besonders in das Zwischendeck gebracht werde, wo Ordnung und Reinlichkeit auf einer so langen Fahrt durch die heiße Zone besonders nöthig sind, und wo doch eigentlich niemand verpflichtet war darauf zu sehen. Die Passagiere entwarfen deßhalb unter sich (wobei sich besonders ein Herr Kamberg verdient machte), Statuten, erwählten K. zum Präsidenten des Zwischendecks, andere Passagiere zu Vorständen, und erreichten dadurch vollkommen alle die Bequemlichkeiten, die durch Ordnung und Reinlichkeit nur erreicht werden konnten. Diese Statuten zeigten sich um so vorzüglicher, da sie in ihren einzelnen Punkten erst aus dringender Nothwendigkeit hervorgegangen waren, und ich will deßhalb für später nachfolgende Schiffe eine Abschrift derselben hier beifügen.

Zwischendecks-Statuten der Barke Talisman.

»Es kann einem jeden Passagier des Talisman nur daran gelegen seyn, daß Ordnung, Reinlichkeit und gegenseitiges anständiges Benehmen unter den Passagieren eingeführt und festgehalten werde. Zu dem Ende haben sämmtliche geehrte Mitreisende diese Statuten durchzulesen und ihre Genehmigung zuzusagen, indem ja zu erwarten steht, daß jeder Ordnungs-und Friedliebende mit dem Inhalt derselben vollkommen einverstanden seyn wird.

§. 1. Jeder Bettkamerad hat genau darauf zu sehen, daß die in einer Coje liegenden Passagiere allwöchentlich ein reines Hemde, überhaupt reine Leibwäsche anziehen.

§. 2. Es muß durchaus von jedem Mitreisenden darauf gesehen werden, daß niemand sich im Zwischendecke wasche oder den Kopf reinige.

§. 3. Es werden von den Passagieren täglich zwei die Tour übernehmen, um Reinlichkeit und Ordnung im Zwischendeck aufrecht zu erhalten.

§. 4. Rauchen und Feuer anmachen im Zwischendeck kann nicht gestattet werden.

§. 5. Alle 14 Tage findet eine neue Vorstandswahl statt, und muß der Gewählte die Stelle das erstemal annehmen.

§. 6. Jeder Passagier muß seinen Koffer so einrichten, daß er die nothwendigsten Sachen nur in dem einen Collo behält und die übrigen Sachen zum »verstauen« oder »in den unteren Raum packen,« geben kann.

§. 7. Jedes Gepäck muß in oder vor der zu bewohnenden Coje placirt werden.

§. 8. Es darf nichts im Zwischendeck auf die Erde geworfen werden, wie z. B. Härings-oder Citronenschalen, Brod, Fleisch u. s. w., auch darf darin keine Pfeife gereinigt, noch Cigarrenstummel weggeworfen werden.

§. 9. In der Coje selbst darf kein Essen aufbewahrt werden, die Erfrischungen natürlich ausgenommen, die vom Lande mitgenommen sind, wie z. B. Citronen, Zucker, Getränke, Tabak, Cigarren u. s. w.

§. 10. Derjenige, der sich Essen aufbewahren will, muß dafür Sorge tragen, daß dieses außerhalb der Coje an einem festen Orte seinen Platz findet, ohne irgend jemand zu belästigen.

§. 11. Jeden Morgen um acht Uhr haben sich die Passagiere aus dem Zwischendeck zu entfernen, damit dieses gereinigt werden kann.

§. 12. Die Reinigung geschieht in der Reihenfolge, und zwar den vom Vorstand zu bestimmenden Nummern der Coje nach.

§. 13. Die Matrazen werden ebenfalls aus bestimmten Cojen jeden Morgen und abwechselnd aufs Verdeck gebracht und von ihren Eigenthümern ausgeklopft und gelüftet.

§. 14. Der Aus-und Eingang der Passagiere von Coje Nr. 1, 2, 3, 4, 11, 12, 13 und 14 geschieht durch die große Hinterluke; der der Bewohner der Cojen 5, 6, 7, 8, 9, 10, 15, 16, 17, 18, 19 und 20 durch die Vorderluke.

§. 15. Wer von den Passagieren vor dem Reinmachen nicht aufgestanden ist, muß liegen bleiben bis alles in Ordnung ist.

§. 16. Beschwerden jeder Art müssen dem Vorstand angezeigt werden, und wird dieser bemüht seyn solche zu beseitigen.

§. 17. Daß obige Paragraphen in allen ihren einzelnen Punkten befolgt werden, dafür wird der von den Mitreisenden gewählte Vorstand Sorge tragen.«

Ich habe die vorstehenden Statuten fast wörtlich nachgeschrieben und ihre Nutzbarkeit hat sich in den späteren Monaten auch vollständig bewährt.

So nöthig aber auch Ordnung und Reinlichkeit auf einem Schiffe sind, so verlangen die Passagiere doch gewöhnlich noch mehr als diese, und Leute die noch nie eine Seereise gemacht haben, und vielleicht gar mit dem Gedanken an Bord kommen, hier dieselben Bequemlichkeiten zu finden wie auf dem festen Land, müssen sich denn wohl, wie das auch kaum anders geschehen kann, sehr in ihren Erwartungen getäuscht finden.

Sonderbar oder vielmehr eigenthümlich ist es dabei, daß gerade solche, die es in der Heimath am schlechtesten hatten, die den meisten Entbehrungen ausgesetzt waren und sich kaum so gute und regelmäßige Kost, bei harter Arbeit, verschaffen konnten, wie sie es jetzt auf dem Schiff bekamen, es auch stets zuerst sind die unzufrieden über Essen und Trinken werden, während gerade die Verwöhntesten, die gleich mit der Voraussicht von vielen Entbehrungen an Bord gingen, es auch meistens am ruhigsten und geduldigsten ertragen, und es eher unter ihrer Würde halten über solche kleine Unbequemlichkeiten, die nun doch einmal mitgemacht werden müssen, ein Wort zu verlieren.

Unser Schiff hatte hierin noch einen besonderen Nachtheil. Auf kurzen Reisen, wie nach den Vereinigten Staaten, oder selbst nach Rio de Janeiro, wo der längste Termin der Fahrt, wenn nicht ein besonderer Unglücksfall eintreten sollte, zwei Monat seyn kann, läßt Mancher schon eher fünfe gerade seyn, und wenn er erst anfängt irgend einen Uebelstand zu fühlen, so ist dann auch schon ein so bedeutender Theil der Reise zurückgelegt, daß sie es kaum noch der Mühe werth glauben eine Aenderung zu verlangen. Unsere Fahrt mußte dagegen, selbst im günstigsten Fall schon fünf *Monate* dauern, ja es konnten sechs und sieben daraus werden, und wo andere Reisende es bald überstanden wußten, da begannen es die Unsrigen erst recht zu fühlen und schlugen Lärm. Hierzu kam noch daß wir Deutschland gerade in der bewegtesten Zeit verlassen hatten und Volksversammlungen so zu sagen ein »dringendes Bedürfniß« geworden waren; die Folgen blieben deßhalb nicht aus.

Unzufriedenheit murrte gar bald an Bord des Talisman – im Zwischendecke wie in der Cajüte, und besonders klagte das erste, und zwar nicht ohne Grund, über ungenießbares, oder wenigstens allzu zähes und altes Fleisch, wie – allerdings ohne Grund, über Beschränkung des ihnen versprochenen Raumes.

In der Cajüte waren ebenfalls viele Unzufriedene, gegen die Kost sowohl, wie gegen die Schlafbehälter der neueingerichteten oder besser gesagt oktroyirten Cajüte, die eine zweite, *unter* Deck gelegene Abtheilung der eigentlichen über Deck gelegenen aber kleinen Cajüte bildete, und in der That etwas viel Personen, besonders für einen Aufenthalt unter der heißen Zone faßte.

Hierzu waren den Leuten in Bremen so günstige Versprechungen gemacht, daß sie bei so niederem Fahrpreis, selbst nicht mit dem besten Willen gehalten werden konnten, sollte der Rheder nicht augenscheinlichen Schaden dabei haben. Der Passagepreis war nämlich 200 Rthlr. Gold Cajüte, und 125 Rthlr. Gold Zwischendeck, mit Beköstigung für eine Reise, auf die man recht gut durchschnittlich ein halbes Jahr rechnen konnte.

Viele der Passagiere schienen dabei den festen, unerschütterten Glauben zu haben, daß der Passagepreis unter jeder Bedingung auch wieder heraus *gegessen* werden müsse, auf die Passage selber rechneten sie gar nichts.

Das Alles gab die Ursache mancher fatalen Scene an Bord, Volksversammlungen wurden gehalten und Präsidenten erwählt, Commissionen ernannt und Adressen entworfen, und die Regierung wäre jedenfalls durch die *sehr große* Majorität *abgesetzt* worden, hätte man nur eben, wenn auch nicht eine *bessere*, das wäre das wenigste gewesen, aber nur eine *andere* gehabt.

Der einzige Trost war noch die hoffentlich baldige Ankunft in Rio de Janeiro, denn dort sollte einer bedeutenden Anzahl von Uebelständen abgeholfen oder was nicht zu heben war, doch wenigstens gebessert werden.

Unsere Reise selbst bot wenig Merkwürdiges; am 13. April kamen wir in Sicht der schroffen, kahlen, baumlosen Berge der capverdischen Inseln – es war San Nicholas – am nächsten Morgen fuhren wir, gerade mit Sonnenaufgang und bei herrlicher Beleuchtung der massenhaften Lavaabhänge, an dem gewaltigen und hohen Vulkan der Insel Fogo vorüber. Es ist ein kahler, kolossaler Kegel, ohne die mindeste, von dort aus wenigstens sichtbare Vegetation; nur eine einzige menschliche Wohnung erkannten wir am Fuße des Berges.

Wir näherten uns jetzt scharf dem Aequator, und am Sonntag, den 15. April, kam auch schon die Anmeldung des unausweichlichen Neptun, und zwar durch seine eigene Gemahlin Amphitrite, die mit einem Begleiter – »Neptuns sein Barbier,« wie ihm auf dem Rücken stand, zu uns an Bord stieg.

Sie fragen bei dem Capitän, nach üblicher Sitte, an, wann Neptun selber erscheinen dürfe, seinen Tribut einzufordern, und wurden auf den nächsten Sonntag, an dem wir uns der Linie ziemlich nah befinden mußten, beschieden.

Ich habe mehre Schweinefische – tüchtige Burschen von circa 200 Pfund Gewicht harpunirt, leider aber waren wir bis jetzt noch nicht glücklich genug, auch nur einen einzigen von diesen an Bord zu bekommen – die meisten rissen, wenn wir sie fast schon sicher zu haben glaubten, von der Harpune aus und schlugen in See zurück, und bei einem brach sogar eine starke eiserne Harpune ab.

Das Harpuniren dieser Fische ist übrigens schon an sich selber eine höchst interessante Jagd. Der Schweinefisch (wahrscheinlich der sogenannte Delphin der Alten, da ein wirklicher Delphin nie groß genug gefunden wäre, den Arion an's Land zu tragen, und diese »Springer« auch der Beschreibung eher entsprechen) durchstreift, besonders bei frischer Brise, wenn das Schiff rasch durch's Wasser geht, die See in zahlreichen Schaaren. Die Fische springen dann vorzüglich gern dicht vor dem Buge her und spielen in den schäumenden, hochaufspritzenden Wellen, denen sie sich oft, mit dem ganzen Körper über Wasser, vorausschnellen. Der Harpunirende aber steht vorn – ebenfalls *vor* dem Bug des Fahrzeugs, in den Ketten des Stampfholzes, unter dem vorstehenden Klüverbaum und wartet bis ihm einer der lebendigen, herüber und hinüberschießenden Schaar zum sicheren Wurfe kommt. Unter dem Bugspriet muß dabei ein Block festgemacht seyn, in welchem das an die Harpune geschlagene Tau läuft. An diesem Tau stehen an Bord Leute, des Rufs gewärtig, und sobald der Fisch die Harpune hat, ziehen sie in möglichster Schnelle denselben über Wasser, damit die Fluth, gegen die er jetzt angerissen wird, das Gewicht nicht noch vermehrt, das die schwache Harpune überdieß schon zu halten hat. Zu gleicher Zeit muß ein Matrose draußen ebenfalls eine Schlinge bereit halten, sie dem Gefangenen, sowie er ihn nur erreichen kann, um den Schwanz zu werfen. Dieser aber schlägt dabei aus Leibeskräften um sich, und müht sich unausgesetzt – durch sein bedeutendes Gewicht höchst nachdrücklich unterstützt – wieder loszukommen.

Es läßt sich denken, daß es dadurch mit vielen Schwierigkeiten verbunden ist, einen solchen gewaltigen Fisch an Bord zu holen, und wir haben fünf auf diese Art schon förmlich verloren.

Das Fleisch des Schweinefisches ist ziemlich gut und es lassen sich besonders vortreffliche sogenannte Beefsteaks davon bereiten. Das Harpuniren ist, obgleich der Fisch im vollen Sprung getroffen seyn will, keineswegs sehr schwierig, doch gehört eine sichere Hand und etwas Uebung dazu.

Mitten zwischen dem Jubel und Lärm der Passagiere ging aber in der nämlichen Zeit ein Mann herum, der sich um Alles das nicht kümmerte, die Stellen vermied, wo lustige Leute beisammen waren, und stets still und abgeschieden finster brütend und mit seinen eigenen, jedenfalls traurigen Gedanken beschäftigt, an irgend einem einsamen Plätzchen saß, wo er das auch immer aufsuchen mußte.

Der Mann hatte das Heimweh. – Mir war er wohl schon lange aufgefallen, aber ich glaubte immer, er leide vielleicht noch an den Folgen der Seekrankheit, von der er sehr mitgenommen worden; eines Tages aber kam er mit thränenden Augen zu mir, und bat mich, ich möchte doch um Gottes Willen den Capitän dahin zu bewegen suchen, daß er ihn mit dem nächsten Schiff, was uns begegne, zurück nach Deutschland schicke. – Er habe leichtsinnig gehandelt – er habe eine Frau und drei Kinder daheim zurückgelassen, während ihm jetzt die Erinnerung an sie das Herz zerreiße und er blutige Thränen weinen möchte, wenn er an den Abschied von den Seinen dächte, wo ihm die Kleinen um den Hals fielen und ihn baten, daß er nicht von ihnen gehen möchte. – Er sähe jetzt ein daß er unrecht, daß er unverantwortlich gehandelt habe, und sey auch sein kleines Capital, was er auf die Reise gewandt, nun verloren, so wolle er doch lieber den letzten Pfennig daran wenden, wieder zurückzukommen und dann im Vaterland, *bei den Seinen* Tag und Nacht arbeiten, das Verlorene wieder einzubringen.

Als sich dem Mann erst einmal der starre Schmerz gelöst, als er Worte gefunden hatte, gerieth er fast außer sich und die Thränen stürzten ihm die bleich gehärmten Wangen nieder. Ich that allerdings Alles, was in meinen Kräften stand, ihn zu trösten, was aber konnte ich ihm als Trost sagen. Ein Schiff zu finden das ihn zurücknähme, darauf durfte er gar nicht rechnen, denn wenn wir wirklich eines trafen, wie das auch später geschah, so hätte ihn das gar nicht so ohne weiteres aufnehmen dürfen, und Alles was ich ihm rathen konnte war, sich den Schritt den er gethan, noch einmal recht zu überlegen und dann, wenn wir nach Rio kämen entweder alle trüben Gedanken bei Seite zu werfen und in das Leben das er sich jetzt einmal gewählt, mit beiden Füßen zugleich hineinzuspringen, oder – wenn er fühle daß er Unrecht gehandelt habe und den Schritt bereue, oder auch nicht im Stande sey die Trennung zu ertragen, von Rio de Janeiro aus, wo er fast jeden Tag Gelegenheit habe, wieder heimzukehren in die Arme der Seinen.

Der Mann beruhigte sich endlich; als wir einige Tage später ein Schiff trafen, erwähnte er nichts weiter von seiner früheren Absicht und noch vor Rio antwortete er mir auf meine Frage danach, daß er sich entschlossen habe seinen Plan durchzuführen und nach Californien zu gehen. Als er aber später in Rio de Janeiro die heimwärts bestimmten Schiffe sah, und gar Menschen sprach die sich darauf freuten nun bald wieder zu Hause bei den Ihrigen zu seyn, da mochte das Heimweh wohl wieder mit der alten gewaltigen Kraft ausgebrochen seyn und alle seine anderen Entschlüsse über den Haufen geworfen haben. Er nahm seine Sachen vom Bord des Talisman und ging als Passagier an Bord des dorthin bestimmten Schiffes, nach Bremen zurück.

Wir befanden uns jetzt ziemlich unter der Linie und kamen auch unter die hier fast unvermeidliche Windstille; die Hitze hatte ich mir aber viel schlimmer gedacht, denn bei einem kaum bemerkbaren Luftzug war sie ganz erträglich, und selbst ohne diesen kaum drückend. Am heißesten Tag hatten wir im Schatten 27° Réaumur.

Eines der vielen Seemährchen ist es, daß die Schiffe bei Windstille unter dem Aequator alle halbe Stunden oder alle Stunden mit Wasser begossen werden müssen, wenn sie nicht springen sollten; unsere Decks wurden nur Morgens wie gewöhnlich gewaschen, Regenschauer sind übrigens hier gewöhnlich häufig und besonders in der Nacht störend, wo die Schläfer an Deck fast jede Nacht durch einen Guß geweckt und in ihre dunstigen Cojen mit den nassen Betten hinabgeschickt wurden. Denen, welche die Linie passiren und die Nacht gern, trotz des Regens, an Deck schlafen wollen, will ich übrigens ein Mittel nennen, wie sie auch, trotz eines recht tüchtigen Regengusses, in der freien Luft trocken ihren Platz behaupten können. Sie müssen vor allen Dingen eine Hängematte haben und mögen diese nun aufspannen wo sie wollen, darüber hin aber, und zwar von oben nach unten ziehen sie ein schwaches Tau, und über dieses hängen sie ihre wollene Decke, oder noch besser, ein großes Stück getheerter Leinwand, das sie nur bei heftigem Winde gegen die Wand hin zusammenbinden müssen, und der stärkste Regenschauer kann ihnen nichts anhaben. Während die anderen mit ihren nassen Decken und Matrazen in Cajüte und Zwischendeck hinunterrutschen und taumeln, liegen sie kühl und trocken unter ihrem Regendach. Die Schädlichkeit der Mondstrahlen unter dem Aequator haben wir auch noch nicht empfunden; ich schlafe jetzt schon seit dem 45° nördlicher Breite im Freien, – und ein großer Theil der Passagiere mit mir, seit wir unter der heißen Zone sind, – und noch befinden wir uns, hie und da ein kleines Unwohlseyn abgerechnet, vollkommen gesund.

Sonntag den 22. April, ziemlich unter dem Aequator, kam der schon vorher angemeldete Neptun mit Frau Gemahlin und »Barbier;« er wurde vom Capitän freundlich empfangen. Der Gott, der übrigens beiläufig gesagt ein wenig »ruppig« aussah, sprach sich mit dem Capitän in der englischen Sprache – ihm wahrscheinlich die geläufigste – zuerst aus, und wandte sich dann an die, ihn etwas ängstlich gespannt umstehenden Passagiere.

Die ganze Ceremonie ist bekannt genug und kann hier füglich unbeschrieben bleiben, das Ganze ist auch auf Passagierschiffen nur ein harmloser Scherz, von dem sich keiner der Passagiere – wenn er nicht wirklich krank ist – ausschließen kann, also deßhalb auch gar keinen solchen Versuch machen sollte. Man wird einfach mit einem Eimer Seewasser – ein ganz angenehmes Gefühl in der Hitze – begossen, und läßt sich von der Seeseife, die in schwarzer Farbe besteht, durch das Unterzeichnen eines freiwilligen Beitrags, der auf unserem Schiffe von zwei Dollar bis 1/3 Dollar nieder lief, freisprechen.

Mit der tropischen Taufe erhob sich aber auch eine recht frische Brise und am Nachmittag kamen wir in Sicht eines Segels. Es war die englische Fregatte Agincourt, Capitän Risbett, jetzt zum Packetschiff zwischen Calcutta und London benutzt, die dicht an uns heransegelte und zu unser aller Freude, ein Boot an Bord sandte. Glücklich alle die, welche für solchen Fall Briefe in die Heimath vorbereitet hatten. Der Agincourt war am 27. Januar von Calcutta aus gesegelt, und kam mit dem Südostpassat in sieben Tagen von Helena. An Bord hatte er viele deutsche Passagiere vom Cap der guten Hoffnung, und diese ließen uns durch den Secondelieutenant, einen liebenswürdigen jungen Mann, der zu uns an Bord kam, um deutsche Zeitungen bitten. Capitän Meyer sandte ihnen ein ganzes Packet und ich hätte nur dabei seyn mögen, wie sie bei der Rückkunft des Bootes darüber herfielen.

Am 25. fingen wir, trotz der langen vorhergegangenen Windstille, in der sich Haifische doch sonst so gern zeigen, den ersten Hai – es war ein Bursch von circa 5 Fuß Länge und so gierig, daß er, obgleich er einmal schon halb aus dem Wasser vom Haken wieder abfiel, doch ungesäumt und förmlich wüthend zu ihm zurückkehrte, ihn einschlang und nun unter Jubelgeschrei an Bord gezogen wurde, wo er nicht wenig um sich her schlug und die Neugierigen bald in ehrfurchtsvolle Ferne zurückwies. Am Abend ließ ich seinen Schwanz, den besten Theil des Fisches, braten – das Fleisch war delicat und schmeckte besonders gut kalt mit Essig und Pfeffer.

Unter dem zweiten Grad südlicher Breite trafen wir den vollen Südostpassat, der uns jetzt mit schwellenden Segeln der brasilianischen Küste entgegenführt.

Erst in der Breite von Cap Frio, unfern der brasilianischen Küste sollte unser monotones Leben in etwas unterbrochen werden. Ein sehr heftiger Pampero nämlich – ein Sturm auf den ich schon später näher zu sprechen kommen werde, und der hauptsächlich am La Plata wüthet, hatte seine gewöhnlichen Grenzen einmal ein wenig ausgedehnt, und wehte hier eben noch mit so fürchterlicher Kraft, daß mehre Schiffe an der Küste verunglückt seyn sollen und ein portugiesisches Kriegsschiff, dicht vor dem Hafen von Rio de Janeiro, alle drei Masten verlor. Wir bekamen tüchtig eins »auf die Mütze«, und arbeiteten mehren Tage unter dicht gereeften Marssegeln gegen den Sturm an. Außerdem übrigens, daß wir ein wenig umhergeworfen und aufgehalten und viele der Passagiere wieder seekrank wurden, hatten wir weiter keine bösen Folgen zu tragen.

Am 11. Mai sahen wir Morgens, nachdem wir in der Nacht vergebens nach dem für dort angegebenen Leuchtfeuer ausgeschaut, Cap Frio und liefen von hier aus, die pittoresken Küstengebirge Brasiliens fortwährend in Sicht, südwärts, dem Hafen von Rio de Janeiro entgegen. Der Wind war dabei günstig, und die Küstenberge sind so hervorragend und scharf abgezeichnet, daß ein Vorbeilaufen des Hafens, noch dazu bei klarem Wetter, kaum vorkommen kann, dennoch machte es Capitän Meyer, trotz der zeitigen Warnung des alten Steuermanns Schnell möglich. Noch vor Dunkelwerden war ich mit dem Capitän oben auf der Vor-Mars-Raae, und er zeigte mir von dort aus eine vor uns liegende kleine Insel, die er mir als den Hafen von Rio gerade gegenüber beschrieb. Als wir aber Abends, gerade nach Dunkelwerden, beim Thee saßen, kam der Steuermann herein und berichtete, daß eben dwars über zu starbord das Feuer von Raza, das gleich unter dem Eingang des Hafens brennt, sichtbar würde, und unser Capitän sprang etwas bestürzt nach oben.

Es war in der That so; wir gingen zwar augenblicklich mit dem Schiff herum, Strömung und Wind aber gegen uns, hatten wir den günstigen Augenblick schon verpaßt, und mußten nun noch bis zum nächsten Abend, also volle vier und zwanzig Stunden aufkreuzen, in den Hafen endlich einzulaufen.

Am 12. Mai Nachmittags hatten wir das ganze prachtvolle Panorama, das den schönsten Hafen der Welt umschließt, vor uns, und schon konnten wir den »Zuckerhut«, der als treffliche Landmarke das linke Ufer des Eingangs bildet, unterscheiden. Je mehr wir uns dem Lande näherten, desto deutlicher traten die einzelnen Gruppen, endlich die Umrisse der Vegetation und zuletzt sogar das so lang entbehrte, lebende Grün der Bergrücken und Wälder, aus denen hochstämmige Palmen aufragten, hervor; an den beiden kleinen Inseln Paya und Maya (Vater und Mutter) segelten wir dicht vorüber, und erreichten gerade nach Sonnenuntergang den Platz von dem wir, wäre es hell gewesen, alles hätten überschauen können, was das Auge in dieser neuen Welt überrascht und entzückt.

Unter den Tropen folgt aber dem Sonnenuntergang auch fast augenblickliche Nacht, und als wir vom Fort Santa Cruz angerufen oder vielmehr angebrüllt wurden (denn die Stimme klang als ob sie aus der Unterwelt käme), lag schon tiefe Nacht auf dem Meere, und nur unzählige Lichter verriethen die Nähe einer volkreichen Stadt, eines belebten Hafens.

Nachdem sich unser Cargadeur, welcher der portugiesischen Sprache mächtig war, eine Zeitlang mit dem Befehlshaber des Forts in solchen *unintelligible roars* wie sie Boz so treffend nennt, unterhalten, und keiner vom andern, wie ich fest überzeugt bin, ein Wort verstanden hatte, glitt unser Fahrzeug an vielen andern dort vor Anker liegenden dicht vorüber, wobei wir eines der Schiffe so dicht passirten, daß man eine Mütze hätte an dessen Bord werfen können. Wenige herüber und hinüber gerufene Worte sagten uns, daß es ein Landsmann sey – die Hamburger Brigg Merk oder Merks, Capitän Valentin, und ein donnerndes Hurrah begrüßte die Landsleute. Gleich darauf ließen auch wir den Anker fallen.

Es war bis dahin an Bord die Befürchtung ausgesprochen, daß die Passagiere der fremden Schiffe ohne einen vom brasilianischen Consul in Deutschland visirten Paß zu haben, nicht würden ans Land gelassen werden; glücklicherweise zeigte sich das aber anders, denn als am nächsten Morgen das sogenannte Visitenboot zu uns an Bord kam, wurde uns bald die summarische Erlaubniß zu Theil, so rasch und so zahlreich an Land zu fahren, wie wir nur wollten. Man kann sich denken, daß wir schnell genug davon Gebrauch machten, und es dauerte nicht lange, so ruderten wir (am 13. Mai Morgens), im herrlichsten Sonnenlicht, dem freundlichen Ufer entgegen. »Brasilien ist nicht weit von hier,« sangen einige, und alle freuten sich der prachtvollen Natur, die uns umgab.

Der Hafen von Rio de Janeiro ist übrigens schon zu oft beschrieben, als daß ich noch einmal etwas versuchen sollte, was eigentlich doch unmöglich ist – diese Naturschönheiten – die stille Bay, die am Ufer bald zerstreuten, bald zu Massen zusammengedrängten Gebäude, die hohen, bald schroffen, bald mit der herrlichsten Vegetation bedeckten Hügel und Gebirge, die zahlreichen Schiffe und Boote, die Flaggen aller Länder und Welttheile, die Forts und Bastionen mit ihren Kirchen und Kanonen – das alles läßt sich wohl schildern und ausmalen, aber dem Leser einen wirklichen Begriff, ein treues Bild davon zu geben, das, glaub ich, ist rein unmöglich.

2. Rio de Janeiro.

Die Stadt selber, – und mit wie Manchem auf der weiten Gottes Welt geht es nicht ebenso – verliert indessen gewaltig, wenn man erst ihre nähere Bekanntschaft macht. Die Straßen sind, mit wenigen Ausnahmen, eng und schmutzig, und die Masse der Sklaven, mit ihren unzähligen farbigen Abstufungen, die dem Auge überall in den Weg tritt, macht einen zu widerlichen Eindruck auf den Europäer, ihn, in dem scharfen Kontrast nicht selbst die herrliche Natur – der man übrigens in den schmalen Straßen auch fast entrückt ist – vergessen zu machen.

Im Hafen von Rio de Janeiro lagen Massen von Fahrzeugen; so stark ich aber auch die schon begonnene Auswanderung nach Californien vermuthet haben mochte, so hatte ich doch nie geglaubt, daß eine solche Anzahl von Schiffen dahin bestimmt seyn könnte, wie sie schon, mit Passagieren, diesen Port berührt hat, und noch, fast jeden Tag, berührt. Besonders viel amerikanische Schiffe lagen im Hafen von Rio, und die Bewohner der Stadt sind so daran gewöhnt, in jedem Fremden einen kalifornischen Candidaten zu finden, daß vorzüglich die Neger ohne Unterschied schon von weitem jedem etwas fremdartig aussehenden Mann ihr »Californier« entgegenrufen – und sie begehen selten einen Irrthum.

Wo wir gingen und standen tönte uns der Ruf: »oho Californier!« nach, und besonderen Spaß machte mir Einer unserer Mitpassagiere, der fest überzeugt war, ganz in die Landestracht – weiße Beinkleider und dunklen Frack gekleidet zu seyn, und dieß Beiwort nur einzig und allein auf seinen, durch das Seewasser etwas mitgenommenen Hut bezog. Er beschloß also sich jedenfalls einen neuen, ächt brasilianischen zu kaufen und verließ uns auch bald darauf in dieser löblichen Absicht. Den Hut kaufte er allerdings, und noch dazu in guter Qualität, – wer beschreibt aber sein Entsetzen, als er kaum um die nächste Ecke schon wieder mit dem fürchterlichen Wort – »oho Californier!« begrüßt wurde. Unser Kamerad hat die Neger, von denen dieser Zuruf besonders ausgeht, für eine »barbarische Nation« erklärt, die ihre Sklavenfesseln im reichsten Maße verdient.

An demselben Tage war ein »Stiergefecht« mit noch einer Menge anderer Anpreisungen und Versprechungen angekündigt, und da ich hörte daß diese Art Vergnügungen hier nach und nach mehr in Verfall käme und überhaupt nicht so oft stattfände, so beschloß ich es jedenfalls zu besuchen. Ein Stiergefecht in Brasilien hatte überhaupt an sich schon eine eigene Anziehungskraft, und in höchst gespannter Erwartung ging ich mit einigen befreundeten Passagieren des Talisman dem angegebenen Orte, wo der Kampf stattfinden sollte, entgegen.

Wir fanden eine ziemlich geräumige Arena, ringsum Logen und vor diesen freie Bänke, alles übrigens von rohem Holze und eben genug mit weißer Wasserfarbe bestrichen, um Beinkleider und Röcke zu beschmutzen. An den sich gegenüberliegenden Stellen der Arena waren große viereckige Pappscheiben mit grob gemalten Figuren aufgestellt, hinter die sich, wie ich später fand, die Stierkämpfer im Fall der Noth retirirten und rings an der Einfassung liefen gleichfalls breite Latten hin, auf welche die verfolgten »Streiter« hinaufspringen konnten. Ein paar ziemlich fade Hanswurste durften auch hier nicht fehlen; der eine war, wie es in Nordamerika gewöhnlich Sitte ist, schwarz gemalt, und führte in den Pausen komische Negertänze aus; der andere schien nur an sich selber den meisten Gefallen zu haben, wenigstens lachte niemand anderes über ihn.

Die Hauptfiguren der Arena waren zwei Personen; ein Spanier der die ganze Anordnung des Schauspiels zu leiten schien, ein bildschöner junger Mann in altspanischer Tracht auf kleinem, feurigem Roß, und neben diesem ein anderer Reiter, der jedoch eher einem preußischen Kürassier aus dem dreißigjährigen Kriege, als einem spanischen Stierkämpfer glich. Er trug einen dreieckigen Hut und langen Pallasch an der Seite, hatte aber eine so fabelhafte Aehnlichkeit mit Napoleon (d. h. dem *wirklichen*) daß es uns Allen zugleich auffiel.

Dieser war der Hauptgegner des gehetzten Thieres, und erntete auch den meisten Beifall.

Außer den Fußkämpfern, die, wie unsere Bauerjungen in gelbe Hosen und rothe Westen gekleidet gingen, stolzirte noch eine Persönlichkeit in der Arena umher, welche um so mehr die Aufmerksamkeit des Publikums auf sich zog, da sie auf dem Zettel ganz besonders, und noch dazu mit großen Buchstaben angekündigt und der Menge also förmlich *versprochen* war.

In dieser Person kann ich dem Leser aber Niemand Geringeres als *el Diabo*, den Teufel selber, vorführen, der in seine Lieblingsfarben, gelb und roth, gekleidet, mit langen Hörnern und längerem hintennachschleifendem Schweif die Stiere, ganz herausfordernd zu erwarten schien, sich aber, als später das Zeichen gegeben wurde, bescheidener als man es hätte glauben sollen, auf die Barriere zurückzog, und hier ebenfalls einen »stillen Beobachter« abgab.

Der spanische Ritter gab endlich das Zeichen zum Beginne, – ein Neger öffnete von innen das eine Thor und zog sich blitzesschnell auf seinen Stand zurück. Seine Eile schien übrigens ziemlich unnöthig gewesen zu seyn, denn der erste Bulle der in dem Eingang bald darauf erschien, sah harmlos genug aus, schaute sich zuerst einen Augenblick ganz erstaunt um – denn er hatte wohl kaum erwartet hier so zahlreiche Gesellschaft zu finden – und suchte dann, so rasch ihn seine Füße trugen, das gegenüberliegende Thor.

Damit schien aber dem Publikum keineswegs gedient; wildes Pfeifen und Trommeln begrüßte das arme friedliche Thier von allen Seiten, und ein paar Männer sprangen in die Arena und mit rothen Tüchern darauf zu und suchten es zu reizen und anzufeuern. Im Anfang wollte ihnen das aber nicht gelingen, der Bulle schien fest entschlossen gar nichts übel zu nehmen, und leistete nur einen höchst lobenswerthen passiven Widerstand. Nur erst als Napoleon mit einer Holzlanze auf ihn zusprengte, ihm diese in den Nacken stieß und einen mit flatterndem Papier umhüllten Stachel darin zurückließ, verließ ihn seine gute Laune etwas und er machte einige schwache Angriffe.

Es mag sonst in jeder Hinsicht ein höchst schätzbares Thier gewesen seyn, zur Arena eignete es sich aber nicht, und als ihm endlich zum Abgang das Thor wieder geöffnet wurde, folgte ihm ein solches Zischen und Pfeifen, wie ich es selbst bei der ersten und einzigen Aufführung eines Oettinger'schen Lustspieles in Leipzig nicht gehört hatte – es fehlten ihm nur die faulen Orangen um ihn vollständig zu demüthigen.

Der zweite Bulle »war eine Kuh,« aber ein kleines munteres, keckes Ding, das sich dem ersten, der sich ihm in der Arena zeigte, mit trotzigem Muthe entgegenwarf und, ganz das Gegentheil von seinem stillen Vorgänger, förmlich auf Krakeel auszugehen schien.

Hier muß ich übrigens bemerken, daß der brasilianische Stierkampf keineswegs wie der altspanische, auf Tod und Blutvergießen hinausläuft – den Stieren sind deßhalb auch die Hörner mit großen hölzernen Futteralen und Knöpfen bedeckt, so daß sie weder Roß noch Reiter verwunden können; aus gegenseitiger und nicht mehr als billiger Höflichkeit wird dann aber auch das Thier zum Schluß nicht von dem Matador abgestochen, sondern einfach hinausgejagt, oder, soll das Vergnügen noch größer seyn, eingefangen und hinausgeworfen.

Unsere Kuh hatte indessen schon einige der papierrauschenden Stacheln eingesetzt bekommen, und Napoleon sprengte ihr jetzt entgegen, den Kampf zu vollenden, fand aber hier einen weit gewandteren und schnelleren Gegner als an dem vorigen Kopfhänger, und eine einzige ungeschickte oder ängstliche Bewegung des Pferdes brachte dieses so weit in den Bereich seines gehörnten Feindes, daß es ihm mit dem raschen Seitensprung nicht mehr entgehen konnte. Die Kuh faßte es unter dem Bauch und würde ihm diesen, wären ihre Hörner in ihrem natürlichen Zustand gewesen, aufgeschlitzt haben, so aber fanden die stumpfen Kuppen, in allem Grimm und Kampfesmuth vorwärts gestoßen, einen zu harten Widerstand, und das rechte Horn des armen Thieres brach dicht über dem Kopfe weg, so daß nur der blutende innere Stumpf stehen blieb; mit diesem kämpfte sie aber noch unverdrossen, uneingeschüchtert fort, und bot den stets neu auf sie einstürmenden, doch nie Stand haltenden Angreifern trotzig die blutige Stirn. Es war ein widerlicher Anblick, und ich freute mich als man das arme Thier endlich erlöste, damit es einem anderen, kräftigeren, Bahn machen konnte.

Eine Zwischenpause folgte hier, die wieder mit einigen höchst matten Tänzen des Bemalten ausgefüllt wurde, bis endlich der dritte Stier erschien. Es war dieß ein junger, feuriger, schwarzer Bursche, mit hohem Hocker auf den Schultern und ein paar düster und wild blickenden Augen. Er strafte auch sein muthiges Aussehen keineswegs Lügen, und hielt sich tapfer genug, das ganze Necken und Verfolgen blieb aber doch immer dasselbe und wurde schon langweilig, als einer der Fußkämpfer dem Gefecht eine ganz unerwartete Wendung gab. Er stellte sich nämlich dem

Stier mit eben den papierumhüllten Stacheln, wie das früher geschehen war, entgegen, anstatt diese aber dem Thier an den Hals zu werfen, und darin rasch zur Seite zu springen, begegnete er muthig dem Angriff, umfaßte das gegen ihn anstürmende niedergebogene Haupt des Feindes mit den Armen, und suchte es durch sein Gewicht niederzudrücken. Seine Kameraden eilten ihm natürlich gleich zur Hülfe und warfen sich ebenfalls auf den gemeinsamen Feind; dieser aber schleifte trotz allen Widerstandes den kühnen Gegner mit sich bis zur Einfassung der Arena und preßte ihn gegen diese mit aller Kraft seines schweren Körpers. Der Stierkämpfer wußte sich aber geschickt zwischen den Hörnern zu halten, und als nun der erste Anlauf vorüber war, gewannen die vier Kämpfer endlich die Ueberhand, und schleppten den sich machtlos sträubenden Stier, unter dem donnernden Beifallsruf der Menge, hinaus. Der Mann kam allerdings dießmal gut davon – d. h. er hinkte nur etwas und verließ bald darauf den Kampfplatz – wäre hier aber, wie vorher, dem Stier das Horn abgebrochen, so mußte er ihn rettungslos gegen die Bretterwand zerquetschen, es bleibt deßhalb jedenfalls ein etwas riskantes Handwerk.

Die Sonne war jetzt ihrem Untergange nahe und gleich danach bricht in den Tropen die Nacht ein; das Stiergefecht näherte sich also jedenfalls seinem Ende, und noch immer hatte der »Teufel« auch nicht den mindesten Antheil an dem Kampf genommen, sondern sich wirklich den Teufel um das Ganze gekümmert. Das einzige, was ihn vor den übrigen Zuschauern auszeichnete, war seine gelbe und rothe Tracht, und Hörner und Schwanz – die Sinnbilder Sr. höllischen Majestät. Damit war aber das lebendige brasilianische Publikum nicht zufrieden, einen Theil des auf dem Anschlagzettel Verzeichneten hatten sie nun gehabt, und jetzt verlangten sie auch den versprochenen Teufel.

»Oh Diabo – Diabo!« tönte es zuerst von einer, und gleich darauf im wilden stürmischen Chor, von allen Seiten – oh Diabo – Diabo! ohrengellendes Pfeifen, Stampfen, Trommeln und mit den Stöcken gegen die Bänke Schlagen – wildes Geschrei und Getobe – »oh Diabo, oh Diabo!«

Der Spanier sprengte dem Orte zu, wo Diabo noch immer in stiller Beschauung saß, dieser aber erwartete sein Kommen nicht, sondern tauchte lieber, sich unangenehmen Erörterungen zu entziehen, hinter die Bretterwand unter und verschwand. Damit aber war das jetzt einmal gereizte Publikum nicht zufriedengestellt; ob bei der Ankündigung des Teufels auf dem Zettel die Direktion beabsichtigt hatte, diesen eine aktive, oder nur rein passive Stellung einnehmen zu lassen; ferner, welche Ansicht der Teufel selber von der ganzen Sache hatte, blieb sich vollkommen gleich – der Lärm wurde immer toller – der Teufel sollte und mußte vor, und der Spanier sah sich so lange genöthigt, ab-und zuzureiten, bis Diabo endlich unter Gelächter und Pfeifen mißmuthig genug erschien, in die Arena langsam hinunterkletterte und auf den, indessen nur ärger gereizten Stier zuschlenderte.

Dieser gewahrte aber kaum die grellfarbige, abenteuerliche Gestalt, als er seinen anderen Feind ganz vernachlässigte und mit eingelegten Hörnern ohne weitere Warnung, blitzesschnell auf den nicht wenig Erschreckten zusprang. Der arme Teufel mußte jedenfalls eine Ahnung des ihm bevorstehenden Unfalls gehabt haben, er machte auch fast gar keinen Versuch, der drohenden Gefahr zu entgehen – im nächsten Moment hatte ihn der Stier auf die Hörner gefaßt, schleuderte ihn zu Boden, stürmte über ihn hin und wurde nur durch die anderen herbeieilenden Kämpfer daran verhindert, dem gestürzten Fürsten der Finsterniß weiteren Schaden zuzufügen. Der unglückliche Teufel ließ aber seinerseits Schwanz und Hörner hängen und schlich unter dem donnernden Hohn und Jubelruf der Menge, hinkend, und sich nur noch manchmal scheu nach dem wilden Gegner umschauend, zu seinem sicheren Sitz hinter der Barriere zurück.

Es war indessen ziemlich dunkel geworden, immer aber verlangte das aufgeregte Publikum nach längerem Kampf und neuen Anstrengungen des schon ermatteten Thieres, bis sich dieses endlich auf das entschiedenste weigerte, auch nur das mindeste weiter zum Vergnügen der nicht zufrieden zu stellenden Menge beizutragen. Es warf sich brüllend auf die Erde nieder, und als wir, der Quälerei satt, die Arena verließen, zerrten noch im Dunkeln fünf oder sechs Menschen an dem armen gequälten Geschöpf herum und suchten es vergebens wieder aufzustacheln.

Das war ein Sonntagsvergnügen der Brasilianer, an dem auch zahlreiche Damen Theil nahmen.

Am nächsten Abend besuchte ich das, dem heiligen Januarius geweihte Theater; das große und Haupttheater der Stadt steht gegenwärtig unbenutzt, dieß aber ist ein kleines, gemüthliches Gebäude mit zwei Rängen, und in der Mitte die dicht verhangene, kaiserliche Loge. Die Einrichtung ist übrigens ganz nach europäischer Art, nur daß in den Logen, schon des Klimas wegen, Rohrsessel stehen.

Eine Eigenthümlichkeit hat aber dieß brasilianische Theater, die einige von unseren Passagieren selber ein kleines Intermezzo spielen ließ.

Ich besuchte es mit drei Mitpassagieren des Talisman, zwei jungen Kaufleuten aus Bremen und einem unvermeidlichen Weinreisenden; als wir aber das Parterre betraten, richteten sich Aller Blicke nach uns, und ich fing mich schon an von oben bis unten zu betrachten, ob ich vielleicht irgend etwas Auffallendes, Ungewöhnliches an mir trage, das die Aufmerksamkeit des ganzen Publikums so plötzlich angezogen hätte. Ich konnte aber nichts Derartiges an mir, noch an meinen Begleitern entdecken, ebensowenig in der Nachbarschaft, denn wir alle Viere sahen uns gleichzeitig danach um, und setzten uns endlich ruhig auf die nächsten Bänke, in der Hoffnung nieder, das Publikum bald mit einem anderen Gegenstand als unseren werthen Personen beschäftigt zu sehen, als plötzlich ein ehrwürdig dreinschauender Logenschließer zu uns trat und sich – o wie freundlich die uns umgebenden Gesichter alle lächelten – an meine drei Begleiter wandte, denen er, da sie seine portugiesische Anrede ungemein passiv hinnahmen, durch Zeichen und mehrmaliges Antupfen kund that, daß sie mit ihren *hellen* Röcken hier wohl *erschienen* seyen, aber durchaus nicht *bleiben* könnten. Ich schaute mich jetzt um und sah wirklich, daß alle Männer *ohne* Ausnahme dunkle Ueberkleider trugen; die Gesticulationen des Alten wurden aber immer ungeduldiger und deutlicher, das Publikum in den Rängen freute sich ungemein, und die drei armen Teufel – ich selber trug ganz zufällig einen dunklen Rock – mußten, mit dem Weinreisenden an der Spitze – das Orchester spielte indessen immer fort – das Haus wieder verlassen.

Es wurden einzelne Akte aus Tragödien und Lustspielen gegeben; zwei davon hielt ich aus, aber es war nichts als Dialog, bei dem sich das Publikum ebenfalls zu langweilen schien. Alle Augenblick meldete der Bediente einen Fremden oder brachte einen Brief, der dann, regelmäßig vier Seiten haltend, laut vorgelesen wurde. Applaudiren hörte ich nur einem der Schauspieler, der sehr beliebt schien, und den sie dreimal hintereinander empfingen.

Am nächsten Morgen beschloß ich eine kleine Landpartie zu machen und ritt mit einigen Freunden zusammen hinaus ins Freie.

Die brasilianischen Pferde sind kleine, muntere, ausdauernde Thiere und gehen meistens, was ich wenigstens daran sah, Paß oder Galopp. Die auf dem Land wohnenden Pflanzer und Kaufleute aber, die Morgens in die Stadt kommen und Abends wieder hinausreiten, gebrauchen auch nicht selten Maulthiere – ebenfalls eine kleinere Race als ich sie in Nordamerika gefunden habe – und erreichen mit diesen ihr Ziel wohl nicht ganz so rasch, aber doch jedenfalls weit bequemer und sicherer. Die Umgegend von Rio ist wirklich paradiesisch – die stille Bai mit ihren zahlreichen Masten und lebendig hin-und wiederschießenden Booten – die niedlichen Gärten mit ihren Orangen, Bananen und Palmen, Kaffeebäumen und Blumenbüschen, die hohen pittoresken Berge und Felskuppen, die weit übereinander herüber schauen – die eigenthümliche Tracht und Farbe der Eingeborenen und Sklaven, die zu Markt ziehenden Neger, die Viehtreiber und Verkäufer, das Alles macht mit seinen wechselnden phantastischen Gestalten auf den Fremden einen eigenthümlichen, wohl kaum zu vergessenden Eindruck. Der Unterschied mit der Heimath ist zu auffallend; man fühlt, daß man in einem fremden, tropischen Lande ist, und jeder Schritt, jede Biegung der Straße, jede uns begegnende Persönlichkeit bringt dem mehr und mehr erregten Geiste, dem gierig umherschweifenden Auge Neues, Interessantes.

Leider konnte ich aber nicht lange in diesem schönen Lande verweilen, denn ein neuer, erst in den letzten Tagen an Bord flüchtig gefaßter Plan war mir so lieb geworden, daß ich beschloß, es koste was es wolle, ihn durchzuführen.

An Bord des Talisman war nämlich ein junger Italiener, von englischen Eltern geboren, der, mehr aus Prahlerei wahrscheinlich, als einer ernsten Absicht wegen, eine Wette gemacht hatte (und zwar mit eins gegen zwanzig), daß er die Landreise durch Südamerika durchführen wolle. Mir selber war die Landreise schon bis dahin fortwährend im Kopf herumgegangen, – das damalige Reichsministerium hatte mir einen Zuschuß unter dem Vorbehalt bewilligt, daß ich bestimmte Länder, zu denen die La Platastaaten gehörten, dafür besuchen wolle, und wenn ich auch die feste Absicht hatte, diese jedenfalls auf dem Rückweg, um das Cap der guten Hoffnung heimkehrend, zu bereisen, so lag dazwischen doch noch ein langer Zeitraum und außerdem die ganze Welt, und ich beschloß endlich, mich in Rio de Janeiro wenigstens genau nach einer solchen Landreise zu erkundigen und dann, vernünftiger Weise, meinen Plan danach zu fassen.

In Rio erhielten wir aber zu unserem Erstaunen so mißliche Nachrichten über die argentinische Republik, durch die hier mein Weg, querüber durch die Pampas lag, es wurden uns solche entsetzliche Geschichten von den jetzt empörten Indianern und nachher dem Schnee der Cordilleren, die wir gerade hätten mitten im Winter passiren müssen, erzählt, daß mein Begleiter die Sache in Verzweiflung aufgab und seinen Dollar Wette bezahlte. War ich aber vorher noch unentschlossen gewesen, so schien es, als ob mich diese, sonst keineswegs ermuthigenden Nachrichten erst hartnäckig gemacht hätten. Schon in Nordamerika hatte ich erfahren wie oft solche Berichte weit entfernter Strecken übertrieben seyen und Manches in der Nähe eine ganz natürliche Färbung bekomme, was uns, weit davon entlegen, in fabelhafter Weise ausgeschmückt wurde. Nicht wenig vertraute ich dabei auf mein gutes Glück, das mir in früherer Zeit schon manchmal durchgeholfen, und das Resultat war, daß ich mit einem kleinen deutschen Schooner der unter argentinischer Flagge zufällig im Hafen lag und nach Buenos Ayres bestimmt war, meine Passage abschloß, und mich schon am 16. Mai auf diesem nach der argentinischen Republik hin, einschiffte. In den La Platastaaten und den weiten Pampas Südamerika's lernte und sah ich mehr, als an Bord eines, von Passagieren dicht gedrängten Schiffes, und was die Gefahren betraf so besaß ich zu vielen Leichtsinn, an die eher zu denken, als sie mir wirklich entgegentraten.

Für alle solche übrigens, welche nach mir Lust haben sollten dieselbe Tour zu unternehmen, möchte ich eine wohlmeinende Warnung hier beifügen, und diese besteht darin, ihre Papiere bei guter Zeit fertig zu machen, damit sie nicht im entscheidenden Augenblick durch irgend eine erbärmliche Kleinigkeit, die ihnen aber förmlich unüberwindliche Schwierigkeiten in den Weg wirft, aufgehalten werden. Nicht allein muß man nämlich seinen Paß von dem Buenos Ayres Consul visirt und ebenfalls von der Polizei die Erlaubniß darauf verzeichnet haben, auf einem anderen Schiffe als mit dem man angekommen, den Hafen wieder verlassen zu dürfen, sondern es ist auch noch eine Erlaubnißkarte nöthig »das Passagiergut von einem Schiff auf das andere schaffen zu dürfen,« und befindet sich zufällig ein »Gewehr« bei diesen Effecten, so fangen Aufenthalt und Kosten an ins Fabelhafte zu gehen, denn das Gewehr muß dann, wenn man nicht andere Mittel und Wege findet dem Rechtsschlendrian zu entgehen, erst ans Ufer geschafft, und – ich glaube mit 40 Procent versteuert, und dann erst wieder an das neugewählte Schiff gebracht werden. Nach zwei Uhr Nachmittags ist aber auch selbst dieß nicht mehr möglich, und der ganze wie der nächstfolgende Tag versäumt, da die Schiffe nur mit der, bis 10 Uhr etwa wehenden Landbrise auslaufen können. Ich meinestheils habe es nur der Freundlichkeit und wirklich aufopfernden Gefälligkeit des Herrn Viceconsuls Heymann in Rio Janeiro zu danken, daß es mir überhaupt möglich wurde allen Anforderungen zu genügen, und mit den nöthigen Papieren von Bord des Talisman und an Bord des San Martin zu kommen; eine geraume Zeit meines kurzen Aufenthalts in Rio ist mir aber durch diese entsetzlichen Weitläufigkeiten wirklich auf das fatalste verbittert worden.

In Rio de Janeiro bekam unser Capitän übrigens noch mit seinen Passagieren, erstlich wegen der Kost und dann unfreundlichen Betragens wegen, Scandal, und außerdem noch sämmtliche Capitäne der dort liegenden deutschen Schiffe auf den Hals, das aber einzig und allein durch eine seiner gewöhnlichen Prahlereien.

Um eine etwas kürzere Reise gemacht zu haben zog er sich zwei Tage von der Ueberfahrt ab, und gab statt 49 Tagen nur 47 an. Dabei hatte er aber die dänische Blokade ganz vergessen, denn statt den 24. mußten wir also den 26. in See gegangen seyn, und in Rio wußte man noch gar nicht anders, als daß an dem Tage die Blokade der Weser und Elbe wieder vollständig in Kraft getreten sey. Capitän Meyer konnte also nicht gut mehr zurück, und log den Leuten nun eine lange Geschichte vor, wie er sich durch die dänischen Kreuzer durchgestohlen, und wie schlau und vortrefflich er es dabei angefangen habe. Damit stieß er aber ganz unerwarteter Weise in ein noch weit schlimmeres Wespennest, denn hierdurch gerieth er in die materiellen Interessen der Capitäne, die in Rio sehnlichst auf Fracht warteten, und nur immer noch durch die schwankenden Nachrichten über die dänische Blokade, ob sie eintreten würde oder nicht, zurückgehalten waren. Verhielt sich aber die Sache so, wie sie Capitän Meyer erzählte, so blieb es ja gar keine Frage mehr – die Weser und Elbe waren blokirt und die Kaufleute von Rio konnten es für jetzt gar nicht riskiren, Ladungen dorthin zu senden.

Natürlich konnte, bei so vielen Passagieren, der genaue Tag unserer Abfahrt aber gar nicht lange geheimgehalten werden; der alte Capitän Valentin bekam es einmal zufällig in einem Gasthaus von einem der Passagiere heraus, und nun ging das Wetter los. Ich selber hatte übrigens zu viel mit meinen eigenen Sachen zu thun mich darum etwa zu kümmern, und hörte nun, daß sie tüchtig zusammengekommen wären.

Der Talisman mußte noch wenigstens eine volle Woche im Hafen bleiben, und da der San Martin augenblicklich segelte, hatte ich die Hoffnung Buenos Ayres zu erreichen ehe mein altes Schiff nur wieder in See ging. Dort konnte ich mich dann einige Wochen aufhalten, und hoffte so immer noch Valparaiso am stillen Meere zu erreichen, ehe der Talisman im Stande war die oft sehr langwierige Reise um Cap Horn zu beenden. Für den Fall aber daß mir irgend etwas passire, oder ich aufgehalten würde, hatte ich vom Cargadeur wie Kapitän des Talisman das feste Versprechen erhalten, daß sie meine Effecten in dem Geschäft von Lampe, Müller und Fehrmann einsetzen wollten, und ich konnte dann später mit einem andern Heydorn'schen Schiffe nach San Francisco nachkommen.

3. Fahrt von Rio de Janeiro bis Buenos Ayres.

Den Umständlichkeiten Rio de Janeiro's glücklich entgangen – meine Büchsflinte mußte ich sogar noch an Bord des San Martin hinüber *schmuggeln* – , schiffte ich mich am 16. Mai auf diesem kleinen Schooner nach Buenos Ayres ein, und die ersten Tage schien auch ein ziemlich guter Wind unsere kurze Fahrt begünstigen zu wollen. Die Reise kann, wenn Alles zusammenstimmt, recht leicht in fünf Tagen zurückgelegt werden; hatten wir dieß aber erwartet, so sollten wir uns bald gewaltig getäuscht finden, denn der Wind wurde nur zu bald conträr, und am 21. verwandelte ein Pampero die ruhig wogende See in ein wildes; sturmgepeitschtes Meer, auf dem unsere kleine Nußschaale von Fahrzeug auf das unerbittlichste umhergeschleudert wurde.

Pampero ist übrigens ein Wort das der, diese See Befahrende, gerade zu Genüge zu hören bekommt, und mit dem ich den deutschen Leser (der es sich auf solche Art recht gut gefallen lassen kann) ebenfalls etwas vertrauter machen will.

Der Pampero, wie ihn die Seefahrer hier nennen, ist ein ziemlich periodisch wiederkehrender, und selbst in seiner Richtung regelmäßiger Sturmwind, der seinen Namen, da er stets aus Westen und Südwest weht, von den weiten Pampas bekommen hat, über die er daherbraust. Gewöhnlich beginnen die ersten Anzeichen mit einem scharfen Nordwind, der mehr und mehr nach Westen herüberzieht, – kaum ist der Wind ziemlich West, so kommt ein fluthender Regen und in diesem zugleich die erste Bö, das erste Anprallen des Pampero. So rasch und plötzlich setzt aber der wirkliche Pampero ein, und so gewaltig ist er in seiner Kraft, daß schon manches Fahrzeug, dessen Capitän die ersten Anzeichen nicht beachtete oder gar nicht kannte, sämmtliche Stengen über Bord geworfen hat, ehe die oberen Segel geborgen, die unteren gereeft werden konnten, ja wohl auch ganz und gar verloren ging.

Hat der Sturm nun von dieser Richtung ausgetobt, so zieht er gewöhnlich mehr nach Süd, Südost, Ost und Nordost herum und weht dann mäßiger. So schnell wendet er aber dabei und ändert seine Richtung, daß er manchmal schon in fünf Minuten vom scharfen Nord zum wüthendsten Südwesten wird und dann allerdings den Schiffen höchst gefährlich werden muß.

Unser späterer Lootse, ein alter Amerikaner, sagte mir, daß er es schon erlebt habe, wie der Pampero auf solche Art dreimal in 24 Stunden um den Compaß gewechselt sey. Die See geht nach diesen Stürmen ungemein hoch und der Aufenthalt in einem kleinen Schooner ist nichts weniger als angenehm; man wird von einer Seite an die andere geworfen, und weder Ruh noch Rast ist zu finden. Erst am dritten Tag beruhigt sich gewöhnlich das Wasser wieder.

Ein solcher Pampero jagte uns nun am 21., 22. und 23., größtentheils mit dicht gereeften Segeln und nur mittelmäßig unseren Cours verfolgend, auf der See herum, und besonders tröstend war dabei die Aussicht, in ganz kurzer Zeit diesen angenehmen Besuch erneut zu bekommen, da die Pamperos um diese Jahreszeit gewöhnlich mit jedem Mondwechsel, mit Neumond, erstem, letztem Viertel und Vollmond, also den Monat viermal, wiederkehren. Am 25. besserte sich der Wind, und am 26. kamen wir in Sicht des nördlichen La Plata-Ufers.

Am 27. waren wir in der Mündung bei der Insel Lobos (Seehundsinsel), die, wie einer meiner alten Lehrer in Leipzig vom Hasen sagte, »ihren Namen wirklich mit Recht führt,« wir sahen Massen von Seehunden in dem jetzt vollkommen ruhigen Wasser, denn der Wind starb bald zu völliger Stille ab, und unser Capitän versicherte mich, er würde das Boot aussetzen, wenn ich einen der Seehunde von Bord aus schießen könne. Um meine gute Büchsflinte nicht auf der See einzuschmutzen und vom Seewasser rosten zu lassen, hatte ich bis dahin meiner Jagdlust Gewalt angethan. Die Gelegenheit war aber zu verlockend – Seehundsjagd im Rio de la Plata und Wild dazu in Masse; ich lud, und zwei Seehunde, die sich gleich nacheinander auf etwa 40 Schritte dem Schiff näherten und das rauhe, aufs äußerste erstaunte Gesicht über Wasser zeigten, büßten ihre Unvorsichtigkeit mit dem Tode. Rasch wurde nun das kleine Boot ausgesetzt, ehe wir aber zu den Erlegten hinkommen konnten, waren sie schon gesunken. Ich schoß jetzt noch nacheinander sechs Stück, meist in den Kopf, ohne aber im Stande zu seyn, auch nur einen einzigen ins Boot zu bekommen; den siebten traf ich endlich, um ihn nicht gleich zu tödten, weil sie dann augenblicklich wegsanken, in den Hals, und als unser Boot, während das verwundete und halbbetäubte Thier auf dem Wasser herumschlug, dicht an ihn hinanglitt, schleuderte der vorn im Bug stehende Matrose die zu diesem Zweck schon bereit gehaltene Harpune auf den Sinkenden. Das war aber gerade so, als ob er das Eisen auf einen Wollsack geworfen hätte, es ging gar nicht durch die weiche, elastische, aber auch zähe Haut, und wäre der tödtlich Getroffene nicht noch einmal selber an die Oberfläche gekommen, wir hätten ihn ebenfalls verloren, so aber erwischte ihn der Steuermann noch glücklich an einer Floße und wir holten ihn über Bord. Es war ein tüchtiger Bursche und trug eine vortreffliche Haut.

Den ganzen Nachmittag hatte sich kein Lüftchen geregt, die See, oder hier vielmehr die freilich ganz der See gleichende Mündung der La Plata lag spiegelglatt und unbewegt, und der Himmel sah so rein aus, als ob er im Leben keine Wolke getragen oder je wieder dulden würde, daß eine solche seine Klarheit verdüstern solle. Erst jetzt, als es gegen Abend ging, erhob sich ein leiser, leiser Luftzug, und die Richtung, aus der dieser wehte, wie die Art, wie er sich rasch veränderte, gefiel unserem Capitän, der dieses böse Wasser schon lange befahren, so wenig, daß er uns augenblicklich mit dem Sprachrohr zubrüllte, an Bord zu kommen.

Wir hatten uns indessen, eifrig mit den Seehunden beschäftigt, den Henker darum gekümmert, wie es sonst um uns aussah, wenn sich aber auch noch kein gefährliches Anzeigen blicken ließ, wußten wir doch Alle zu gut, wie rasch das auf See eintreten kann, und an Bord ist in solchem Falle auch der Barometer ein vortrefflicher Warner, der schon manches Segel, ja manches ganze Schiff gerettet hat. Ohne also auch weiter nur einen Moment zu säumen, ja ohne nur noch einen Schuß auf hie und da emportauchende Seehunde zu thun, mit denen wir uns doch nun nicht weiter aufhalten durften, ruderten wir zum Schiff zurück, so rasch uns die, von vier kräftigen Matrosen geführten Riemen bringen konnten, und kaum dort angelangt, folgte auch schon ein rasch gegebener Befehl dem anderen. Das Boot wurde zuerst wieder durch sämmtliche Mannschaft an Bord genommen, und der Seehund blieb für jetzt unbeachtet darin liegen. Der Capitän hatte indessen noch einmal nach dem Barometer gesehen, und die leichteren Segel kamen gleich darauf herunter, das Marssegel wurde gereeft, und wir waren, kaum damit fertig, als rasch und drohend von Westen her eine dunkle Wolkenschicht aufstieg und der Wind zugleich ziemlich scharf von Norden an zu wehen fing. Besserer Zeichen bedurfte es nicht. Das große Segel wurde jetzt ebenfalls, das Marssegel dicht gereeft, das *mainsail* ganz fest gemacht, und nun ging der Tanz wieder los. Noch war's nicht dunkel geworden, als sich der Wind nach Nordwest, dann gegen Westen herumschlug, und bald pfiff wieder, vom fluthenden Regen begleitet, ein so wüthender Pampero über den weiten Strom dahin, daß der Sturm durch die Blöcke und Taue heulte, die See mehr und mehr aufgerüttelt, ihre weißen Kämme in einem wahren Spritzschaum über die Fläche sandte und die kleine Insel, in deren Nähe wir heute herumgeschwommen, schon lange wieder unseren Blicken entschwunden war.

Die ganze Nacht dauerte es so fort; ich wurde zweimal aus der nur mit einer sehr niederen Schutzwand versehenen Coje geworfen, ja selbst der nächste Tag bot uns wenig Besseres. Der eigentliche Pampero, wie der erste und tollste Ansturm des Wetters genannt wird, hatte sich allerdings in etwas gelegt, aber es wehte doch noch trotzdem ein ganz anständiger Sturm, und unser kleines Fahrzeug arbeitete auf eine verzweifelte Weise in den aufgerüttelten Wogen umher, die den Mitteltheil desselben fortwährend bedeckt hielten, und beim Auf-und Niedersteigen ihre klare, perlende Fluth sogar bis dicht an's ziemlich erhöht liegende Steuer spülten.

Der San Martin – früher »Carl Heinrich« und jetzt nun umgetauft, weil er unter argentinischer Flagge fuhr, war, was die Seeleute ein »tüchtiges Seeboot« nennen, und segelte besonders gut; dieß konnte aber natürlich nicht verhindern, daß das kleine Ding von der hochgehenden See auf das unbarmherzigste umhergeworfen wurde, und wir selber flogen in der Cajüte, wenn man sich nicht wirklich aus Leibeskräften festhielt, bald aus dieser Ecke in jene, mit dem einzigen Vortheil, daß man nie an seine alte Stelle zurückzu *gehen* brauchte, weil uns die nächste Bewegung gewöhnlich schon selber dorthin, oder doch in die nächste Nähe, zurück *brachte*. Beim Essen lag, wie bei allen Schiffen in schlechtem Wetter, ein Gestell von Querleisten auf dem Tisch, die Teller am Hinunterrutschen zu verhindern. Das unsere war gute zwei Zoll hoch, und doch sprangen sie oft darüber hin. Keinen Löffel Suppe konnte man als errungen betrachten, bis er nicht wirklich hinuntergeschluckt war, und wenn man bei Tisch kühn genug seyn wollte, mit beiden Händen zu essen, so mußte man sich wenigstens indessen mit den *Beinen* festhalten. Es war eine traurige Existenz und der Wind blies uns dabei so in die Zähne, daß wir nicht allein gar keinen Fortgang machen konnten, sondern im Gegentheil wieder weit zurück und in See hinausgetrieben wurden. Seevögel gab es hier in fast unglaublicher Menge.

Wegen des Kriegs zwischen Buenos Ayres und Montevideo, wobei Rosas die Stadt Montevideo von der Landseite her fest eingeschlossen hielt, konnten diese keine Provisionen und besonders kein Fleisch aus dem inneren Lande bekommen, und zahlreiche Fahrzeuge waren beschäftigt gewesen, Rinder von Rio Grande aus Brasilien nach Montevideo hinaufzuführen. Der San Martin war ebenfalls früher zu diesem Geschäfte verwendet worden, ehe er die argentinische Flagge führte. Diese kleinen Schooner wurden nun nicht selten, von einem tüchtigen Pampero überrascht, genöthigt, ihr Vieh über Bord zu werfen, und da auch selbst auf glücklichen Reisen einzelne Stücke immer daraufgingen, so trieben fast ununterbrochen todte Rinder in der Mündung des Stromes herum. Dadurch aber hatte sich eine wahre Unmasse von Seevögeln hierhergezogen; Albatrosse, Captauben und Gott weiß, wie viel verschiedene Arten von großen und kleinen Möven, so daß sie manchmal zu Tausenden über die aufgerüttelten Wogen strichen und das Schiff fortwährend kreischend umzogen.

Am zweiten Tage des Sturms hatten wir ein eigenes Schauspiel, das ich, im Leben nicht vergessen werde. Die See ging sehr hoch, der heulende West peitschte noch toll und wild hinein und das kleine schwergeladene Fahrzeug – Capitän Hauschild kam mit Salz von den capverdischen Inseln – ächzte und arbeitete mühselig gegen die immer neu herandrängenden Wassermassen an, als der Ruf eines, vorn auf der Back stehenden Matrosen unsere Aufmerksamkeit dorthin lenkte. Der Mann sah leichenblaß aus und deutete nach vorn, vor dem Bug aber schwamm auf den Wogen ein großes hölzernes Kreuz, das die erregte Fluth irgendwo vom Lande mußte losgerissen haben, und gerade jetzt hob es die andrängende Welle aufrecht empor, daß es fast senkrecht gerade vor dem Bug des Schiffes stand – im nächsten Augenblick verschwand es, die Fluth trug es unter oder neben uns hin, ohne daß wir es bemerkten, und wenige Secunden später stieg es dicht *hinter* uns wieder aufrecht in derselben Art empor.

Wer abergläubisch gewesen wäre, hätte das allerdings gar leicht für ein böses Omen halten können, und überdieß ist der La Plata, über den nur, selbst bis jetzt noch, sehr unvollkommene Karten existiren, mit seinen flachen Ufern und gefährlichen Sandbänken, ein gar böses Wasser, das schon mancher armen Schiffsmannschaft das Leben gekostet hat, wir kümmerten uns aber wenig um das Omen, denn eben wurde die Leber des später ausgeschlachteten Seehunds aufgetragen und das frische Fleisch roch zu einladend, nicht alle anderen, noch dazu trüben Gedanken zu verscheuchen.

Am dritten Tag legte sich der Sturm zwar, der Wind drehte aber, statt nach dem Süden herumzugehen, wie er das nach einem Pampero fast jedesmal thut, nach Norden herum, und faßte uns da in eine nördlich durch Land abgegrenzte Bai, aus der wir, gegen Wind und Strömung an, mehre Tage gar nicht herauskreuzen konnten. Endlich, am 16. Tag unserer Ausfahrt von Rio de Janeiro, erreichten wir die am rechten Ufer gelegene *punta del Indio*, der gerade gegenüber ein Leuchtschiff ankert, das auch zugleich Lootsen für die einlaufenden Schiffe an Bord hat. Hier bekamen wir ebenfalls einen Lootsen, einen alten Amerikaner, der seiner Aussage nach den Fluß auf das genaueste kannte, und uns bald nach Buenos Ayres zu führen versprach.

Das zu unterstützen bekamen wir noch an demselben Nachmittag einen tüchtigen Südoster, und liefen nun von einer herrlichen Brise den jetzt schon gelb und trüb werdenden breiten Strom hinauf.

Wie schon gesagt, ist der La Plata einer der am schlimmsten zu befahrenden Ströme der Welt; nirgends bietet sich dem Schiffer eine Landmark, sein Fahrzeug danach zu steuern, die Strömung ist, der Breite und der vielen Untiefen des Stromes wegen, ebenfalls unbestimmt, aber nichts destoweniger stark, und die einzige mögliche Art, das Schiff zu führen, mit dem Loth oder Senkblei. Ununterbrochen steht denn auch, von dort an, wo die eigentlichen Sandbänke beginnen, ein Mann außen von der Schanzkleidung, der sich erst durch ein festgeschlagenes

Tau vor dem Wegfallen gesichert hat, und wirft das Loth – oft Einer an jeder Seite, und danach steuert der Lootse, der den Grund hier sehr genau kennen muß, das Schiff.

Solcher Art liefen wir die ganze Nacht durch, und in der Dunkelheit war es gerade kein angenehmes Gefühl, rechts und links Bänke zu wissen, die, nur bei der geringsten Fahrlässigkeit, Schiff und Mannschaft zu Grunde richten konnten.

An dem allen gingen wir aber rasch und sicher vorüber und Morgens um 2 Uhr sahen wir uns der Außenrhede von Buenos Ayres, die wir aber natürlich nur an den dort vor Anker liegenden Schiffen erkennen konnten, gerade gegenüber. Die Fluth, von dem Südosten verstärkt, hatte uns dermaßen begünstigt, daß wir zwei Stunden eher nach Buenos Ayres kamen, ehe es der Lootse, der uns noch viel weiter zurück glaubte, erwartet hatte, und wir konnten von Glück sagen, daß uns der Irrthum desselben nicht irgendwo auf den Sand setzte.

Wie es war hielten wir rasch ein paar Strich höher, nahmen die leichten Segel nieder, braßten die andern etwas mehr an, und liefen mitten zwischen die Schiffe hinein, unter denen wir, am ersten günstigen Platz angekommen – den Anker in die Tiefe rollen ließen.

4. Buenos Ayres und seine Umgebung.

Die Rhede von Buenos Ayres ist nichts weniger als günstig gelegen, denn auf der inneren können nur kleine Fahrzeuge, die nicht tiefer als acht Fuß gehen, ankern, während die *äußere* wenigstens vier englische Meilen vom Lande entfernt liegt und bei einem starken Südoster – wie wir ihn gerade unglücklicher Weise hatten, die Fahrzeuge fast ebensogut in offener See bleiben könnten. Eine andere Unannehmlichkeit ist die, daß bei einem solchen Wind die See ebenfalls gegen das flache felsige Ufer steht, und durch ihr Branden den Booten großentheils das Landen unmöglich macht – ja zu nur etwas tief gehenden Booten müssen selbst bei ruhigem Wetter besonders dazu gehaltene Karren hinausfahren, Mannschaft oder Ladung in Empfang zu nehmen.

Einen vollen Tag lagen wir solcher Art auf der Rhede, mit der Stadt in der Ferne vor uns, ohne an Land zu können, und am zweiten Tag wehte es noch ebenso stark. Der Capitän, dem bange war, daß sein Salz im Preise fallen würde (was auch wirklich an demselben Morgen geschah, denn am vorigen Tag hätte er noch eine vortreffliche Fracht gemacht) wollte sich aber nun unter keiner Bedingung länger zurückhalten lassen, während der Lootse, der sich bei einer von mir aus Rio mitgenommenen und noch wenig angesprochenen Flasche Absynth bene that, erklärte, der Capitän könne, wenn ihm das Spaß mache, in solcher See an Land fahren, er selber bliebe aber an Bord. Ich hielt mich natürlich zum Capitän, denn ich hatte das an Bord herumgeworfen werden herzlich satt bekommen. Unser kleiner Schooner schaukelte nämlich, selbst auf der Rhede, noch so stark, daß wir ein Segel aufsetzen mußten, das Fahrzeug nur in etwas auf der Seite zu halten, und selbst das wollte nichts helfen.

Als der Lootse übrigens sah, daß wir wirklich Ernst machten, schämte er sich allein zurückzubleiben; das große Boot war indessen ausgesetzt, die Sachen hinein gelassen, der kleine Mast aufgestellt, und von günstigem Winde getrieben, schossen wir in unserem kleinen Fahrzeug pfeilschnell über die aufgeregte schäumende See des gewaltigen Stromes, der Haupt-und Residenzstadt der argentinischen Republik, Buenos Ayres, entgegen.

Im Anfang war ich ziemlich darauf gefaßt gewesen, durch die Spritzwellen, vielleicht gar durch eine übergehende See ordentlich durchnäßt zu werden, wider Erwarten kamen wir aber glücklich und selbst ziemlich trocken an Land.

Der Wind hatte ebenfalls in der letzten Stunde bedeutend abgenommen, die Brandung am Ufer ließ nach und der Steuernde wußte eine Welle so trefflich zu benutzen daß sie uns, mitten zwischen ein paar flache Felsplatten hinein, an eine Stelle an's Ufer setzte, wo wir geschützt lagen und leicht und verhältnißmäßig trocken an Land kommen konnten – Aber Buenos Ayres selber? –

Hast du dich, lieber Leser, wohl schon einmal recht lebhaft in die Märchen von Tausend und eine Nacht hinein versetzt, wo ganz plötzlich und unerwartet auf ein einfaches Indiehändeschlagen oder ein anderes höchst unschuldiges Zeichen die wunderlichsten Gestalten und Landschaften aus dem Boden heraufsteigen und den Beschauer überraschen? Hast du das, so wirst du dir einen ungefähren Begriff von dem Eindruck machen können den meine Umgebung, die nun schnell um mich her aufstieg, auf mich hervorbrachte. Die Aussicht auf die Stadt war mir bis dahin nämlich, da ich hinten im Boote gesessen und wir gerade vor dem Wind der Küste entgegen liefen, ganz durch das breite aufgespannte Segel entzogen worden, und jetzt, als dieses fiel, war es als ob ein Vorhang niedergerollt wäre um mich mit vorher sorgfältig berechnetem Effect zu überraschen.

Vor mir lag, von der Brandung bespült, die schäumend über lose hingestreute flache Felsblöcke hinwegsprang und sprudelte, der Landungsplatz von Buenos Ayres, und das Ufer wimmelte förmlich von abenteuerlichen, phantastischen Gestalten. Finstere, scharfgezeichnete und sonngebräunte Gesichter starrten überall unter schwarzen Hüten und rothen Mützen auf uns hin, und wohin auch das Auge fiel, begegnete ihm grelle, bunte, meist aber zinnoberrothe Farbe. Die Tracht der Männer erhöhte dabei das Pittoreske der Farben. Den Kopf bedeckt meistens eine rothe, stets keck auf einer Seite getragene Mütze. Der Poncho oder Mantel (ein viereckiges Stück Zeug, durch dessen aufgeschlitzte Mitte der Kopf gesteckt wird) fällt in malerischen

Falten um den Körper nieder, und ist nur gewöhnlich über dem rechten Arm durch einen Knopf oder Haken in die Höhe gehalten, um jenem freie Bewegung zu gestatten. Die Beine stecken darunter in weißen langbefranzten Unterhosen, zwischen denen wieder ein buntfarbiges Tuch um die Lenden gegürtet ist, die Füße meistens in ungegerbten Kuh-oder Pferdebeinhäuten, auf deren Zubereitung ich später zurückkommen werde. So ausstaffirt hängt der »Gaucho« auf seinem Pferde, und die beiden vorn aus dem Hautstiefel schauenden Zehen in den kleinen schmalen Steigbügel gestützt, die Linke träge auf den hinten am Sattel befestigten Lasso gestemmt, schaut er mit den scharfen dunklen Augen mürrisch auf den »Fremden« hin, wirft sich dann im Sattel herum und sprengt im gestreckten Galopp das Ufer entlang.

Doch von diesem wird der Blick gar bald zu dem übrigen Treiben der lebendigen Stadt gezogen. Unzählige Boote schießen unter schwellenden Segeln vom Lande, oder zwischen den dort vor Anker liegenden kleinen Fahrzeugen hin; großmächtige zweirädrige Karren fahren überall in dem seichten Uferwasser herum um Ladung und Mannschaft aus den Fahrzeugen zu nehmen, die zu tief im Wasser gehen besonders bei der unruhigen See bis dicht ans Trockne zu laufen. Hier treibt ein brauner, mit zerrissenem Poncho bedeckter Junge eine Heerde rauh genug aussehender Poneys in den Strom, und gerade vor die bald mitten zwischen ihnen hinschießenden Boote hinein, daß die Thiere oft dem rasch dahergleitenden Bug gar nicht mehr so schnell ausweichen können, und nicht selten durch die Wucht des Fahrzeugs umgeworfen werden. Dort stolziren eine Anzahl der wildest und wunderlichst aussehenden Soldaten die mir in meinem ganzen Leben noch vorgekommen sind, ziemlich lässig vor dem Gebäude des Hafencapitäns herum. Gleich daneben singt und jubelt eine Anzahl betrunkener Matrosen, die jenes Kriegsschiff da draußen, von dessen Heck der Pennant flattert, schon vor vier Tagen an Land gelassen hatte, und jetzt, trotz den wiederholten Bitten und Drohungen der Officiere noch nicht wieder an Bord bekommen konnte. Kurz, Menschen und Wogen drängen und treiben durch einander hin, und das Auge wird nicht satt, die neuen Bilder in sich aufzunehmen.

Kaum weniger interessant ist dabei die wenn auch nicht an Naturschönheiten, doch sonst an manchen Eigentümlichkeiten reiche Scenerie. Das Land, wie überhaupt das ganze Ufer des La Plata, von der Mündung bis hierher ist flach und bietet nur wenige Hügel, ja selbst höchst spärlichen Baumwuchs; die Bauart der Stadt aber, die niedrigen Häuser und flachen Dächer, die vergitterten Fenster und das düstere Roth der Backsteine gibt dem ganzen Platz einen so besondern Anstrich, daß man den ersten Eindruck dieser zusammengedrängten Häusermassen wohl schwerlich vergessen wird.

Aber auch oben an der Landung haben die nach europäischem Geschmack gekleideten Männer eine Auszeichnung, die besonders dem Fremden rasch ins Auge fällt und seine ganze Aufmerksamkeit erregt. Die grellrothe Farbe spielt selbst in ihrem Anzug eine bedeutende Rolle, und dient dazu sie als Bürger der argentinischen Republik zu bezeichnen. Die Bürger der Republik *müssen* nämlich den vom Gouverneur Rosas gegebenen Gesetzen nach eine grellrothe Weste – deren Stoff jedoch in ihrem Belieben steht – ein rothes Band um den Hut, und in einem Knopfloch ein langes Band von eben der Farbe tragen, auf dem die Devise der Republik: *»Viva la confederacion Argentina – mueran los salvajes, asquerosos inmundos Unitarios*Es lebe die Argentinische Republik, es sterben die wilden, schmutzigen, unmündigen Unitarier. mit schwarzen Buchstaben gedruckt ist. Diese Devise findet sich überall – kein Document wird ausgestellt auf dem sie nicht den Anfang macht, kein Paß wird ohne sie visirt, keine Zeitungsannonce fast ohne sie eingerückt, so daß sie in jedem Blatt unzähligemale vorkömmt; auf den Aushängeschildern findet man sie, selbst über dem Theater, und überhaupt an jedem Ort wo ein öffentlicher Anschlag, eine öffentliche Anzeige oder Ueberschrift angeschlagen, gemalt oder geschrieben ist; selbst der Nachtwächter ruft sie Nachts in den Straßen, und es mag wohl nöthig seyn ein Volk wie das argentinische auch auf keinen Augenblick vergessen zu lassen unter wessen Gewalt es jetzt steht. Früher hatte es darin wenigstens ein nur höchst mittelmäßiges Gedächtniß, und es ist wohl kaum ein Märchen was mir erzählt wurde, daß sich in jener Zeit der häufigen Revolutionen die Leute, wenn sie morgens aufwachten, nicht selten frugen – »wer ist denn nun heute

Gouverneur« – Jetzt hat sich das geändert, und die Argentiner wissen für den Augenblick wer Gouverneur ist.

Trotzdem aber, daß die Regierung der jungen Republik für jetzt wohl stark und sicher befestigt ist,Ich schrieb das vor drei Jahren, als Rosas noch fest das Steuer in Händen hielt, und er würde es meiner Meinung nach noch halten, hätte er sich mit der Regierung seiner eigenen Republik begnügt; Montevideo war ihm aber erst ein Dorn im Auge und wurde dann ein Nagel zu dem Sarge seiner Diktatur. kann man den Staat selber doch immer nur als im Entstehen bezeichnen. Bis jetzt hat er sich, während der ewigen Kriege mit dem Nachbarstaat Montevideo nur erst schwach ausbilden können, der Handel auf dem Strome wurde durch die Blokade der Engländer und Franzosen gehemmt, und die Bürger mußten, anstatt zu den nützlichen, einträglichen Beschäftigungen des Bürgers und Landmanns, zu Wehr und Waffen greifen. Auch das Volk im Innern war noch zu wild und trotzig, und fügte sich nur höchst ungern und erst nach heftigem Widerstand den strengen Gesetzen, die seiner Willkür hemmend in den Weg traten. Ja selbst die wilden Stämme der Pampasindianer schreckten durch ihre rohen Grausamkeiten und nicht selten tollkühnen Angriffe die fleißigen Landbebauer zurück sich weiter ins Innere zu wenden. Jetzt aber scheint die schlimmste Krisis überstanden, und die argentinische Republik geht vielleicht bald und mit raschen Schritten einer Wohlhabenheit und Vervollkommnung entgegen, die ihr auch schon ihrer glücklichen Lage und ihres gesunden Klima's wegen im reichsten Maße gebührt.

Für jetzt liegt noch alles im ersten Beginnen, nichts fast von allen hier verbrauchten Fabrikaten wird im Lande selber angefertigt, selbst der Gaucho sieht sich für seine einfachsten Bedürfnisse auf das Ausland angewiesen. Seine Ponchos werden in Europa gewebt, seine großen eisernen Sporen ebendort gegossen, das geringste Kleidungsstück das er trägt, die Botas ausgenommen, kommt über das Meer herüber, und selbst einzelne eigene Erzeugnisse müssen erst versandt werden um in anderem als rohen Zustand hier benutzt werden zu können. Hierher gehört besonders die Wolle, ja sogar das Pferdehaar das die Tapezierer der hier so theuern Arbeit wegen in Deutschland oder England kräuseln lassen, um es hernach zu ihrem Geschäft zu verwenden.

Auch den Fortschritt des Ackerbaues hindert der Mangel an Arbeitern, und der dadurch unverhältnißmäßig erhöhte Lohn. Weiter im Innern des Landes sehen sich die Leute nur auf Viehzucht beschränkt, und sind nicht im Stande die nöthigen Kosten an Einfriedigungen und Gräben für anzulegende Felder zu bestreiten, die überhaupt in dem holzarmen Lande ziemlich hoch zu stehen kommen müssen. Die Ausfuhr der Produkte beweist dieß ebenfalls – wie von der Westküste Afrika's werden von hier aus bis jetzt nur Rohstoffe, als da sind Häute, Wolle, Talg, Haare ec ausgeführt, und doch hat das Land alle die Hülfsquellen die es einst zu einem der blühendsten der Erde machen müssen.

Es läßt sich dabei denken daß noch nicht viel für die Verbesserung des Landes selber geschehen konnte. Dem Hafen fehlt noch ein ordentlicher Leuchtthurm, wie ein Damm oder Ausbau, damit Boote auch, was jetzt bei einem heftigen Südoster förmlich unmöglich ist, vor der Brandung ungehindert landen und löschen können. Ja der Fluß selber muß später, um die Schiffe vor den nur zu häufigen und gefährlichen Sandbänken zu warnen, an noch mehren Stellen mit Leuchtfeuern und Baken und Tonnen versehen werden.

Auch die Straßen der Stadt sind schlecht beleuchtet und in noch ziemlich trauriger Verfassung – bei Regenwetter gleichen die meisten flüssigen Morästen und die unförmlichen, aus dem Inneren kommenden Wägen tragen viel dazu bei, sie in diesem Zustand zu erhalten.

Ein Staat kann aber nie auch gleich vollkommen geschaffen, er muß ausgebildet werden, und wenn der argentinischen Republik nur ein längerer Zeitraum der Ruhe bleibt, daß sie sich von den erst kaum überstandenen Kriegen und Anstrengungen erholen kann, so muß sie, mit allen ihr zu Gebote stehenden Mitteln, reißende Fortschritte machen.

Gouverneur Rosas scheint dabei gerade der Mann zu seyn, das kräftige wilde und auch wohl blutdürstige Volk der Gaucho's – selber ein Gaucho aus ihrer Mitte, mit all ihren Tugenden und Lastern – im Zaum zu halten. Er hat sich als Gouverneur der Republik, trotz allen Intriguen und offenen Angriffen der Gegner bis jetzt zu behaupten gewußt, er hat die Indianer schon mehrmals gezüchtigt und in ihre Grenzen zurückgetrieben und dem Land wie dessen Verkehr mehr Sicherheit gegeben als es je früher, so viel ich darüber hören konnte, gehabt hat. Dabei ist jetzt endlich nach langem Streite ein sechsmonatlicher Waffenstillstand mit Montevideo geschlossen, der wohl, wie man hier hofft und wünscht, in einem gütigen Ausgleich endigen wird.Die neueren Ereignisse haben gezeigt, daß jene Hoffnungen und Wünsche nicht erfüllt werden sollten, ein neuer Krieg hat das Land beunruhigt, Rosas, der bis dahin so gefürchtete Diktator ist vertrieben, und es kommt jetzt nur darauf an, ob die *neue* Regierung, der es gewiß nicht an *gutem Willen* fehlen wird ihre eigenen Interessen zu wahren, auch die *Kraft* hat ihre Absichten durchzuführen, und sich den Gehorsam der Gauchos zu sichern. Das Letzte ist dann gehoben was dem Lande seine, bis jetzt überdieß schon so spärlichen Bewohner so gänzlich entzog, daß an manchen Stellen die Estancias von ihren Insassen total entblößt wurden, daß die Gebäude zerfielen und das Vieh sich in alle Welt zerstreute. Wenn dann noch eine tüchtige Einwanderung (die schon jetzt von den benachbarten Staaten, besonders von Rio Grande und Montevideo begonnen hat), den Eingeborenen zu Hülfe kommt, so kann und muß sich das Land in seinen Erzeugnissen von Jahr zu Jahr bessern, und man darf ihm wohl eine glückliche Zukunft vorherkünden.

Was sein Klima betrifft, so ist schon der Name Buenos Ayres (gesunde Luft) eine Art Bürgschaft dafür; die Stadt selbst ist keineswegs unbedeutend, denn sie zählt über 80,000 Einwohner und die Gebäude sind, wenn auch niedrig, doch gänzlich aus Stein aufgeführt, so daß Feuersbrünste nur höchst selten vorkommen.

Die Kirchen, von denen es eine große Anzahl zu geben scheint, verleihen mit ihren gewölbten Kuppeln der Residenz ein fast morgenländisches Ansehen, dem die sonngebräunten Gestalten der Bewohner auch keineswegs widersprechen, aber die raschen lebendigen Bewegungen dieses centaurenartigen Volkes passen nicht zu dem Bild das wir uns gewöhnlich von den stillen ernsten Söhnen Muhameds machen, und die Kreuze der Kirchen predigen den »rechten Glauben.«

Ich habe meinem Tagebuch hier etwas vorgegriffen, denn der Leser kann sich wohl denken daß ich das nicht Alles gleich auf den ersten Blick übersah, für die ersten Tage die ich in Buenos Ayres verbrachte, bleibt mir aber auch nur sehr wenig zu erzählen, denn meine Beschäftigung beschränkte sich großentheils darauf zuerst ein Unterkommen zu suchen und dann herumzuhören was die Leute hier über meine Absicht, quer durch's Land hin nach Valparaiso zu, sagen würden.

Das erste hatte weiter keine Schwierigkeit, denn ich fand in einem englischen Haus, in welchem sich gewöhnlich deutsche und dänische Capitäne – und von beiden Nationen befanden sich gerade eine ziemlich bedeutende Anzahl in Buenos Ayres – einquartierten, zu einem mäßigen Preis Bett und Kost. – Desto trübseliger sah es aber mit dem anderen aus. Die Leute die ich frug ob ich die Reise jetzt durch die Pampas unternehmen könnte, sagten einfach *nein*, es wäre nicht möglich – die Pampasindianer hätten sich gerade in diesem Augenblick wieder gegen Rosas empört, und durchstreiften die Steppen nach allen Richtungen in Banden von 200-300 Mann – würde ich von ihnen erreicht, und das sey, wie die Sachen jetzt stünden, kaum anders möglich, so hätte ich auf kein Erbarmen zu rechnen, es sey festes Gesetz bei ihnen die jungen Frauen und Mädchen mitzuschleppen und den Männern einfach die Hälse abzuschneiden. Käme ich aber auch wirklich nach Mendoza, wozu sie aber nicht einmal die Möglichkeit sähen, so müßte ich dann *dort jedenfalls* liegen bleiben, da ich die Cordilleren gerade mitten im Winter, im Juli, erreichte, und diese durch Schnee, um solche Jahreszeit stets, *geschlossen* fände – ein Versuch *dort* hinüberzugehen wäre einfacher Wahnsinn, und ich solle lieber sehen, daß ich – wenn ich doch nun einmal nach Valparaiso müßte, Passage auf einem der gerade in dieser Zeit abgehenden Schiffe fände, die mich sicher und um mäßigen Passagepreis – ich glaube 100 Dollar, bis nach Valparaiso hinüberschaffen würden.

Hätten mir das nur zwei, oder zehn, oder zwanzig Leute gesagt, so wäre noch der Trost dabei gewesen, daß Andere auch eine andere Meinung über die Sache hätten, so aber waren, wunderbarer Weise, Alle gerade in dieser Sache einig, und ich fing in der That schon an zu glauben ich hätte irgend ein wahnsinniges Unternehmen vor, von dem ich doch am Ende, wenn ich mir nicht muthwillig wollte den Hals abschneiden lassen, abstehen mußte.

Der amerikanische Consul, ein Mr. J. Graham von Ohio, der mir überhaupt mit wirklicher Zeitaufopferung die größten Gefälligkeiten erwies, gab sich selber alle Mühe etwas Gewisses oder vielmehr Tröstlicheres über die Reise zu erfahren, denn ich hatte ihm gesagt ich verlange weiter nichts, als nur *einen* Menschen in der ganzen Stadt zu finden der mir zugestehe daß die Tour eben *möglich* wäre. Endlich trieben wir einen alten Spanier – ich habe seinen Namen vergessen – auf, der längere Zeit in Mendoza selber gewohnt hatte, und dieser, der auf die erste Anfrage hin ebenfalls nein antwortete, meinte endlich achselzuckend, *möglich* sey es allerdings, aber ich müßte *viel Glück* haben.

Viel Glück *hatt'* ich, also war die Sache abgemacht.

Damit im Reinen, schien es, als ob mir ein ordentlicher Stein vom Herzen gefallen wäre, und ich konnte mich nun in voller Ruhe all den fremden wunderlichen Eindrücken hingeben, die diese fremde und wunderliche Umgebung auf mich machte. Was ich jetzt auch noch *gegen* die Reise selber hörte, betrachtete ich vom richtigen Gesichtspunkt aus und ließ die Leute eben reden.

Vor allen Dingen beschäftigte ich mich nun damit, meine kurze Zeit in Buenos Ayres auch so gut als möglich anzuwenden, und so viel ich konnte über die Verhältnisse der Deutschen dort, oder überhaupt der Fremden, in Bezug der Auswanderung zu hören. Im Auftrag hierzu von unserem früheren deutschen Reichsministerium (wenn die Deutschen doch wenigstens nie vergessen wollten, daß sie einmal ein Reichs *ministerium* hatten) suchte ich auch direkt vom Präsidenten der Republik zu erfahren, in wie weit er deutsche Einwanderung begünstigen würde, und machte mehre kleine Streifzüge in die nächste Nähe der Stadt, die dortigen Estancias und Anpflanzungen selber zu sehen, wie etwas Näheres über ihre Bearbeitung und ihren Fortgang zu hören.

Ehe ich jedoch dazu übergehe, will ich mich in ein paar Worten noch mit der Stadt selber beschäftigen.

Buenos Ayres ist eine längs dem Fluß in regelmäßigen Blöcken und breiten Straßen vortreff-lich ausgelegte Stadt, die einen sehr bedeutenden Flächenraum einnimmt, und eine doppelt so große Zahl von Einwohnern in sich fassen könnte, wäre nicht die weitläufige spanische Bauart mit den niederen Gebäuden und luftigen Hofräumen, mehr auf das warme Klima als darauf berechnet, eine Masse von Seelen oder vielmehr Körpern, in einen möglichst kleinen Raum zusammen zu drängen.

Die Tracht der Einwohner ist eine wunderliche Mischung von Französisch, Spanisch und In-dianisch – die gebildetere Klasse wie die Fremden tragen die französische Tracht – Frack, Ober-rock, lange Beinkleider und schwarzen Hut, die Argentiner nur eben mit dem patriotischen Zusatz der rothen Weste und dem rothen Hutband, dennoch aber, und besonders beim Reiten, auch dem des Poncho. Da ich diesen Poncho aber, bei einem längeren Aufenthalt in Südamerika, wohl ziemlich häufig erwähnen werde, ist es vielleicht besser ihn hier gleich so kurz, aber auch so genau als möglich, zu beschreiben.

Der Poncho ist, aus den verschiedenartigsten Stoffen – von der feinsten Weberei nieder bis zu der gewöhnlichsten wollenen Decke hinunter verfertigt, ein länglich viereckiges Stück Zeug, mit einem Schlitz in der Mitte, gerade groß genug, den Kopf hindurch zu lassen. Er hängt in Falten über die Schultern hinunter, wird aber beim Reiten, besonders wenn der Reitende seinen Lasso zum Gebrauch fertig hält, auf der rechten Schulter in die Höhe genommen und fest geknöpft, den rechten Arm frei zu lassen.

Der Gaucho und Peon oder Diener, selbst die meisten Abtheilungen der Soldaten, wenigstens die ganze Cavallerie tragen diesen Poncho, und darunter, statt der Hosen die sogenannte *cheripa*, ein dem Poncho ähnliches Stück Tuch, das hinten am Gürtel befestigt ist, und zwischen den Knieen durch, vorn zum Gürtel heraufgezogen und dort eingesteckt wird.

Die Füße der unteren Klassen, natürlich nur die der Männer, stecken in Stücken ungegerb-ter Haut, die sie den Beinen junger Pferde und Rinder nur eben abgestreift haben, sie auf die eigenen Füße zu ziehen. Die Haare werden mit ihren scharfen Messern herunterrasirt und das Fell dann durch Oel geschmeidig erhalten.

Die Tracht der Frauen ist meist spanisch, wenigstens gibt ihnen die Mantille ein solches Aussehen, obgleich die Damen der argentinischen Residenz, selbst den Französinnen nicht in geschmackvoller Toilette nachstehen würden.

Merkwürdig für den Fremden, und für mich besonders ungemein interessant, ist das Leben und Treiben in den Straßen selber. Die wilden Gestalten der Gauchos mit ihren flatternden Ponchos und Kopftüchern – die großen unbehülflichen Wägen, die, von Ochsen gezogen, mit ihren zwei riesigen, oft zehn Fuß hohen Riemen umwickelten Rädern durch die Stadt rollen – die Gauchojungen, die Morgens mit ihren zwei Milchblechen auf dem Pferd, das eine nackte Bein herunterhängend, das andere auf den Sattel gezogen, zu Markt kommen – die zerlumpten Soldaten, die vor den öffentlichen Gebäuden Wache stehen – die vorherrschend grell rothe Farbe der ganzen Bevölkerung – die langen, freilich verbotenen Messer in den Gürteln – die niederen Häuser dabei und vergitterten Fenster, das Alles glitt mir oft wie die wunderlichen Bilder einer *Laterna magica* vor den Augen vorüber und ich freute mich dann wohl im Stillen, daß ich da wirklich mitten drin sitze in all dem Schaffen und Treiben, und jetzt so recht hineinstürmen dürfe in das freie fröhliche Leben.

Was nun die *Vergnügungen* der Stadt betrifft, so bin ich freilich nicht im Stande viel darüber zu sagen – meine Zeit war mir dort viel zu knapp zugemessen, mich diesem überlassen zu dürfen, und nur einer Beschreibung nach, kann man in solche eben nicht genug eingeweiht werden, dem Leser wieder einen deutlichen Begriff zurückgeben zu können. Das wenige, was ich aber darüber weiß, soll ihm nicht vorenthalten bleiben.

Buenos Ayres hat zwei, und wie es heißt, sehr gut besuchte Theater, das eine – das Victoriatheater, soll eine recht tüchtige Oper besitzen, das andere bringt Schauspiele, verschmäht es aber auch nicht, Taschenspieler und Seiltänzer in seine Räume und den Kreis seiner Wirksamkeit aufzunehmen.

Aber selbst im Theater entgehen die Argentiner nicht der Devise, bei der es nur fehlt, daß sie die Bäcker auch noch mit auf die einzelnen Brödchen drucken müßten. – *Viva la confederacion Argentina etc.*

Vor jedem Stück nämlich Oper, Schau-oder Lustspiel, mag es nun in Amerika, Asien oder Europa spielen, muß der Vorhang, ehe es selber beginnt, aufgezogen werden – dann stehen sämmtliche Spielende auf der Bühne, die Hauptpersonen voran, der Chor hinter ihnen (sämmtlich im Costüm) und die ersteren rufen nun mit lauter Stimme:
Hauptpersonen: *Viva la confederacion Argentina* – worauf der Chor einfällt,
Chor: *Viva* –
Hauptpersonen: *Mueran los salvajes Unitarios!*
Chor: *Mueran.*
Dann fällt der Vorhang, es entsteht eine kleine Pause, und das Stück kann nun, nachdem das Publikum recht in den Geist desselben hineinversetzt ist, beginnen.Etwas Aehnliches habe ich übrigens auch später einmal in Sidney gesehen, wo die englischen Schauspieler bei einer besonders feierlichen Gelegenheit ebenfalls nach Art der Argentiner *vor* dem Anfang des Stückes und in vollem Costüm in Masse heraustraten und ihr *God save the queen* sangen. Besonders rührend machte sich dieß, da in diesen loyalen Wunsch selbst ein Chor von »Seeräubern« (in Balfe's Oper *the enchantress*) mit einstimmten.

Buenos Ayres erfreut sich auch neben diesen Theatern oder erfreute sich wenigstens damals, eines Puppen-oder Marionettenspiels – mit derselben entsetzlichen Devise über dem grob gemalten Vorhang und derselben Verpflichtung gegen das Gesetz, nach der selbst die Marionetten vor dem Beginn »aufgetreten werden müssen« und ihre Leiter hinter den Coulissen mit lauter Stimme rufen – *Viva la confederacion – mueran los salvajes Unitarios.*

Es existirt in der Stadt ein Leseclub, der auch deutsche, französische, englische und portugiesische Zeitungen hält. In Buenos Ayres selber erscheinen vier Zeitungen, drei spanische und eine englische – »The British Packet« – aber unter diesen kein einziges eigentliches Localblatt. Am wunderlichsten ist übrigens in dem Lesecirkel die deutsche Literatur vertreten.

Die in dem Anschlagzettel verzeichneten Journale sind: Augsburger Allgemeine Zeitung, Börsenhalle, Kritische Blätter, Preußische Zeitung – der Freischütz, Elberfelder Zeitung, Deutscher Freihafen und Berliner Zeitung. Von diesen sind aber *nicht* da: Augsburger Allgemeine Zeitung, Preußische Zeitung, Deutscher Freihafen und Berliner Zeitung; nur der Freischütz und die Börsenhalle kommen regelmäßig. Außerdem lagen noch auf dem Tisch, ohne angezeigt zu seyn: die Grenzboten, die Fliegenden Blätter und die Düsseldorfer Hefte. Von englischen Zeitungen wird, außer verschiedenen Magazines und Reviews, die Times, Morning Chronicle, Illustrated London News, London Price Current, Lloyds List, Spectator, Gores General Advertiser, Examiner und der Liverpool Mercury, Liverpool Albion und Liverpool Times gehalten. Von den französischen Blättern stehen angezeigt: Journal des Debats, Journal du Havre, Democratie, Le Cabinet de lecture, Revue de Paris, La Reform, Le Siecle, La Presse, Moniteur Universelle; Le National, L'Union, L'Illustration. Doch fehlten auch hiervon einige.

Was die hiesige *deutsche* Literatur betrifft, so sieht es mit der traurig genug aus; an eine deutsche Zeitung ist gar kein Gedanke, und selbst deutsche Bücher sind nur in sehr wenigen und meist zufällig hierher verschlagenen Exemplaren bei zwei deutschen Buchbindern, Herrn Remike und Kaiser, zu haben. Viel würde von diesen allerdings nicht an Deutsche abgesetzt werden, denn der Handwerkerstand liest leider sehr wenig und kauft noch weniger Bücher, Manches würde aber doch Abnahme finden, und jedenfalls verdiente dieser Geschäftszweig etwas mehr Aufmerksamkeit.

Gleich in den ersten Tagen machte ich einen kleinen Abstecher in die nächste Umgebung der Stadt, einige Deutsche, die in der Nähe ihre Estancias haben sollten, zu besuchen, und selber einmal mit eigenen Augen diese südamerikanischen *Farmen* zu sehen, von denen ich so Manches gehört, und doch noch keinen rechten Begriff bekommen hatte.

Mein Begleiter war ein kleiner deutscher Bauer, seinen Namen habe ich vergessen, nichts komischeres gab es aber, als ihn oben auf seinem riesigen Pferd kauern zu sehen, und beim Trab fürchtete ich mehremale, daß es ihn förmlich auseinander schütteln würde. Er kannte aber die ganze Nachbarschaft, und brachte mich zu einigen seiner Bekannten, mit denen er vor achtzehn oder zwanzig Jahren über See gekommen war, und die sich hier meistens in vortrefflichen Umständen befanden.

Die Umgegend von Buenos Ayres bietet, außer dem breiten schönen Strom mit seiner Menge von Masten, dessen gegenüberliegende Ufer nur manchmal bei sehr hellem Wetter sichtbar seyn sollen, sehr wenig Pittoreskes; trotz dem ist die Natur auch in dieser Gestalt schön, und besonders fesselt manche Eigenthümlichkeit das Auge des Europäers. Zu diesen gehören die Einfriedigungen der Gärten und kleineren Felder nahe bei der Stadt, die des großen Holzmangels wegen meistens aus dicht aneinander gepflanzten wuchernden Aloes und Cactus bestehen. Vorzüglich schön sehen die Aloes aus mit ihren riesigen fleischigen Blättern und den oft bis über 24 Fuß hoch aufgeschossenen Blüthenstengeln (jetzt leider nicht in der Blüthe), und so dicht drängen sie zusammen, daß ein Pferd oder Rind wohl nicht leicht den Durchgang wagt, ein Mensch sich aber erst eine Bahn hindurch schneiden oder hauen müßte. Auf solchen *Einbruch* steht jedoch Todesstrafe, und die Gesetze lassen hier nicht mit sich spaßen.

Mitten zwischen solchen Gärten und Hecken ritten wir hin, vergebens aber suchte das Auge einen ordentlichen anständigen Baum, der eine Abwechslung in die grenzenlose Fläche brachte; nur kleines niederes Gesträuch, Weiden und derartiges Buschwerk begegnete dem Blick, und die Blüthenstengel der Aloe reichten hoch über diese hinaus.

In dem Deutschen, Herrn –, dessen Farm wir hauptsächlich besuchen wollten, fanden wir einen freundlichen gefälligen Mann, der uns bereitwillig seine ganze Einrichtung, wie Felder und Wirtschaft zeigte.

Alles was er gepflanzt hatte schien vortrefflich zu gedeihen, die Felder und Holzpflanzungen waren mit Aloe dicht umzäunt und gegen das Eindringen der Thiere vollkommen gesichert, er hatte tüchtige Pferde, einen, aber natürlich draußen weidenden sehr guten Viehbestand, und zog durch die Nähe der Stadt schon durch Milch und Butter einen nicht unbedeutenden pecuniären Nutzen.

Der Mann war aber auch in anderer Hinsicht ein ächter amerikanischer Farmer geworden, und hätte sich seinen Brüdern in Nordamerika ohne weiters anreihen können – er schimpfte aus Leibeskräften auf die Deutschen und meinte, diese sollten nur um Gottes Willen nicht auswandern oder nach Südamerika kommen, denn arbeiten wollten sie doch nicht, und zum zugucken brauchten sie Niemanden mehr, da hätten sie gerade genug. Er beschäftigte auch eine Anzahl von Spaniern auf seinem Grundstück – Einzelne warfen Gräben aus, an denen hier die Cactus und Aloehecken gepflanzt werden, Andere entnahmen den dichten Reihen der letzteren junge Schößlinge, neue Schutzfenzen damit anzulegen; wieder Andere hieben junge Pfirsichstämme ab, und banden sie zu einer bestimmten Größe von Bündeln, zum Verkauf in die Stadt zusammen, denn so arm ist dieser Theil der Welt an Holz, daß wirklich Pfirsichholz, nur zu diesem Zweck angebaut, den größten Theil des Brennmaterials liefert. Nirgends beschäftigte er aber Deutsche und versicherte uns, wenn er auch einmal einen deutschen Arbeiter kriegte, so verdienten sie gewöhnlich das Brod nicht, denn erstens wollten sie nicht arbeiten, und dann forderten sie den dreidoppelten Lohn von dem, was er dem fleißigsten Spanier gäbe.

Ich konnte natürlich nicht untersuchen ob der Mann recht hatte, jedenfalls war aber seine Klage, wenn auch wohl hie und da begründet, doch im Allgemeinen übertrieben. Die Leute die schon in Deutschland nie gearbeitet haben, und nun mit den extravagantesten Erwartungen nach einem fremden Welttheil auswandern, mögen natürlich dort ebenfalls nichts thun, ja selbst die arbeitende Klasse hat sich meist immer so eine kleine Beihoffnung mitgebracht, nach der es in dem fremden Welttheil doch wohl ein Bischen leichter für die Sehnen gehen könnte, als in dem alten Vaterland – wenn sie das auch eben nicht deutlich ausspricht, und ist dann im Anfang eben nicht angenehm überrascht, wenn sie das nicht bestätigt findet; diese Letzteren richten sich aber gar bald auch in das Alte *Gewohnte* wieder ein, und werden gute Arbeiter und Landbebauer.

Von dort ritten wir noch nach einigen anderen Estancias hinüber, bei denen wir aber die Eigenthümer nicht selber aufsuchten, und kamen zuletzt an ein altes wunderliches Gebäude das, wie mir mein Geleitsmann sagte, in früherer alter Zeit einmal eine Kirche und ein Kloster gewesen sey, für die Deutschen hier aber auch noch in anderer Beziehung wichtig und interessant wäre, da es den damals von Rosas herübergezogenen Einwanderern für längere Zeit zum durch die Regierung angewiesenen Aufenthalt gedient hätte. Diese deutschen Arbeiter sollten nämlich gerade in einer Periode eingetroffen seyn, wo sie der Gouverneur, mitten in der politischen Aufregung, unmöglich gleich unterbringen und verwenden konnte; er hatte nicht einmal Arbeit für sie, wie trefflich er sich aber damals gegen die Deutschen benommen hätte, konnte der alte Bursche nicht genug rühmen. Ihnen wurde nicht allein das alte Kloster zum Aufenthaltsort angewiesen mit den nöthigen Provisionen für Frau und Kind, nein die Männer bekamen auch noch ihren trefflichen *Tagelohn* ausbezahlt, ohne daß sie auch nur zu irgend einer Arbeit aufgefordert gewesen wären.

»*Das* waren Zeiten« rief mein alter Deutscher, und hielt sein Pferd an, sich beim Reiten, denn sein Thier trabte ein wenig hart, nicht vielleicht einmal aus Versehen die Zunge abzubeißen, »*das* waren Zeiten, alle Tage unser gutes Essen, dreimal so gut wie wir's in Deutschland gehabt, und unser Tagelohn, viermal so viel wie wir hätten dort verdienen können und »gar nischt« dabei zu thun – und das dauerte viele Monate – da haben wir uns von der Seereise recht erholen können – und wie wir ja nachher was schaffen sollten, da konnte man sich auch noch immer mit größter Bequemlichkeit drum herum drücken, *aber der Lohn ging fort.*«

Eine ebenso nützliche Bevölkerung schien Rosas *jetzt* darin zu halten, eine Anzahl der leeren Zellen war nämlich von einem Schwarm Pampasindianern eingenommen, die von Rosas besiegt und gefangen genommen, hier von ihm friedlich gehalten und ernährt wurden.

Ob er selber so friedlich gegen diese, ihm stets feindlich gesinnten und blutdürstigen Stämme dachte, will ich dahingestellt seyn lassen, aber er durfte die rachsüchtigen Horden, denen das ganze Innere seines Landes preisgegeben lag, auch nicht unnöthig reizen und zur Vergeltung treiben, und deßhalb wurden diese Kinder der Steppe hier in ihrer Gefangenschaft, in der sie aber anscheinend ganz frei herumgingen, so gut und nachsichtig behandelt wie nur irgend möglich.

Dicht an der Stadt sollte noch ein ähnliches aber viel stärkeres indianisches Lager des nämlichen Stammes seyn, der ebenfalls den Platz nicht wieder verlassen durfte.

Es war eine, nicht sehr große, aber gedrängte kräftig muskulöse Menschenrace den nordamerikanischen Indianern, besonders in Haar und Farbe gar nicht unähnlich und um die einzelnen, in dem weiten Hofraume errichteten Lagerfeuer kauerten die verschiedenen Familien, ihrer Mahlzeit entgegenharrend. Die Männer standen dabei oft auf, und schritten gravitätisch, in ihre Decken geschlagen, in den Gängen herum, während die Frauen die kleinen dürftigen Feuer zusammenschütten und in Gluth zu halten suchten, damit das dicht daran gehangene Fleisch wenigstens in etwas durchbraten und gar werde.

In ihren Zimmern, wenn eine Art offener Ställe überhaupt so genannt werden kann, sah es ebenfalls wild genug aus – die Lagerstätten, meist von Bambusstöcken hergerichtet, waren etwas vom Boden erhöht – ein eigener Luxus den sie hier mit dem Schlafen trieben; ein paar wollene Decken und selbstgewebte Ponchos und Cheripas bildeten das ganze übrige Ameublement, denn sie wurden zugleich zu Tischen wie Stühlen verwandt; man hätte denn noch ein paar Pferdeschädel dazu rechnen wollen, die den Familienvätern zu Lehnsesseln zu dienen schienen.

Das ganze Gebäude sah dabei wild und schaurig genug aus – nicht ein einziges Fenster war noch mit einem gesunden Schalter versehen – die Thüren hingen theils hie und da in einer Angel, und schlenkerten und klapperten mit dem Luftzug hin und wieder, oder waren auch schon großentheils von den darin gerade nicht scrupulösen Söhnen der Steppe, zu Feuerholz klein geschlagen und aufgebraucht worden.

Selbst die alte Kapelle schien von den gierigen Händen der Zeit, und den fast noch gierigeren der Menschen, nicht verschont geblieben. Die Wände standen, ihres früheren Schmucks beraubt, kalt und kahl da, nur hie und da hingen noch ein paar alte verwitterte Zierrathen, die es den Leuten nicht der Mühe werth gewesen seyn mochten aus ihrer etwas unbequemen Höhe herabzuholen, in einer der Ecken; in einer zusammengebrochenen Nische stand auch ein kaum mehr erkennbares Steinbild von einem – Heiligen oder Götzen – es wäre schwer gewesen das jetzt zu bestimmen. Wenn aber auch alles übrige Holzwerk, eben wohl zu Feuerung, herausgebrochen seyn mochte, hatte man doch den Altar, vielleicht in einer Art Ehrfurcht der selbst den heidnischen Pampas vor dem Gott der Christen eingeprägt seyn mochte, stehen lassen, und sogar die alte, schwer gestickte Altardecke hing noch, wenn auch in Fetzen und schon fast verwittert, von dem vorderen Theil desselben herunter.

Ich wanderte lange Zeit in dem alten wunderlichen Gebäude umher, so lange daß es mein kleiner Begleiter zuletzt schon herzlich satt bekam, und mich frug, was man in den verwetterten windschiefen Nestern denn nur so ewig zu schauen finden könnte. – Da ich daran verzweifelte ihm das je begreiflich machen zu können stiegen wir endlich wieder auf unsere Pferde und ritten weiter.

Auf dem Rückweg besuchte ich die Quinta oder das Lustschloß des Gouverneurs, das Fremden stets offen steht – sie liegt etwa eine Stunde Wegs von der Stadt entfernt höchst angenehm dicht am Strom, und der Blick erfreut sich dort zum erstenmal wieder an grünen schattigen Bäumen, die das niedere, von Säulengängen umschlossene Lusthaus dicht umgeben. Der Aufenthalt muß hier, besonders im Sommer, reizend seyn, nur die Berge fehlen dem Hintergrund und dem Auge dadurch auch die freundlichen, weit hinausschweifenden Gebirgshänge mit ihren kühlen Schluchten und moosigen Felsen. Alles ist flach, und es kommt Einem manchmal ordentlich das Gefühl, als ob man sich hoch über die Ebene emporheben und froh aufathmend das weite schöne, aber noch so wilde Land überschauen möchte.

Der Platz um die Quinta her ist ungemein gut im Stand erhalten und eine Sorgsamkeit auf die kleinste Pflanze verwendet die besonders dann einen fast wohlthätigen Eindruck auf den

Beschauer macht, wenn man die wilden Gestalten dabei sieht, die hier mit vorsichtiger Hand Bäume und Blumen pflegen.

Zu den Merkwürdigkeiten der Quinta gehört eine amerikanische Brigg, die einmal bei einem heftigen Südoster hier auf das Land getrieben, und später von Rosas angekauft wurde. Jetzt steht sie hoch und trocken mitten zwischen den sie umschmiegenden Weiden, über welche die beiden Masten hoch und kahl hinausragen. Sie ist übrigens im Innern sehr elegant zu einem einzigen Salon hergerichtet und eine bequeme Treppe daran hinaufgebaut.

Zu den Wundern dieser Brigg gehörte, wie mir erzählt wurde, früher auch noch eine darin aufgestellte Drehorgel, die Rosas einmal früher Gott weiß welchem wandernden Prager abgekauft – die Spanier aber, welche die Brigg besuchten und die Orgel spielten, sollen erst auf die richtige Art herumgedreht und nachher versucht haben, das Instrument »abzurichten« um es auch rückwärts musiciren zu machen, was aber die Stifte wohl nicht vertragen konnten, die Orgel mußte wenigstens später, gänzlicher Unmöglichkeit wegen auch nur noch einen einzigen Takt weder nach rechts noch links herum aus ihr herauszudrehen, entfernt werden.

Der Eintritt zu diesem Fahrzeug ist, wie bei der Quinta, den Fremden auf das gastfreundlichste geöffnet, und selbst die dort Wache haltenden und die Beschauer herumführenden Soldaten sind auf das strengste angewiesen kein ihnen gebotenes Geschenk zu nehmen.

Besonders gut hat mir bei der Anlage seines Lustorts gefallen, daß der Gouverneur, alles Fremdartige und Fremde verschmähend, die wilden Thiere seines eigenen Landes hierher verpflanzt hat und hält. So steht man in einem weiten, von niederem Eisengitter umschlossenen Raum eine Anzahl der südamerikanischen Strauße oder Casuare; in einem der kleineren Gebäude liegt, an allerdings etwas sehr dünner Kette, und sonst ganz frei, ein prachtvoller argentinischer gefleckter Tiger – dem asiatischen ganz gleich, nur etwas kleiner, und in einem Käfig nicht weit davon entfernt, ein Kaguar oder amerikanischer Löwe. Dem Tiger sind übrigens die Zähne abgefeilt und die Krallen dicht beschnitten so daß er, wenn er sich losrisse, einen Menschen höchstens todt *quetschen* könnte.

Selbst die fernen Kordilleren haben zu dieser kleinen Creolemenagerie, wie sie in Louisiana sagen würden, einen Tribut liefern müssen, denn auf einer, von tiefem Graben umzogenen und Aloe, Cactus und Dornhecke dicht umschlossenen Wiese, grasen drei Lama's und Guanaka's.

Auf dem Heimritt hielten wir uns etwas länger bei den Kasernen auf, die gleich unterhalb der Quinta stehen. Es sind das lauter kleine, nicht weit von einander und zwar einfach genug errichtete Hütten, die ein förmliches feststehendes Lager bilden, in dem die Soldaten mit ihren Familien wohnen. Das Ganze hat auch in der That mehr ein indianisches als civilisirtes Ansehen, und die Soldaten, die hier ganz nach indianischer Weise leben und lagern, können wirklich fast mehr zu wilden als civilisirten Stämmen gerechnet werden.

Diesem entsprechend, sieht auch ein großer Theil des Militärs wunderlich und wüst genug aus, rauh und abgerissen, eher einer Räuberbande als einem anständigen Heere gleich – ich verlange wahrhaftig keine Kamaschendisciplin und je einfacher die Soldaten gehalten werden, desto weniger sind sie ein »theueres Spielzeug« des Fürsten, aber einerlei Hosenbeine können sie denn doch haben, und wenn sie nun einmal am linken Fuß keinen Schuh erzwingen können, so sollten sie es wenigstens wie ihr Nebenmann machen, und den vom rechten ebenfalls herunter lassen.

Uebrigens sollen es tüchtige Burschen seyn, und sich in den früheren Kriegen schon wacker geschlagen haben. – Mir wurde gesagt daß sie wie die Mauern stehen – wenn man sie nur einmal vor dem Davonlaufen bewahren kann.

Die reguläre argentinische Kavallerie hat dagegen ein desto pittoreskeres, ja wirklich romantisches Ansehen. Die dunkelblauen Ponchos mit weißen Randstreifen und rothem Futter, die gleichen langen und spitzen Mützen vorn mit den Zipfeln herumgelegt und befestigt, machen sich vortrefflich. Dabei tragen sie eben solche blaue mit weißen Litzen besetzte Cheripa und weiße befranzte Leggins.

Auch eine Abtheilung der regulären Infanterie sieht originell und gut aus. Diese ist ganz in die Nationalfarbe – roth – gekleidet. Feuerrothe spitze Mütze – eben in der Art wie bei der Kavallerie getragen, feuerrothen Poncho mit weißen Streifen rings herum und eben solche Cheripa gleichfalls mit weißen befranzten Leggins oder Unterhosen.

Eines eigenen Gesetzes muß ich aber hier, da ich gerade von dem Militär spreche, erwähnen. In früheren Zeiten wo die Miliz noch in Masse aufgeboten wurde und häufig in der Stadt exerciren mußte sich einzuüben, geschah es oft daß Fremde die nicht militärpflichtig waren, also an diesen Uebungen auch nicht theilzunehmen brauchten, über die, vielleicht etwas abenteuerlichen Gestalten lachten und ihren Spaß darüber hatten. War dieß nun die Ursache, oder mehr der angegebene Grund: »daß Fremde in *der* Zeit, welche argentinische Bürger dem Wohl des Staates opfern mußten, nicht *allein* Geld verdienen, und diese dadurch doppelten Schaden leiden sollten,« kurz das Gesetz erschien, und war noch damals in Kraft, daß sich Niemand, so lange zu gewissen angesetzten Stunden (meistens Sonntags) exercirt wird, bei Strafe arretirt zu werden, auf der Straße dürfe blicken lassen. Alle Läden waren gesperrt, und selbst der Aufenthalt auf den flachen Dächern zu dieser Zeit untersagt.

So strenge wurde dieß Gesetz dabei gehalten, daß sich selbst auf dem Lande, wenn dort draußen Manöver war, Niemand durfte sehen lassen; keinem Reisenden war es erlaubt in solcher Zeit und in der Gegend seinen Weg fortzusetzen, und sogar die Hirten mußten in ihre Behausungen zurück. Die einzige Ausnahme fand bei den Schafheerden statt, bei denen ein Schäfer bleiben durfte.

Von diesem kleinen Ritt, der mich kaum aus der nächsten Umgebung der Stadt, und noch nicht einmal aus den Hecken der Felder hinausbrachte, zurückgekehrt, bekam ich eine Einladung des Bremer Consuls, Herrn *** seine, etwa drei Leguas, etwa neun englische Meilen entfernte Estancia zu besuchen.

Mir war dieß aus zwei Gründen sehr angenehm, denn erstens lernte ich dadurch einen kleinen Theil des Inneren kennen, und zweitens übte ich mich ein wenig im Reiten – ich wünschte mich selber erst einmal wieder zu probiren ob ich auch einen so langen anstrengenden Ritt, wie ich jetzt vor mir hatte, gut aushalten würde.

Das ging jedoch besser als ich erwartete, denn wenn ich auch in Nordamerika wochenlang hintereinander im Sattel gehangen hatte, war ich doch wieder die langen Jahre in Deutschland nur sehr selten »an Bord eines Pferdes« gekommen. Ich empfand nicht die geringste Unbequemlichkeit, ja im Gegentheile ergoß es sich mir ordentlich wieder wie mit neuer frischer Lebenskraft durch die Adern nach so langer Seereise die frische herrliche Luft einathmen und auf einem starken kräftigen Thier über die Ebene dahinbrausen zu können.

Nur zu sehr beengt fand ich mich noch im Anfang durch Hecken und Gebäude – mich drängte es wieder einmal, frank und frei hinaus in das wilde ungehemmte Leben zu tauchen, und Alles was mich an Civilisation erinnerte war dabei meinen Gefühlen eine Art Hemmschuh. Hier beginnen aber erst die ordentlichen Pampas, denn bis dahin findet man doch noch einen kleinen Hügel oder wenigstens etwas erhöhtes Land, mit einzeln zerstreutem Buschwerk oder Anpflanzungen von Pfirsich-, Paradies-und andern Bäumen, weiter hinein aber soll das ganz aufhören, und das Auge nichts finden auf dem es haften könne als eine einzige ununterbrochene, meerähnliche Fläche.

Ansiedlungen kann man übrigens diese Estancia's gar nicht nennen; es sind nur Gebäude mit mehren Einfriedigungen, Vieh darin zu halten, und die Bewohner derselben machen auch nicht den mindesten Versuch selbst nur das zu bauen was sie für sich allein zu Brod oder Gemüse brauchen könnten. *Fleisch* ist die einzige Nahrung; der Südamerikaner ißt hier wirklich »Fleisch zu Fleisch,« und alles fast was er braucht weiß er den Thieren die er schlachtet abzugewinnen.

Diese Plätze im Innern des Landes haben dann aber auch wahrlich nicht das Gemüthliche, Wohnliche, Sichere einer europäischen Landwirtschaft. Das reinlich stille Treiben eines Landguts, dessen Bewohner sich hauptsächlich von Vegetabilien nähren, fehlt ihnen ganz; überall bezeichnet Tod und Verwesung das rauhe *Handwerk* des Viehzüchters. Wohin das Auge, besonders in der Nähe der Häuser, blickt, sind Spuren von geschlachteten oder gefallenen Stücken

Vieh zu sehen; überall liegen Häute, Schädel, Eingeweide, Hörner, Hufe, Knochen, Blutspuren; tausende und tausende von Aasgeiern, Raubvögeln und Möven umschwärmen diese Plätze, und die Nase muß sich erst wirklich an den im Anfang widerlichen frischen und faulen Fleisch-und Blutgeruch gewöhnen.

Die sonst friedlichen und eigentlich nicht fleischfressenden Hausthiere lernen sich ebenfalls in das Unvermeidliche fügen und verändern ihre Natur, Hühner und Gänse, selbst die Truthühner leben allein vom Fleisch, und die Schweine werden davon gemästet. Ueberall liegen frische Häute ausgespannt oder hängen zum Trocknen auf, und besonders in der Nähe der Stadt, wo die großen *Saladéros* oder Schlächtereien sind, begegnet das Auge, wohin es sich auch wendet, den Spuren der Verwesung. Sechs bis acht Fuß hohe Mauern sind allein ganz von Stierköpfen, die Hörner alle gleichmäßig übereinandergelegt, errichtet, ja die Vertiefungen der Straße selbst mit Gebeinen und Knochen ausgefüllt. So sah ich z. B. eine Stelle, wo Tausende und Tausende von unschuldigen Schafsköpfen dazu dienen sollten, eine sonst unbezweifelte Riesenpfütze in befahrbare Chaussee zu verwandeln. Ist es da ein Wunder, daß die Bewohner dieses Landes, von nichts als Fleisch genährt, fortwährend schlachtend und immer von Blut und Verwesung umgeben, selber wild und blutdürstig sind, und nur zu oft ein Menschenleben nicht höher halten als das eines Stiers oder Pferdes? Die rein animalische Nahrung muß den Menschen nothwendig verwildern, und die an das Messer gewöhnte Hand wird mit dem Gebrauch desselben zu sehr vertraut, es nicht auch manchmal mißbrauchen zu sollen, oder doch wenigstens in »unbeschäftigten Stunden« damit zu spielen.

Einen freundlicheren Anblick gewähren übrigens die weiten, nur vom Horizont begrenzten Wiesen, auf denen zahlreiche Heerden von Rindern, Schafen und Pferden, theils in zusammenhaltenden Massen, theils einzeln zerstreut werden. Eine ungeheure Menge von wildem Geflügel belebt dabei jeden anderen Platz, und nicht allein Raubvögel, sondern auch wilde Enten, Gänse, Schwäne, Reiher, Flamingos *etc.* durchziehen die Luft, oder stehen in dem Sumpfwasser der Steppe.

Die Jagd auf Wasservögel ist hier in der That ungemein ergiebig, und ich habe selbst in Louisiana, wo es doch wahrlich Enten und Schnepfen zur Genüge gab, nichts Aehnliches gesehen. Wir gingen nur ein einzigesmal mit den Flinten hinaus, und zwar mehr um die verschiedenen Gattungen Wild zu sehen, als viel davon zu schießen; ich fand aber wirklich meine kühnsten Erwartungen übertroffen.

Das Wild, was wir in etwa einem halben Tag sahen, war: Schwäne, wilde Gänse, viele Arten von Enten und Tauchern. Zwei Arten von Flamingos, eine rosenrothe Art, die besonders wunderschön aussah wenn sie mit ausgebreiteten Flügeln aufstieg, und eine andere, etwas größere mit dunklerem Roth und Schwarz. Unzählige Kibitze, die ebenfalls eßbar sind, hier aber, da man doch genug Geflügel hat, selten erlegt und dadurch fast zahm werden; Wasserschnepfen, Becassinen in förmlichen Völkern von 80 und 90 Stück, Strandläufer, eine Art Wassertruthahn, so groß wie ein gewöhnlicher Truthahn, aber nicht genießbar, dann einen anderen Vogel von der Größe eines Birkhuhns, auch wohl noch etwas größer, der ein so delikates Fleisch haben soll wie der Fasan; ferner Gott weiß, wie viele Gattungen von Raubvögeln, Aasgeiern, Möven und kleinen Eulen, Reihern und Störchen.

Außerdem gibt es hier noch in ungeheurer Menge ein Thier, das sehr große Aehnlichkeit mit dem Hamster hat, in Größe und Lebensart aber fast dem Dachs gleichkommt. Es lebt in Höhlen, in den Steppen, und kommt gegen Abend ins Freie. Ein junger Bremer, Namens Cäsar, der so freundlich war, mich dort herumzuführen, schoß eines, damit ich es näher beschauen konnte; wenn man aber darauf ausging, glaub' ich sicher, daß man, besonders in mondhellen Nächten, gerade so viel deren erlegen könnte, wie man Ladungen von Pulver und Schrot bei sich hat. Es gibt Tausende davon in den weiten Wiesen.

Eine eigene Art von Ottern belebt hier ebenfalls die Gewässer in großer Anzahl, gegen die sehr ergiebige Jagd derselben hat aber Rosas ein Gesetz erlassen, ihren Nutzen für seine Soldaten aufzusparen, wenn sie aus dem Krieg mit Montevideo zurückkommen würden. Das Erlegen der

Strauße oder Kasuare ist ebenfalls bei harter Strafe untersagt, weil die Thiere nicht so rasch sollen ausgerottet werden.

Höchst interessant war es mir, auf der Estancia einen Deutschen zu finden, der diese verwaltete, und nicht weit davon entfernt eine eigene zum Grundeigenthum hatte. Zufälligerweise fand ich in ihm sogar einen Sachsen; Herrn Papsdorf, der mir Manches bestätigte, was ich auf meinem früheren Ausflug in das Land gehört hatte, und noch außerdem manche vortreffliche und nützliche Mittheilungen machte.

Er hatte sich übrigens vollkommen naturalisirt, wie eine Tochter des Landes geheirathet, und seine Söhne hingen, in Cheripa und Poncho, wie ächte Gauchos auf den Pferden und warfen den Lasso so geschickt, wie irgend ein anderes der wilden Steppenkinder.

Das, was ich durchschnittlich über die Verhältnisse des Landes und besonders dieser Estancias hörte, ist etwa das Folgende.

Das Eigenthum ist jetzt hier, wie mir von allen Seiten unwidersprochen versichert wurde, vollkommen geschützt, und Todesstrafe droht meistens, bei fast geringen Uebertretungen, den ertappten Verbrechern. Ich würde aber übertreiben wollte ich sagen, der eigentliche Charakter des Volkes selber sey dadurch ebenfalls vollkommen im Zaume gehalten. Der argentinische Gaucho ist gar geschwind mit seinem Messer bei der Hand, und trotzdem, daß es ihm in der Stadt auf das Strengste verboten ist es zu tragen, fallen doch nur zu häufig noch Mordthaten, selbst in den Straßen, vor; diese rühren aber fast jedesmal von Streitigkeiten untereinander her, und, es soll dann auch, wie das ja ebenfalls an anderen Orten der Fall ist, das schlimmste Volk gerade in der Stadt versammelt seyn. Sehr weit im Inneren bedrohen allerdings die Indianer nur zu oft einzeln gelegene Estancias, und überfallen und morden die Bewohner; so weit braucht sich aber auch der deutsche Ansiedler, für den noch Land in Masse in der nächsten Nähe ist, nicht hinaus zu wagen, und in den benachbarten Provinzen hat er dann von den Eingeborenen, den »Pampasindianern« nichts zu fürchten.

Sonst aber bietet dieses Land dem deutschen Auswanderer jeden Vortheil, den ihm nur irgend ein anderer Welttheil bieten kann. Das Klima läßt kaum etwas zu wünschen übrig; Krankheiten fallen allerdings vor, sollen aber keineswegs bösartiger Natur seyn. Der Boden ist, ungleich den meisten Prairien in Nordamerika, in den Pampas fast überall vortrefflich und liefert, selbst mit der ungemein einfachen Bearbeitung, herrliche Ernten. Der Hauptnahrungszweig des Landes ist übrigens, wie auch die Produktenausfuhr von Häuten, Fleisch, Talg, Wolle ec beweist, die Viehzucht und einen ziemlich deutlichen Begriff von der Masse Viehs, die sich hier befindet, und der Leichtigkeit, mit der es gezogen werden kann, mag eine kurze Uebersicht der verschiedenen Preise hier an Ort und Stelle geben.

Die Preise sind nach spanischen Dollaren gerechnet.

Von Rindern, als dem Hauptnahrungszweig, kostet hier ein geschnittener fetter Ochse von 2 ½ Jahr etwa 2 ½ Dollar. Ein geschnittener fetter Ochse von 3 Jahr etwa 2 2/3 Dollars. Eine Kuh 2 bis 2 3/4 Dollars. Eine zahme Milchkuh wird (mit Kalb) bis zu 5 Dollars bezahlt.

Kauft man das Vieh aber in der Heerde, wie es jedesmal beim Beginn einer Ansiedlung geschieht, so bezahlt man es durchschnittlich mit ¾ bis zu 1 Doll. Man reitet bei einem solchen Kauf einen Theil einer Heerde, je nachdem man nun viel oder wenig Kapital daran wenden kann oder will, ab, und zählt dann die also abgeschlossenen Thiere. Kälber werden aber auf diese Art nicht mitgerechnet, sondern dreingegeben.

Von Pferden kostet ein zahmes Reitpferd gewöhnlich 5 bis 5 ½ Doll., ein noch unzugerittener Wallach aber die Hälfte. (Hengste werden höchstens mit einem Dollar bezahlt – eine Stute kostet von ¾ bis 1 Doll. – Stuten werden übrigens hier nie geritten.)

Der Preis der Schafe ist wohl der verschiedenste, denn man hat hier die sogenannten feinen Merinoschafe, die bis zu 6 Doll. das Stück bezahlt werden. Das betrachten die hiesigen Landwirthe aber als einen enormen Preis, und es müssen dann ganz außergewöhnlich schöne Thiere seyn. Im Ganzen ist der Durchschnittspreis für *gute* Schafe hier etwa 1/3 Doll. das Stück (also etwa 15 Sgr.), kauft man sie aber weit im Lande drin, und zwar die gewöhnlichste, ordinärste Sorte, so bezahlt man sie – in der Heerde – mit 1 ½ bis 2 Pesos (ein Pesos hat noch nicht ganz

2 ½ Sgr.) das Stück. Schaffelle kosten dann auch das ganze Dutzend nur von 1 bis 2 Doll. Das Schwein ist noch fast das theuerste Thier hier im Lande und wird mit 5, ein fettes mit bis zu 10 Doll. verkauft.

Der Preis der von den Thieren gewonnenen Häute steht natürlich mit ihnen selber im Verhältniß. Rindshäute kosten die Pasado (35 Pfd.) 2 bis 2 ½ Doll. Eine Haut wiegt von 26-28 Pfd. (Das hiesige Gewicht ist etwa 8 Procent leichter als das deutsche Zollgewicht). Pferdehäute kosten von 1 bis 1 ¼ Doll. Der Preis der Wolle ist dagegen verschieden. Sie wird die Aroba (25 Pfd.) von 1 bis 3 ¼ Doll. bezahlt. Gute Merinowolle kostet dagegen oft etwas über 5 Doll. die Aroba.

In der That wird hier nicht viel Kapital verlangt, einen Anfang zur Viehzucht zu bekommen, da man bei größeren Quantitäten auch selbst noch billiger kaufen kann. Wie z. B. vor nicht langer Zeit ein Ansiedler weiter im Inneren des Landes eine Heerde Schafe von 5000 Stück, durchschnittlich das Stück mit einem halben Pesos, also etwa 11 Pfennigen, bezahlte.

Das Land ist dagegen, wenigstens im Verhältniß zu früherer Zeit, schon etwas gestiegen, immer aber noch billig genug, dem deutschen Auswanderer die größten Vortheile zu bieten. Die Berechnung des Landes findet hier nach *Varas* statt (die Vara ist gleich 2 7/10 rheinländische Fuß.) Die Regierung verkauft das Land in Strecken von 1 ½ Leguas Länge (die Legua zu 6000 Varas), in der Breite von 1 Vara zu 1 bis 1 ¾ Doll. per Strecke. In der Nähe der Städte steigt es aber natürlich, je nach seinem Verhältniß. Billiger als ein Dollar die Vara ist es jedoch wohl nirgends, man müßte es denn aus zweiter Hand erhalten können.

Das Getreide ist hier gerade gegenwärtig ungemein billig, ebenso die Gemüse, von denen die zweite Kartoffelernte reif geworden. Ueberhaupt kann der Ansiedler mit verhältnißmäßig nur sehr geringer Arbeit hier seine Existenz gründen, und alle hier ansässigen Deutschen stimmen darin überein, daß es ihrer Meinung nach kein besseres Land für ihre armen Landsleute gäbe, als gerade Südamerika, wo sie sicher darauf rechnen könnten, mit Fleiß und Sparsamkeit auch Fleiß und Sparsamkeit belohnt zu sehen.

Die Regierung ist dabei, so wenig sie Ursache hat den Engländern und Franzosen gut zu seyn, sehr gern geneigt, deutsche Auswanderung hieher zu gestatten und zu schützen; Fremde sind hier überhaupt (durch ein besonderes Gesetz des Gouverneurs) sehr geschützt, und das spricht gewiß für das Volk selber, so arg es auch manchmal wohl ist geschildert worden, daß, während die Engländer den La Plata blockirten, Engländer und Franzosen hier indessen ungehindert, ja *unbeleidigt*, ihren Aufenthalt hatten.

Deutsche Einwanderer können hier Land erhalten und sind *militärfrei*. Weiter *unterstützen* scheint aber die Regierung hiehergesandte Ansiedler nicht zu wollen. Auch dieß gilt natürlich von der früheren Rosas Regierung, doch glaube ich kaum, daß die jetzige mehr, wenn vielleicht so viel thun würde.

So sehr nun auch die Deutschen im Allgemeinen hier Einwanderer von Deutschland zu sehen wünschen, und so allgemein die Klage über Arbeitermangel ist, so wenig dürfte auf eine Unterstützung der Einwanderer von Seiten der Deutschen selber gerechnet werden. Man kann sich kaum einen Begriff von der Theilnahmlosigkeit machen, die meine guten Landsleute in Südamerika jedem anderen Gegenstand schenken, der nicht ihr eigenes Ich betrifft. Dem Einzelnen werden sie allerdings hie und da gefällig seyn, und ich bin selbst von sehr Vielen auf das freundlichste aufgenommen und behandelt worden. Im Ganzen aber kümmert sich der Deutsche hier – seiner eigenen Aussage nach – nur um das was ihn angeht – und dieß sind keineswegs seine Landsleute – und ich habe an verschiedenen Plätzen den Fall gehabt, daß ich, besonders zu Sachsen kam, denen ich doch aus ihrer Vaterstadt und deren nächster Umgebung hätte Nachricht geben können, und nicht einmal von ihnen gefragt wurde, wie es dort gehe und stehe. (Herr Paposdorf machte davon allerdings eine rühmliche Ausnahme.)

Einen höchst eigenthümlichen Baum hat die argentinische Republik, und der einzige, der wenigstens in der Nähe von Buenos Ayres zu einiger Höhe empor wächst. Es ist dieß der sogenannte Ombu, der in seinem ganzen Wachsthum sogar Aehnlichkeit mit dem Banian Indiens zeigt. Wie bei diesem hängen nämlich die Zweige selber durch niedergesenkte – ich möchte sie fast *Stützen* nennen, mit den Wurzeln zusammen, und bilden dadurch die wunderlichsten Formationen, die man sich nur bei einem Baum denken kann.

Gerade hier stand ein solcher, dessen eigentlicher Stamm vielleicht sechs Fuß im Durchmesser hatte, ganz unten am Boden breitete sich aber die Wurzel, oder das untere Ende des Stamms noch viel mehr aus, ja bildete an einigen Stellen förmliche Sitze, und von hier aus schossen dann theils schräg, theils gerade, theils eigensinnig gekrümmt, Strebepfeilern gleich diese Stützen aus, und verloren sich oben in dem ungemein dichten, birnblattartigen Laub des Baumes.

Er gibt jedoch nichts als Schatten, denn sein Holz wäre nicht einmal zur Feuerung zu verwenden, so naß und schwammig ist es. Eben so sind die kleinen bitteren turbanartigen Früchte, die er trägt, und die förmlich wassergefüllt scheinen; zum Zierbaum eignet er sich aber vortrefflich.

Nach Buenos Ayres zurückgekehrt, erfuhr ich, daß in kurzer Zeit der argentinische Correo oder Courier von Buenos Ayres nach Mendoza wirklich abgehen würde. Er hatte erst, der ausgebrochenen Indianer wegen, seinen Ritt verschieben wollen, sich jetzt aber entschlossen zu versuchen ob er durchkäme und mir wurde gesagt, daß ihm die Begleitung eines bewaffneten Mannes gewiß angenehm seyn würde. Durch die freundliche Vermittlung eines amerikanischen Kaufmanns, Mr. Hutton, da ich selber der spanischen Sprache noch nicht so weit mächtig war, schloß ich auch mit dem Correo bald einen Vertrag, nach dem er sich verbindlich machte, mir für vier Unzen – 64 spanische Dollar – Pferde und Fleisch, die Pferde zum reiten, das Fleisch zum essen unterwegs bis Mendoza, einem kleinen Städtchen am Fuße der Cordilleren, zu liefern, und überhaupt alle Kosten, die wir bis dahin haben würden, zu bestreiten. Er sagte mir aber dabei gleich und ganz offen, daß er, wenn er die Indianer im Süden heraufkommen sähe, so rasch ihn die Pferde trügen nach Norden in die Gebirge flüchten würde, und wenn ich dann nicht mitkäme, oder überhaupt auf dem Marsch liegen bliebe, so sey das nicht seine Schuld und er könne weiter nichts dafür thun.

Auf alles das war ich vorbereitet, mit alle diesem zufrieden, und unsere Abreise wurde auf den 17. Juni festgesetzt. Dadurch gewann ich auch noch eine kurze Zeit für mich, Buenos Ayres besser kennen zu lernen.

Die Auswanderung hat schon von frühester Zeit mein ganzes Interesse in Anspruch genommen, und ich suchte noch fortwährend, wo immer mir das nur möglich war, Erkundigungen über die Verhältnisse der Fremden, besonders der Deutschen, einzuziehen. Durch den besondern Auftrag des Handelsministeriums des deutschen Reiches hatte ich aber auch noch außerdem die Verpflichtung übernommen, nach besten Kräften über die Länder zu berichten, die ich geeignet zur Auswanderung finden würde, eben so die Verhältnisse und Aussichten der ausgewanderten und dort schon angesiedelten Deutschen zu schildern.

Die *Aussichten* der Deutschen gerade in den La Platastaaten aber zu erfahren, schien es mir das sicherste, mich an Rosas, den Gouverneur oder Diktator derselben selber zu wenden. Der amerikanische Consul versicherte mich jedoch, daß Rosas selber nur höchst selten selbst einen Gesandten empfange, und Donna Manuelita, die Tochter des gefürchteten Gauchohäuptlings, gewöhnlich Audienz ertheile.

Hier aber schien für mich eine ziemlich bedeutende Schwierigkeit zu liegen, ich war nämlich vom Bord des Talisman nur eben so weggegangen, wie ich gedachte in den Sattel zu steigen und der einzige Anzug den ich mit hatte, bestand in einem Reitkittel von dem gröbsten hellgrauen wollenen Stoff, eben solchen Hosen, hohen Wasserstiefeln und einem schwarzen, breitrandigen Filzhut – konnte ich so vor Donna Manuelita, der ersten Dame des argentinischen Reiches, erscheinen? Der amerikanische Consul sagte ja, Donna Manuelita sollte eine so liebenswürdige, wie vernünftige Dame seyn, Mr. Graham garantirte mir, daß ich nicht allein empfangen, sondern auch freundlich empfangen werden würde, und seinen Worten treu führte er mich eines Abends selber bei ihr ein.

Die Gauchosoldaten, die vorn im Portal und den Gängen Wache standen, schauten nicht schlecht, als ich solcher Art gekleidet, noch dazu in dem sonst so verpönten Blaugrau durch die Pforten ihres Herrn schritt, ließen uns jedoch ungehindert passiren und wir betraten bald darauf das Audienzzimmer.

Der Saal war ganz in europäischem Geschmack eingerichtet, der Boden mit sehr geschmack-vollen bunten Tepichen bedeckt und nur die hohe luftige Decke trug ein argentinisches Abzei-chen – die schwarz und rothen Farben (Sieg oder Tod) der Federacion.

Wir waren noch ein wenig zu früh gekommen – die Diener brannten erst die Kerzen an und ich benutzte indessen meine Zeit zuerst meine ganze Umgebung mir genau zu beschauen und dann Betrachtungen anzustellen ob meine Wasserstiefeln wohl nicht die ersten waren, die je diesen kostbaren Teppich betreten hätten. Lange blieb mir aber dazu keine Zeit, die Thüren öffneten sich plötzlich und herein traten nach und nach, »die Großen des Reichs« vielleicht, so viel ich davon wußte, denn ich kannte keinen von ihnen, aber stattlich geputzte Herren und Damen, die Herren sämmtlich in dunkelblauen Fracks (die *hell*blaue Farbe bezeichnet die Unitarios) mit rothen Westen und Hutbändern, und alle im Knopfloch das rothseidene Band mit der schwarz gedruckten furchtbaren Devise *Muerun los salvajos Unitarios*. Die Damen im elegantesten französischen Costüm. Beide Theile betrachteten mich aber, und ich entschuldigte vollkommen ihre Neugierde, mit kaum verhehltem Erstaunen, und schienen sich gegenseitig fragen zu wollen, »was thust du hier im Heiligthum?« Ehe aber der amerikanische Consul im Stande war nur überhaupt meine Existenz zu entschuldigen, erschien Donna Manuelita selber und empfing mich, nachdem ihr Mr. Graham mit ein paar Worten meine Absicht gesagt hatte, während sie ihn selbst in der Entschuldigung meines Anzuges unterbrach, auf das freundlichste.

Donna Manuelita verstand allerdings, wie mir Mr. Graham sagte, das Englische, sprach es aber vielleicht noch nicht geläufig genug und mochte sich deßhalb nicht darin unterhalten; eben so ging es mir mit dem Französischen und die Unterhaltung wurde deßhalb durchaus spanisch geführt, wobei Mr. Graham so freundlich war zu dollmetschen. Die Donna versprach mir übrigens mit ihrem Vater, der Auswanderungssache wegen, in wie weit er nämlich deutsche Einwanderung begünstigen würde, zu reden und mir noch, ehe ich Buenos Ayres verließ, das Resultat mitzutheilen.

Indessen hatte sich eine ziemlich zahlreiche Gesellschaft eingefunden und ich sah mich bald im Gespräch mit zwei jungen argentinischen Damen, von denen die eine sehr geläufig eng-lisch sprach und die andere angefangen hatte deutsch zu lernen, so daß sie ebenfalls schon viel verstehen und sich auch ziemlich deutlich ausdrücken konnte.

Ich verbrachte, trotz meinem nichts weniger als hoffähigen Anzug, ein paar sehr angenehme Stunden in so liebenswürdiger Gesellschaft, mußte aber ein paarmal bei mir selber lachen, wenn ich daran dachte, was die Hofschranzen *daheim* sagen würden, wenn jemand nur einen solchen Gedanken fassen sollte, in solcher Tracht bei ihrem Hofe zu erscheinen.

In Buenos Ayres besteht auch jetzt eine deutsch-evangelische Gemeinde, deren Pastor und Oberhaupt Herr A. L. Siegel ist. Den Leser wird es übrigens interessiren, das erste Kapitel der Kirchenstatuten von Buenos Ayres, 34° Süder Breite in den La Platastaaten, zu hören.

Erstes Capitel.

Begriff und Umfang der deutsch-evangelischen Gemeinde in Buenos Ayres.

§ 1. Die deutsch-evangelische Gemeinde in Buenos Ayres bildet einen Zweig der unirten evangelischen Landeskirche in Preußen. Sie hat sich dieser Kirche nach einem Beschlusse der Generalversammlung der Gemeinde im Monat April 1845, unter folgenden, ihr von dem Mi-nisterio der geistlichen, Unterrichts- und Medicinalangelegenheiten *d. d.* Berlin den 11. Januar 1845 Nr. 31,536 gestellten Propositionen freiwillig angeschlossen.

I. In Betreff der Lehre des Cultus und der Disciplin ist das Bekenntniß, die Liturgie und die Ordnung der evangelischen Kirche Preußens für die Gemeinde in Buenos Ayres wesentlich maßgebend und bestimmend. Es wird daher auch die Agende der preußischen Landeskirche die Norm für den Gottesdienst und die gottesdienstlichen Handlungen in der Gemeinde abgeben.

II. Das Konsistorium der Provinz Brandenburg in Berlin ist diejenige geistliche Behörde, an welche sich die Gemeinde, resp. der Vorstand derselben, in allen denjenigen inneren Angelegen-heiten und Streitfragen zu wenden, und die Entscheidung abzuwarten hat, über welche, indem sie das Verhältniß zu der hiesigen Landesregierung ganz unberührt lassen, eine Verständigung und Einigung der Gemeinde nicht hat stattfinden können. Es betrifft dieß namentlich Streitfragen über die Lehre und den Gottesdienst, über Disciplinarmaßregeln, sofern sie nicht in das Gebiet der bürgerlichen Gesetze und Einrichtungen hinüberreichen, endlich Mißhelligkeiten zwischen dem Prediger und der Gemeinde und Klagen der letzteren gegen den ersteren.

III. Das Konsistorium der Provinz Brandenburg hat das Recht, den Prediger der Gemeinde zu ernennen, und ihn für den Dienst der Gemeinde zu vociren. Die Gemeinde, resp. der Vorstand, hat im Falle der Vacanz um die Wiederbesetzung der Stelle bei dem genannten Consistorium nachzusuchen, *und darf, ohne Genehmigung dieser Behörde, den ihr zugewiesenen Prediger nicht entlassen.*

Nun soll mir noch Einer sagen, daß es in Buenos Ayres keine *Deutsche* gibt.

Unter den *Deutschen* in Buenos Ayres, wenn sie auch keinen bleibenden Aufenthalt da haben, spielen übrigens die Schiffscapitäne eine sehr bedeutende Rolle, und besonders kann man sie Nachmittags, mit ihren englischen, amerikanischen und dänischen Collegen erst durch die Straßen der Stadt traben und dann in vollem Carriere durch das flache Land galoppiren sehen.

Capitäne haben nämlich eine ungemeine Vorliebe für Pferde, die bei Pferden jedoch wie Pferdevermiethern keineswegs gegenseitig ist, denn Schiffscapitäne verstehen gewöhnlich – mit Ausnahmen natürlich – ebensowenig ein Pferd zu reiten wie es zu behandeln, und glauben das äußerste gethan zu haben, wenn sie sich »an Bord halten.« Von Schluß und Nachgeben ist natürlich bei ihnen keine Rede, sie fahren im Sattel herum, wie ein losgegangenes Paket auf einem Packthier, reißen in die ohnedieß schon scharfen Zügel, nur um sich im Gleichgewicht zu halten, und werfen das ganze Gewicht ihres Körpers dagegen, wenn sie das Pferd einmal bewegen wollen langsam zu gehen oder ganz still zu stehen. Die Thiere werden dadurch wund geritten und abgehetzt, und die Pferdevermiether hier, fast lauter Engländer und Amerikaner, haben einen solchen Ueberblick in den Personen ihrer Kunden, daß sich Leute, die nur das geringste Seemännische an sich tragen, fest darauf verlassen können, die abgerittensten und überdieß vielleicht schon aufgegebenen Kracken zu bekommen. Es geschieht deßhalb sehr häufig daß solche arme Schlachtopfer, selbst wenn sie ihr Thier einmal nicht übermäßig abgeritten haben, in den Fall kommen, es plötzlich stürzen und verenden zu sehen, wonach sie dann noch das Vergnügen haben, nicht allein zu Fuß in die Stadt zurück zu gehen, sondern auch noch das Sattelzeug zu tragen. Höchst erstaunt sind sie dann meistens, wenn man ihnen für das verlorene Pferd wenig oder gar nichts abnimmt, und es scheint sich deßhalb das Gerücht verbreitet zu haben, es sey schon genug von einem, in Buenos Ayres gemietheten Pferd Zaum und Sattel zurück zu bringen, das übrige habe keinen Werth; die Capitäne haben aber meist so nichtswürdige Pferde gehabt, daß sich die Vermiether förmlich schämen auch noch Geld dafür zu verlangen, weil Jemand so freundlich gewesen war, es für sie hinaus auf den Anger zu reiten.

Wer ein *gutes* Pferd ausmiethet und damit zu Schaden kommt, kann sich auch darauf verlassen, daß er theuer genug dafür zu zahlen hat – für Buenos Ayres nämlich – denn Pferde sind dort überhaupt spottbillig.

So viel schon hatte ich, während meines Aufenthalts in Buenos Ayres, von den Saladeros oder Schlachtplätzen dieses bedeutenden Handelsortes für Fleisch und Häute gehört, daß ich nicht umhin konnte, die, mir von allen Seiten beschriebenen Plätze auch einmal selber zu besuchen.

Diese Schlachtplätze liegen fast sämmtlich an der sogenannten Boca, etwa eine halbe Legua von der Stadt entfernt, und vor dem Frühstück sprengte ich eines Morgens, von einem jungen Deutschen begleitet, hinaus, das Schlachten des Viehes mit anzusehen.

Unser Weg führte uns fast durchgängig dicht am Fluß hin, und widerlich war mir hier besonders der Anblick der, durch den Fluß ans Ufer geschwemmten gefallenen Rinder und Pferde. Der Geruch, oder besser gesagt der Gestank, wurde an mehren Stellen so schauerlich, daß ich den Athem anhalten mußte. An einem Platz blieb uns sogar nichts weiter übrig, als über drei dicht bei einander liegende Pferde, oder wenigstens die Ueberbleibsel derselben hinwegzusetzen. Deutsche Pferde wären hier unter keiner Bedingung vorwärts zu bringen gewesen, die Buenos Ayres Ponies kehrten sich aber nicht im mindesten daran, und würdigten ihre gefallenen Kameraden kaum eines Blicks.

Nach einem etwa viertelständigen gestreckten Galopp erreichten wir endlich die Ufer der Boca, und ich konnte im Anfang nicht gleich heraus bekommen, was das Weiße seyn mochte, das beide Ufer an vielen Stellen eindämmte, als wir aber näher kamen, erkannte ich zu meinem Erstaunen, daß es Rinderköpfe seyen, deren Hörner überall, regelmäßig aufgeschichtet, aus der darüber geworfenen Erde hervorschauten. Drüben über der Boca lagen die flachen offenen Gebäude der Schlachtereien, und wir mußten noch eine Strecke an dem kleinen Wasser hinauf und dort über eine Holzbrücke reiten (wo, beiläufig gesagt, Zoll bezahlt wurde) und wir gleich darauf den »blutigen Grund« betraten.

In den nächsten Schlachtereien wurde heute nicht »gearbeitet« – es war dort »aufgeräumt,« und sah verhältnißmäßig reinlich aus, und als wir langsam hindurchritten, sahen wir die in Massen aufgeschichteten und eingesalzenen Häute in den einzelnen Schuppen liegen. Mir war aber besonders darum zu thun das wirkliche Schlachten der Thiere mit ansehen; glücklicherweise fanden wir in der ersten Schlachterei gleich einen Deutschen, der uns zu dem gesuchten Orte wies.

Schon von weitem hörten wir das Schreien und die gellenden Zurufe der Viehtreiber, und als wir näher kamen, sahen wir wie eben wieder drei Reiter in den etwas vom Schauplatz entfernten Corral (eine Einfenzung) sprengten, um einen Theil der dort hineingestellten Thiere in die für ihren Fang bestimmte Fenz zu treiben. Einer von ihnen war eine besonders hervorstechende Persönlichkeit – ein alter schlankgewachsener kräftiger Mann von etwa 56 bis 60 Jahren, zäh und wettergebräunt, aber mit einer solchen Galgenphysiognomie wie ich nur je einen Menschen gesehen habe. Er schien der Führer der übrigen, und in Blut und Mord ergraut; so mußten die Gestalten ausgesehen haben die Rosas früher mit seinen Blutbefehlen beauftragte, und die ihre Opfer aus den Kreisen ihrer Familien holten und ihnen die Kehlen durchschnitten. Er ging ganz in die Tracht der Gauchos gekleidet, mit roth und blauem Poncho, eben solcher *cheripa* und den gewöhnlichem *botas* von Pferdehaut an. Der Lasso hing ihm hinten am Sattel, denn *ohne* Lasso reitet kein solcher Bursche auch nur einen Schritt, und wenn der Poncho beim raschen Reiten manchmal in die Höhe flatterte, schaute darunter der Griff des hinten im Gürtel schräg steckenden Messers hervor. Der gleichfalls graue Bart umgab ihm in krausen unordentlichen Zotteln Kinn und Backen, und eben solche Büschel hingen ihm über die Augen herunter. Ich konnte im Anfang meine Blicke von dem greisen Gaucho nicht abwenden, und hätte ich noch einen Zweifel über seinen Charakter gehabt, der nächste Augenblick würde ihn zerstört haben.

Von den Corrals oder Umzäunungen lagen nämlich drei dicht neben einander, und der größte auch von dem Schlachtplatz am weitesten entfernt; etwa halb so groß als dieser war der nächstfolgende, und der dritte und zur unmittelbaren Aufnahme der nächst zu schlachtenden Thieren bestimmte war der allerkleinste, und konnte nur etwa kaum 40 bis 50 Stück halten. In den erstern wurde das Vieh gleich aus den Pampas hineingetrieben, in den zweiten dann das für den Gebrauch verlangte abgesondert und in den dritten das zum Schlachten abgeführt.

In den zweiten nun, in dem etwa 20 oder 30 noch ihrer Todesstunde harrten, sprengten die drei und trieben die Thiere mit Schreien und Heulen der durch Knaben indeß geöffneten letzten Einfriedigung zu. Im Anfang ging das auch ganz gut; das junge Vieh wurde durch den wilden Lärm und die zum Schein hochgeschwungenen Hände, in denen sie stets den gefürchteten Lasso zu sehen glaubten, scheu gemacht, und drängte selbst von seinen Verfolgern weg; kaum aber quoll ihnen, in der Nähe des letzten Corrals, der warme Blutgeruch ihrer vorangegangenen Kameraden entgegen, so suchten sie auch ebenso rasch wieder zurückzufliegen, und warfen sich ihren Henkern gerade entgegen. Aber zu spät; diese trieben sie, selbst durch das Gewicht ihrer Pferde, ihrem Bestimmungsort zu – es gab für sie kein Entrinnen mehr, und eingeschüchtert und halb betäubt wandte sich jetzt die kleine zitternde Schaar mit hochgehobenen Schnauzen, den gefürchteten Ort zu betreten. Doch das war den Treibern nicht rasch genug – vorwärts, mit Sporn und Revenka, trieben sie die eigenen Thiere an auf die jungen Rinder einzusprengen; mit dem schweren eisernen Revenkaring schlugen sie auf die Knochen der ängstlich Blöckenden nieder, und der alte greise Gaucho zog endlich mit wildem Fluch sein Messer und stieß es den hintersten Stieren, die nicht rasch genug vordrängen konnten, fünf-bis sechsmal in den

After, um die Haut nicht zu verletzen. Die Wunden wären vielleicht, hätten sie noch draußen herumlaufen müssen, tödtlich gewesen; hier schadete es ja aber nichts. Die Thiere wurden gleich geschlachtet. Ich bin überzeugt, der Schuft hätte einem Menschen sein Messer mit eben solcher Ruhe in den Leib gerannt.

Als das letzte der armen halb zu Tode geängstigten und blutenden Geschöpfe in den für sie bestimmten Corral sprang, schob er das lange Messer lachend unter den Poncho zurück, warf sein Pferd herum und galoppirte nun, von den Kameraden gefolgt, um die Einfriedigung herum auf die andere Seite der Schlachterei. Dort stieg er ab, befestigte ein langes, auf der Erde liegendes und aus roher Haut gedrehtes starkes Seil an seinem Sattelgurtring, welchem Beispiele die andern beiden, und zwar mit dem nämlichen Tau, folgten, und richtete sich dann, nach dem Corral zurückschallend, hoch im Sattel auf. Ich fand bald die Ursache von diesem allem.

Das Ledertau war ein langer starker Lasso, dessen über einen richtigen »Block« laufende Schlinge der auf der Umzäunung des Corrals stehende Schlächter in der Hand hielt, ein paarmal um den Kopf schwang und dann, mit fast nie irrender Sicherheit, einem der Thiere um die Hörner warf. Sowie die Reiter sahen daß der Lasso nun geschleudert war, gaben sie ihren Thieren die Hacken, diese zogen an und rissen dadurch den gefangenen Stier zuerst auf die Vorderfüße, dann ganz nieder und zu gleicher Zeit auch dicht zu der Stelle hinan wo der Lassowerfer stand. Dieser hatte jetzt ein langes Messer in der Hand, damit bog er sich nieder, stach sein Opfer mit der scharfen Klinge in den Nacken dicht hinter die Hörner, daß es todt zusammenbrach, griff dann wieder nach dem Lasso und richtete sich auf ihn aufs neue zu werfen.

In dem Corral, eben da wo der gestochene Stier lag, öffnete sich aber zu gleicher Zeit eine Klappe, und das ganze Gestell, auf welches er schon vorher durch das Anspannen des Lasso gezogen worden, glitt jetzt mit dem Stier darunter vor und lief auf einer kurzen »Eisenbahn« den Schlachtschuppen entlang, an dessen Ende sechs Männer bereit standen ihn von dem kleinen niederen Wagen herabzuziehen, und dann augenblicklich abzustreifen und auszuschlachten. Der Wagen rollte dabei ohne weiteren Verzug wieder zurück, die Klappe fiel zu, der Lasso flog, ein anderes Opfer suchend, durch die Luft; wieder stürzte der Stier und wurde seinem Tod entgegengerissen; wieder glitt der Karren auf den blutigen Schienen hin und, von seiner Last befreit, zurück, und ein dritter fiel in demselben Augenblick – bis auch der letzte gefangen und getödtet worden.

Ich wandte mich jetzt dem Schlachthof selber zu, und der Anblick der sich hier mir bot, war wirklich schaudererregend. Der Platz selbst wurde so rein gehalten wie sich das nur möglicherweise halten ließ. Das Blut floß aber in Strömen in eigens dazu ausgezimmerte Canäle nieder, und besondere Männer waren sogar dabei beschäftigt mit eigens zu solchem Dienst bestimmten breiten Holzschaufeln das geronnene Blut auszuschieben und den Lauf des frisch zuströmenden frei zu halten. Der Schuppen unter dem die Leute arbeiteten, war hoch und geräumig, und die Eisenbahn lief längs darin hin bis zum äußersten Ende. Hier waren Leute beschäftigt die letzt angefahrenen Thiere – der Lassowerfer hatte zwei zu gleicher Zeit in die Schlinge bekommen – abzustreifen; dort hauten andere Keulen und Fleischstücke schon früher geschlachteter ab, und andere trugen, oder warfen vielmehr dieses wieder seinem Bestimmungsort zum Verpacken zu – alle in bloßen Füßen und in Blut watend, mit Blut bedeckt. Und dazwischen die wild umhergestreuten Köpfe und Gebeine, die Eingeweide die auf Wägen geladen und fortgefahren wurden, und dort drüben – mich ekelts noch wenn ich daran denke – lagen die ungeborenen Kälber, ein Haufen von vielleicht dreißig oder vierzig Stück, die hinausgeworfen und an denen Knaben, bis an die Schultern in Blut, eben beschäftigt waren, den ältesten und schon ziemlich ausgewachsenen die Haut abzustreifen und die andern oder die schon beendigten bei den Hinterläufen nach einem dazu bestimmten Wagen zu schleifen.

Ein Bursche in einem rothen Poncho – pfui, was für ein schmieriger Geselle es war! – schlich sich lange um den Haufen dieser ungeborenen Kälber herum und schien die dort liegenden mit prüfenden Blicken zu betrachten, endlich ergriff er eines der größten bei den Hinterbeinen, zog unter dem Poncho einen alten blutigen Sack vor, steckte es dort hinein und glitt dann, ohne daß sich weiter jemand um ihn bekümmert hätte, aus dem Schlachthof – hatte sich der Mann etwa unter diesem ekelerregenden Wust einen *Braten* ausgesucht? Mir schauderte die Haut bei dem bloßen Gedanken; ich hatte aber auch jetzt an dem Anblick vollkommen genug; sollte ich mir den Appetit an Fleisch ganz verderben?

Unsere Pferde standen dicht bei all dem Blut und Lärmen angebunden, aber so ruhig als ob sie sich draußen auf freiem ungestörten, unentweihten Plan befunden hätten. Wir lösten die Zäume, stiegen wieder auf und sprengten gleich darauf, wie es alle Leute in der argentinischen Republik thun, im gestreckten Galopp den Schlachthof entlang über die schmale, die Boca überspannende Brücke hinüber und am Ufer des Rio de la Plata hin, Buenos Ayres zu.

Es war mir interessant genug diese Schlachtereien, von wo aus Fleisch und Häute in ungeheuren Massen nach allen Weltgegenden hin versandt werden, einmal in der Nähe gesehen zu haben; ich konnte aber zwei volle Tage lang keinen Bissen Fleisch essen – ich mußte immer an den Mann mit dem rothen Poncho und dem ungeborenen Kalbe denken.

In den letzten Tagen die ich in Buenos Ayres verlebte, kamen noch Nachrichten über neue Gewaltthaten der Indianer – am Rio Quarto sollten sie eine Familie ermordet und Andere überfallen haben, die sich ihnen nur durch die rascheste Flucht entzogen, bis das Militär aus dem kleinen, nicht sehr entfernten Städtchen, aufgeboten wurde und gegen die wilden Söhne der Steppe anrückte. Weit hinweg durften sich aber einzelne Trupps Soldaten auch nicht von ihren befestigten Platzen wagen, denn *Los Indios* waren tapfere gefürchtete Krieger und nicht zu verachtende Gegner. Solche Nachrichten sind aber auch meistens übertrieben; keinesfalls konnten sie meinen Entschluß mehr ändern.

In der Zeit, in welcher ich mich in Buenos Ayres aufhielt, kam hier gerade mit dem englischen Paketschiff die Nachricht an von unserem ersten und letzten Seesieg über die Dänen, von der Zerstörung Christian VIII. und der Wegnahme des Gefion.

Zufälliger Weise befand sich gerade in dieser Zeit eine sehr große Anzahl von Schiffscapitänen hier – (die Fracht von hier fort stand sehr schlecht und die Leute lagen hier mit ihren Schiffen und warteten ob sie etwas Besseres bekommen konnten als Maulthiere nach Havanna zu führen.) Das Eßhaus von Duckwitz war aber schon seit langer Zeit der Sammelplatz aller im Hafen befindlichen dänischen und deutschen Capitäne gewesen, und da gerade von diesen beiden Nationen eine sehr bedeutende Anzahl dort zusammentraf, läßt es sich denken was für Discussionen über diesen Sieg entstanden. Einigemal kam es fast zu Schlägereien zwischen Einzelnen und mich amusirten nur die verschiedenen Ansichten und Ideen, die da manchmal vorwucherten. Auch die Ursache der einzelnen Streite war häufig wirklich komisch, so meinte ein deutscher Capitän eines Tags – denn es wurde fast von weiter nichts als Fracht und Seeschlacht gesprochen – es thäte ihm nur leid daß die Deutschen erst bei Christian dem *achten* angefangen hätten, worüber sich ein dänischer Capitän auf das furchtbarste erboste, die ganze Nachricht – was überhaupt sehr häufig geschah, für eine Zeitungslüge erklärte, und Leib und Seele verpfändete wenn sich die ganze deutsche Nation auf den Kopf stelle, könne sie noch nicht einmal Christian den *fünfundzwanzigsten* bekommen.

Die Zeit meiner Abreise rückte aber auch jetzt heran und ich freute mich wirklich daß ich nun einmal mit beiden Füßen in das neue Leben hinein springen sollte, denn hier in Buenos Ayres schien Alles darauf angelegt zu seyn, mir womöglich das Herz schwer zu machen. Fortwährend kamen neue Berichte über indianische Grausamkeiten und sogar von Mendoza wollte man wissen daß schon seit vielen Jahren so keine entsetzliche Masse Schnee in den Gebirgen gelegen habe, als diesen Winter.

Kürzlich war auch ein Deutscher aus dem Innern gekommen der mir dabei die schrecklichsten Schilderungen von den Gauchos, den Eingeborenen selber, lieferte, nach denen ich fürchten mußte einem von ihnen auch nur den Rücken zuzudrehen, wenn ich nicht ein langes zwölfzölliges Messer zwischen den Rippen haben wollte. An Nachts ruhig schlafen war gar nicht zu denken und er versicherte mich, er könne jetzt noch nicht begreifen wie er selber lebendig wieder herausgekommen wäre. Der Mann hieß Berger.

Mir kam jetzt die ganze Reise vor wie Jemand, der mit einem langen Stock bewaffnet wild um sich her schlägt – hat man ihn erst einmal um den Leib gepackt, kann er uns nichts mehr anhaben – so hofft man wenigstens.

Doch fort, fort mit Allem was mich beunruhigen oder ärgern könnte – eben schickt mir der Correo ein Pferd, mich zur neuen Fahrt abzuholen und das einzige nun was ich fühle und denke, ist das Bewußtseyn in ein neues thätiges – und wenn auch gefährliches Leben, einzutauchen. – Ein Ritt durch die Pampas – alle vier bis sechs Leguas ein frisches Pferd und im gestreckten Galopp ununterbrochen durch die weiten Steppen sprengend – so, fort bis nach Mendoza, zum Fuß der Kordilleren, dann, mitten im Winter, über die Schneegebirge und durch Chile meinem nächsten Ziele, Valparaiso zu, was kümmerte mich das Andere.

Manchmal war's mir aber doch auch wieder wie Einem zu Muthe der Morgens in einem fremden Bett aufwacht, und sich um's Leben nicht mehr zu erinnern weiß wie er dahingekommen; ja es gab wirklich Augenblicke, wo ich gar nicht übel geneigt war meine sämmtliche Umgebung, trotz handgreiflichem Gegenbeweis, für einen neckischen Traum zu halten, der mich urplötzlich aus der Heimath, aus dem Kreise meiner rastlos politisirenden und zeitungslesenden Landsleute fort, mitten zwischen die sonnverbrannten, abenteuerlichen Gestalten der Gauchos hinein versetzt habe und auch, sowie ich mich nur entschließen könnte die Augen aufzumachen, natürlich eben so geschwind wieder zurückbringen müsse, wohin ich eigentlich gehöre, damit ich um Gottes Willen die Ausschußsitzungen und Vereine, die Exercirübungen und Generalmärsche nicht versäume. Die Sache blieb aber unverändert wie sie war, und ich konnte endlich der Ueberzeugung nicht entgehen, daß die Heimath wirklich weit weit hinter mir, und auf's Neue ein wildes, thätiges Leben vor mir liege.

So mit Gott denn, der Anfang war gemacht, und mitten hinein will ich nun springen in das lebendige, rege Treiben, das mich umgibt – wenn mir beim ersten Ansprung auch die Wellen über dem Kopf einmal zusammenschlagen – ein guter Schwimmer kommt doch wieder nach oben.

5. Ritt durch die Pampas.

Am 17. Juni Morgens schickte mir der Correo, wie schon vorher erwähnt, durch ein paar junge argentinische Burschen ein Pferd, mich und mein Gepäck zu seinem Hause zu bringen, daß wir dann von dort aus, im Laufe des Tags, aufbrechen könnten. Einen argentinischen Sattel (den sogenannten spanischen Sätteln ähnlich, aber doch etwas verschieden von ihnen) hatte ich mir schon am vorigen Tage besorgt, Zaum und Satteltasche ebenfalls und mit meinen Waffen, einem Poncho, einer wollenen Decke und ein paar frischen Hemden war ich vollkommen zu einem Ritt von meinetwegen vier Wochen gerüstet.

Spaß machte mir hierbei mein Wirth, ein Engländer, Mr. Davies, der es sich in den Kopf gesetzt hatte ich mache die Reise durch's Land nur, um schneller nach Kalifornien zu kommen, und sich schon während meines Aufenthalts dort die größte Mühe gab, mir das Californien mit schrecklichen Farben zu schildern. Er versäumte es auch nicht mir selbst an diesem Morgen einen kleinen Beitrag zu liefern, und meinte es sey förmlich wahnsinnig von mir, nur des Goldes wegen meine gute Kehle in einem solchen tollen Ritt zu wagen. Mr. Davies war übrigens sonst der prächtigste und auch originellste Bursche den ich lange getroffen, und wir hatten manchen Spaß mitsammen gehabt – nur auf Kalifornien durfte das Gespräch nicht kommen, *das* lag für ihn *außer* dem Spaß. Er wünschte mir übrigens zum Abschied alles Gute, und außerdem auch noch »daß mich die kalifornischen Wilden nicht lange martern, sondern lieber gleich todtschlagen möchten, denn das sey sonst *Thierquälerei.«*

Der Correo wohnte draußen am äußersten Ende der Stadt – und Buenos Ayres ist entsetzlich weitläufig gebaut, wir trabten aber lustig drauf los, und während ich glaubte meinen alten Burschen schon in voller Ungeduld auf mich warten zu sehen und dann augenblicklich den Thieren die Sporen einzusetzen und weiter zu galoppiren, fand ich ihn im Gegentheil emsig beschäftigt – gar nichts zu thun, und statt die verschiedenen Päcke die noch wild zerstreut am Boden herumlagen, auf das Lastthier zu laden, saß er ruhig dazwischen, schlürfte seinen Mateh und sah aus als ob er noch gar nicht daran dächte, weder in dieser noch der nächsten Woche aufzubrechen. Seine ganze Familie half ihm dabei redlich, die Frau kauerte in der einen Ecke neben einem Kohlenbecken auf dem ein kleiner eiserner Theetopf oder Kocher stand, und der Sohn, ein junger Bursch von circa 18 Jahren, lehnte auf dem Bett und klimperte auf der Guitarre.

Sowie ich eintrat, möchte ich fast sagen, denn ich hatte den Fuß kaum auf die Schwelle gesetzt, kam aber auch die alte Dame schon mit der unausweichlichen Matehröhre auf mich zu, und ich will den Leser lieber gleich von vorn herein mit diesem, gewiß eigenthümlichen Genuß der Südamerikaner bekannt machen, damit es ihn später nicht so ganz unvorbereitet treffe, wie mich damals.

Der Mateh ist eine Art Thee der aus den Zweigen und Blättern eines gewissen in Brasilien und am Paraguay wachsenden Baumes bereitet werden soll. Er sieht aus wie ein grünliches Pulver mit kleinen Zweigen und Holzstückchen darin und wird im Aufguß getrunken. Die Art *wie* sie ihn trinken ist aber charakteristisch.

Der Mateh selber kommt in eine, zu diesem Zweck besonders gehaltene Calebasse, von der Größe eines starken Apfels etwa, und auf ihn wird dann das kochende Wasser gegossen. Da man aber beim förmlichen *Trinken* desselben den feinen Staub würde mit in die Kehle bekommen, so gebrauchen sie hierzu eine kleine dünne Blechröhre, die sie Bombille nennen, und deren unteres Ende eine theesiebartig durchlöcherte abgeflachte Kugel bildet. Durch diese etwa sechs bis sieben Zoll lange Blechröhre ziehen sie, mit anscheinendem Hochgenuß, den kochend heißen Trank, dessen Temperatur sich dem Blech natürlich augenblicklich mittheilt, und dem, der solche Kost nicht gewöhnt ist, unfehlbar die Lippen verbrennen muß, besonders wenn er es »unvorbereitet trinkt.« Es versteht sich von selbst, daß ich dasselbe that. Das fatalste bei diesem Matehtrinken ist übrigens das rein demokratische Princip nach dem er getrunken wird. In allen Familien gibt es gewöhnlich nur *eine* Mateh Calebasse, nur *eine* Bombille und diese geht im Kreis herum, so daß Jeder dieselbe Blechröhre in seinen Mund schiebt, daran saugt, und sie dann dem Nachbar reicht – ich habe schon Sachen gesehen, die appetitlicher waren. Ein

Verweigern derselben wäre aber eine Mißachtung der Gastfreundschaft, die den freundlichen Geber nicht allein kränken, sondern auch beleidigen würde, und der Fremde überwindet lieber, wenn es ihm von gerade nicht lieben Lippen geboten wird, seinen Ekel und legt die Haut seiner Lippen auf den Altar der Convenienz, als daß er die Leute, die ihm damit wirklich das Beste bringen was sie selber genießen, kränke.

Die Päcke waren übrigens rascher geordnet als ich selbst gedacht, die schon vor der Thür stehenden Thiere wurden gesattelt, und in etwa einer halben Stunde saßen wir endlich zu Pferd. Durch die volkreichen und hauptsächlich von großen Landwagen gedrängten Straßen ritten wir in kurzem Trab, kaum aber etwas in's Freie hinaus, fielen die Pferde schon von selbst in einen kurzen Galopp; selbst das Lastthier, was wenigstens seine 250 Pfund trug, war davon nicht ausgenommen. Ich hielt das damals für etwas außerordentliches.

Unser kleiner Trupp bestand aus vier Pferden und drei Personen; erstlich der sogenannte Postillon, der hinter sich ein ziemlich großes und schweres Felleisen auf den Sattel geschnallt hatte und das Lastthier an der Leine führte, dann dieses, mit vier in ungegerbte Häute sorgfältig eingenähten und auf seinem Rücken fest geschnürten Packeten, die ein von Binsen gefertigter Packsattel trug, dann der Correo, in blauem Poncho oder Ueberwurf, mit hellledernen hohen Reitstiefeln in denen sein langes Messer stak, und oben eben mit dem Griff heraussah, riesigen Sporen, rundem Filzhut und einer tüchtigen Peitsche in der Hand, die einzig und allein zum Besten des Lastthiers mitgenommen worden; und zuletzt kam ich selbst im grauwollenen Staubhemd, schwarzem breitrandigem Filz, hohen deutschen Wasserstiefeln ebenfalls, nach argentinischer Art mit dem Messer darin, und der Büchsflinte an die Seite geschnallt, die Pistolen im Gürtel mit eben solchen gigantischen Sporen und den Poncho mit der wollenen Decke hinten auf's Pferd an den Sattel festgebunden.

Der Postillon trug die Landestracht, Poncho und Cheripa, ein rothes Tuch um den Kopf, und die Füße in der abgestreiften Pferdehaut, aus der die beiden ersten Zehen vorschauten und eben nur in den kleinen kaum zwei Zoll breiten Steigbügel hineinpaßten. An dem rechten Handgelenk hing die Revenka, die aus einem etwa anderthalb Zoll breiten nach unten etwas spitzer zulaufenden und oben durch einen großen eisernen Ring gezogenen Streifen ungegerbter Haut gemachte Peitsche dieser Stämme, und die langen Sporen hingen ihm mehr von den glatten Hacken herunter, als daß sie daran fest saßen.

Es ist dieß überhaupt eine Eigentümlichkeit der hiesigen Reiter, daß ihnen die Sporen, wenn man sie zu Pferd sitzen sieht, fast vom Hacken abwärts hängen. Zu Fuß sind diese Leute dann auch gar nichts nutz, auf den Zehen balanciren sie herum und die riesigen Eisen rollen klirrend hintendrein, einmal aber nur die Hand auf der Mähne ihres Thieres, und es sind von dem Moment an ganz andere Menschen; der zuerst förmlich vorsichtige Blick, denn der abgesessene Reiter ging wie auf Eiern, nimmt den alten Trotz an, der Körper richtet sich in aller Elasticität eines naturkräftigen Volkes empor, und einmal erst im Sattel oder auch nur auf dem Rücken des schnaubenden Thieres, und Mann und Roß scheinen ein einziges zusammengegossenes, von Feuer durchströmtes Wesen zu seyn.

Das Herunterhängen der Sporen geschieht übrigens absichtlich und hat einen höchst triftigen Grund, denn der Gaucho reitet sehr häufig – in den Pampas draußen fast nur – wilde Pferde, und um sichereren Schluß zu haben, dann aber auch nicht der Gefahr ausgesetzt zu seyn beim Scheuen des Thieres, bei Seitenspringen oder sonstigen Capriolen, seinen Bauch mit den scharfen Sporen *unabsichtlich* zu berühren, hängen sie so weit herunter, daß sie den unbewehrten Hacken frei lassen, aber doch stets zum Gebrauch bereit sind, wenn sie der Reiter, der dann den Fuß nur etwas zu krümmen braucht, benützen will.

Die nächste, mir freilich nicht mehr fremde Umgebung der Stadt, in der ich schon in den letzten Tagen etwas umhergestreift, fesselte jetzt vor allem Anderem meinen Blick, und allerdings hat sie auch, für den Europäer besonders, viel Eigenthümliches und Anziehendes. Die Gegend selbst ist flach, eine weite, ungeheure Ebene, die Ich in ununterbrochener Spannung bis zum Fuß der Cordilleren hinauszieht, aber die Art der Bebauung, die Einwohner selbst, dieser jungen südlichen Republik bieten dem Auge steten, wechselnden Stoff, Neues zu sehen und zu bewundern und auf fremdartigen, wunderlichen Gegenständen zu weilen. Die pittoreske, buntfarbige Tracht der Eingeborenen ist nicht das Geringste dabei; der weite Poncho, mit nur einem Loch in der Mitte, um den Kopf hindurchzustecken, die Beintücher und befranzten Hosen, die ungeheuren Sporen an den, nur mit ungegerbtem Leder bedeckten Hacken, die langen (eigentlich verbotenen) Messer im Gürtel, das rasche Vorüberjagen derselben auf ihren kleinen, lebhaften Thieren; die Milchreiter – denn Alles reitet hier fast, was nur möglicherweise auf ein Pferd gebracht werden kann – die Maulthierzüge, die großen, unbehülflichen Wagen, mit ihren oft zehn Fuß hohen Rädern u. s. w. – das Alles bietet eine rasche, höchst interessante Abwechslung, und der Fremde würde schon daran genug Beschäftigung finden, wäre es nicht bald das Land selber, was mit seinen unendlichen, mit niederen Distelsträuchen oder fruchtbaren Wiesen bedeckten Flächen, seinen wunderlich durch Aloe und Cactus umfenzten Feldern und Gärten, seinen Heerden und Estancias, seine volle Aufmerksamkeit in Anspruch nimmt.

Doch vorbei, vorbei, der Courier hält sich mit dergleichen Betrachtungen nicht auf, und das eigene, muntere Thier verlangt ebenfalls, daß sich der Reiter etwas darum bekümmere – Puh, was ist das für ein schauerlicher Verwesungsgeruch – nur ein Pferd, das hier in der Straße fiel und – liegen blieb, bis die Aasgeier und Hunde das Gerippe reinigten – dort wieder ein halb schon verzehrter Stier – dort noch einer – und da drüben – ganze Umzäunungen von Schaf-und Stierköpfen aufgeworfen. Die Straße mit den Schädeln und Gerippen der Geschlachteten und Gefallenen aufgefüllt – vorbei, vorbei, der Correo hat das schon tausendmal gesehen, und jetzt, wo wir auf etwas besseren Weg kommen, werden die Pferde schärfer angetrieben.

Die erste Station ist sieben Leguas – eine Legua fast dreiviertel deutsche Meilen – und dort wurden die Pferde gewechselt. Mittag rückte indessen heran, und wir aßen etwas.

Es war dieß die erste Wohnung der wirklichen Eingeborenen des Landes, die ich betrat – eine kleine erbärmliche Hütte aus Lehm aufgeworfen, mit Binsen gedeckt. Ein Tisch und ein paar mit Häuten überzogene Stühle bildeten das ganze Ameublement; das Tischtuch mußte schon wochenlang gedient haben, die Gabeln waren schmutzig – Messer wurden nicht gegeben – es versteht sich von selbst, daß jeder sein Messer bei sich führt, und die Gauchos tragen Messer von 16-18 Zoll Länge. Neben mich auf einen Stuhl wurde das jüngste Kind gestellt – wir aßen Alle aus einer Schüssel – das Kind war schauerlich unrein – es starrte ordentlich von Schmutz und die Na – *don't mention it*, sagen die Amerikaner – ich würgte ein paarmal ordentlich an einem Bissen, dennoch konnte ich dem Kinde nicht böse seyn – es war gar ein so lieber, herziger, dickbackiger, dunkeläugiger Junge, mit großen mächtigen Augenwimpern, und ich mußte immer und immer wieder an den eigenen Knaben denken, den ich zu Hause zurückgelassen, hier einsam in der Fremde herumzustreifen. Der kleine liebe Kerl hatte so herzige Grübchen im Backen und so krauses dunkles Haar – wenn er nur nicht den Löffel immer so lange unter die Nase gehalten hätte.

Das Mittagessen dauerte nicht lange, frische Pferde wurden gebracht, und bald darauf galoppirten wir wieder rasch und munter der zweiten Station zu, wo wir für heute unser Nachtlager aufschlagen wollten. Der Correo ist, was ich übrigens hier erst bemerken möchte, die regelmäßige Post, die in der argentinischen Republik durch die verschiedenen Provinzen geht. Der Correo von Buenos Ayres nach Mendoza durchschneidet – durch die Provinzen Buenos Ayres, Santa Fé, Córdova, San Luis und Mendoza – die Republik von Ost nach West, wartet in Mendoza, bis der Correo von Chile über die Gebirge kommt (was aber im Winter stets eine sehr unsichere Sache ist, da der dortige Correo sehr häufig nicht über die verschneiten Kordilleren kann und die Postverbindung drei, vier Monate lang unterbrochen bleibt) und kehrt dann nach Buenos Ayres zurück.

Diese *Poststationen* hatte ich mir übrigens – mit einer leicht verzeihlichen europäischen Phantasie – gar verschieden von denen gedacht, die ich wirklich fand. – Das Wort *Poststation* ist mehr eine Schmeichelei und der Reisende findet weiter auf der Gottes Welt nichts als eben ein Dach, je nach Verhältniß oder Zufall mit einer Lehm-oder Korbwand und einem mit einer Kuhhaut überspannten Gestell, auf das er Sattel und Decke und später sich selber werfen kann.

Weiter gegen Westen fällt auch selbst der Luxus eines solchen *Gastbettes* weg und man bekommt eine einfache Lehmbank zum Daraufliegen, oder auch den blanken Erdboden selber angewiesen – und *die* Flöhe.

Der Sattel ist des Gaucho Bett, und auf dieß Lager, mit unseren Ponchos und Decken, waren also auch wir einzig und allein angewiesen.

Das Haus, wo wir übernachteten, war ebenso schmutzig als das, wo wir zu Mittag gegessen; ebenso die Bewohner, und die Matehröhren waren ebenso heiß; dabei lag die kleine Hütte still und einsam in der weiten öden Steppe – kein Feld, kein Garten dabei, nicht einmal eine Umzäunung, die Pferde darin zu fangen; nur ein paar in die Erde geschlagene Pfähle, mit Streifen Rindshaut dazwischen ausgespannt, dienten zu diesem Zweck. Ich kann ziemlich viel Unbequemlichkeiten vertragen, und werde wahrlich nie über magere Kost oder hartes Lager murren – dieser widerliche Schmutz überall ekelte mich aber doch an, und ich warf mich an dem Abend, trotz einem recht scharfen und gesunden Appetit, ohne einen Bissen zu genießen auf meine Decken nieder.

Der nächste Morgen entschädigte mich jedoch reichlich für alles ausgestandene Unangenehme; er war kalt und frisch, doch blau und klar spannte sich das reine Firmament über die maigrüne Ebene aus und der Anblick, den die zahlreich überall zerstreuten Heerden auf dem weichen Grasteppich gewährten, war wirklich entzückend. Die Pferde wurden gebracht, das Gepäck und unsere Sättel aufgelegt, und im Galopp flogen wir in dem heiteren, lebensfrischen Bilde, das rasch wie ein Panorama wechselte, dahin.

Wohin das Auge auch sah, war Leben, und in der Luft, wie auf den Wiesen, trieb es sich im bunten fröhlichen Gewühl durcheinander. Unmassen von Kibitzen strichen kreischend über uns hin, oder saßen dicht am Weg oder an den Lachen und wandten kaum den Kopf nach den vorübersprengenden Reitern, gemüthliche Störche standen ernsthaft hie und da in dem helleren Hintergrund; eine kleine Art Eulen, kaum größer als Staare, kauerten neben ihren Erdhöhlen oder flogen mit schrillem Schrei auf, sich in etwa zehn Schritt Entfernung wieder niederzulassen, lange Ketten von Enten strichen durch die Luft oder saßen auf den nächsten Wassern, und große stattliche Wassertruthähne erzählten sich, dort wo das feuchte Sumpfgras steht, merkwürdige Geschichten mit ihren gellenden Stimmen. In dem schwellenden Grün lag dabei das gesättigte Vieh, oder jagten sich die jungen Lämmer und nicht fern werdende Pferde schmetterten den unseren mit zurückgeworfenen Mähnen und schnaubenden Nüstern den wiehernden Gruß entgegen, den auch unsere Thiere froh und muthig erwiederten. Es war ein herrlicher Morgen, und das Herz ging mir auf in all dem Schönen und Freundlichen was mich umgab. Nur eines wirkte störend und dämpfte den sonst sicherlich unübertroffenen Eindruck – das viele gefallene Vieh, was überall, nur zu oft mitten im Weg, oder auch auf den Wiesen selber, theils nur noch als Gerippe, theils halb verzehrt, theils erst angefressen von unzähligen darüber kreisenden Raubvögeln, herumliegt, thut dem Auge in der sonst so reizenden friedlichen Umgebung ordentlich weh. Die Thiere selbst sind aber so daran gewöhnt, daß sie, ohne je zu scheuen, ruhig an den Cadavern vorbeitreten, und selbst die Rinder werden in geringer Entfernung von den gefallenen Kameraden.

Wir kamen an dem Abend, es war der 18. Juni, ziemlich spät ins Quartier, und ich sah mich heute, da ich den ganzen Tag nichts als ein wenig Milch, zu essen bekommen, durch meinen Magen förmlich genöthigt an dem Abendessen Theil zu nehmen. In einer hölzernen Schüssel, die noch die deutlichen Spuren früherer Gerichte trug, bekamen wir unsere Suppe und Fleisch, etwas Brod hatte mein alter Correo bei sich, und mit schmutzigen Löffeln, die ich, die Leute nicht zu beleidigen, nicht einmal abwischen durfte, verzehrten wir unser frugales Mahl. Später lernte ich übrigens – man fügt sich ja in Alles, mir darin zu helfen und wenn ich einen gar zu schauerlichen Löffel bekam, ließ ich ihn einfach – wie aus Versehen, auf die Erde fallen. Dadurch bekam ich auch ein unbestrittenes Recht ihn abzuwischen und daß ich dann mehr davon nahm, als ich hinangebracht hatte, glaubte ich mit meinem Gewissen ausmachen zu können. Die Landleute der argentinischen Republik leben fast durchschnittlich einzig und allein von Fleisch und – wollen sie luxuriös seyn – von einer eigenen, hier viel gepflanzten Art

Kürbiß, der allerdings ein angenehmes, aber immer noch viel zu wenig gezogenes Gemüse liefert. Brod kennen sie fast gar nicht, oder haben es nicht, wenn sie auch wünschten, und selbst da wo Mais gezogen wird, backen sie nicht, wie es der nordamerikanische Backwoodsman selbst in der ärmlichsten Hütte thut – das so nahrhafte und sicherlich gesunde Maisbrod. Wie der südseeländische Indianer seine Brodfrucht, die ihm förmlich in den Mund wächst und die er nur zu pflücken braucht, so verzehrt der Südamerikaner hier sein Fleisch, das ebenfalls unter seiner Hand und neben und mit ihm aufwächst – er kennt kaum, und verlangt selten mehr.

Ich war übrigens an diesem Abend fest entschlossen, mir die Lippen mit dem verwünschten Match nicht wieder zu verbrennen, und bat meinen Alten, der die ganze Proviantirung übernommen hatte, um etwas Thee oder Kaffee, was wir beides mit uns führten. Er machte Thee, und ich war in den letzten Tagen so aller Genüsse entwöhnt worden, daß ich den allerdings etwas sehr dünnen Thee schon als einen solchen betrachtete, bis mich meine Umgebung eines besseren belehrte. Der Thee war nämlich eben aufgegossen und ich blickte schon mit einer Art Schadenfreude nach den andern hinüber, die ich auf ihren Mateh angewiesen sah, ließ den Becher etwas kühlen, und wollte ihn dann auf menschliche, d. h. civilisirte Art an die Lippen bringen, als ein allgemeiner Schrei des Erstaunens und Gelächter, wie verschiedene Ausrufe mich bald darauf aufmerksam machten, es sey entweder irgend etwas Außerordentliches vorgefallen, oder ich stehe wenigstens im Begriff Gift zu trinken. Erschrocken hielt ich ein, und sah die Leute im Kreise verwundert an, die aber gaben mir durch Worte und Zeichen (denn mit meinem Spanisch ging es noch sehr spärlich), so gut das möglich war, zu verstehen, daß ich gerade im Begriff sey, etwas ganz Entsetzliches zu begehen, indem ich den Thee – mit dem Mund aus der Schale tränke; man reichte mir ohne weiteres eine der verzweifelten Metallröhren, und es war augenscheinlich, daß man erwartete, ich solle damit meinen Thee, wie den Mateh, einschlürfen. Ich wollte nun zwar protestiren, wurde aber, unter einem wahren Heidenlärm, überstimmt und mußte mich endlich – mit welchen Empfindungen kann sich der Leser denken – der Majorität fügen.

Körperlich wohl durch den ungewohnten langen Ritt ermüdet, geistig aber nur zu sehr aufgeregt, auch vielleicht mit einem leisen Anflug von Heimweh, das den wegmüden Wanderer an stillen dunklen Abenden ja so gern beschleicht, warf ich mich endlich auf mein hartes Lager, und wenn ich auch nicht gleich einschlafen konnte, träumte ich doch wachend von vielen lieben, und doch auch wieder jetzt so traurigen Dingen.

Die Eingebornen waren es, die mich endlich auf andere Gedanken brachten – und zwar die eingebornen Flöhe – Miniaturkänguruhs, die ganz urplötzlich anfingen sich ein Privatvergnügen an dem Fremden zu machen. Wenn es ein Trost war, daß sich mein alter Correo auch unruhig auf seiner Lehmmatratze umherwarf, so hatt' ich den allerdings. Mir nützte es aber doch soviel, daß ich meinen Plänen und Grübeleien entrissen, und der nun einmal existirenden Wirklichkeit wieder zugezogen wurde. Ich schlief endlich ein, und als ich am nächsten Morgen erwachte, stand die Sonne schon hoch am Himmelszelt und die Pferde wurden draußen eben in die Umzäunung getrieben, wo die jungen Leute die zum Gebrauch bestimmten mit dem Lasso fingen, und dann die andern wieder hinaus auf die Weide ließen. Es war ein ziemlich später Aufbruch, auch fiel an diesem Tag nichts besonderes weiter vor – wir machten nur vier kleine Stationen.

Am 20. erreichten wir ein kleines Städtchen, Arrecifes, nach dem Fluß genannt, an dem es lag, wo ich einen Nordamerikaner – der einzige der auf dem ganzen Weg zwischen Buenos Ayres und Mendoza englisch sprach – traf. Er war schon sehr lange im Lande, hatte eine höchst liebenswürdige junge Spanierin geheirathet, sich angesiedelt und war auch, wenn ich nicht irre, unter dem argentinischen Militär. Er nahm mich höchst freundlich auf, und ich verbrachte in seiner Gesellschaft eine sehr angenehme Stunde.

Heute sollte ich übrigens zuerst erfahren, wie die Südamerikaner ihre Thiere rücksichtslos, ob sie dabei zu Grunde gehen oder nicht, anstrengen. Wir hatten eine Station von acht Leguas, und legten diese, mit dem Lastpferd, in einem gestreckten Galopp zurück. Ich hielt das damals für etwas Entsetzliches, und mich jammerten die armen Thiere, aber was half mir mein

Mitleiden, bei dem Correo mußte ich bleiben und durfte also schon *mein* Pferd, so gern ich auch gewollt, nicht schonen. In Fontezuelas, einer kleinen Ansiedlung, wo wir wieder Pferde wechselten, rasteten wir kaum eine halbe Stunde, und von dort trieben wir die Thiere zu eben solcher Eile an, weil mein Alter gern noch an dem Abend die nächste Station erreichen wollte. Kaum also saßen wir im Sattel, so kam das gewöhnliche Wort »Galopp,« der Correo hieb dem Packpferd seine lange Peitsche über die Schenkel, und »hui über die Pampas« hieß die Losung.

Nur immer den Zügel fest in der Hand, lieber Leser, und schaue vorsichtig auf den Weg, denn Dachse und Eulen haben hier überall ihre Löcher, und wenn du dem Pferd mit deinen Augen nicht zu Hülfe kommst, könnt ihr leicht zusammen die Erde küssen. Sieh, der Correo ist schon ein ganzes Stück voraus, du hast dein Thier zu sehr geschont – fort – weiche dem schilfigen Gras da aus, da hats Sumpf, dort zur Linken findet dein Pferd festeren Boden – aber hab Acht auf die Dachslöcher – hab Acht. Und siehst du dort, wo die niederen Disteln so üppig stehen, die kleine Eule sitzen? da sind auch Löcher – vermeide die – »aber dort sitzt auch eine Eule, und hier auch, und da ebenfalls – hier sitzen ja überall Eulen« – ja hier sind auch überall Erdlöcher, aber nur weiter, du versäumst die Zeit und in rasch einbrechender Dunkelheit könntest du auf dem weiten Plan – denn Weg und Steg habt ihr längst verlassen – die Führer verlieren. Und sieh, wie der alte Bursche dabei so fest und regungslos im Sattel sitzt, während ihm der lange schwere Poncho in regelmäßigen Schlägen, wie das Pferd vorn einspringt, um die Schultern flappt – an dem ganzen Körper scheint nur der rechte Arm mit der Peitsche Bewegung zu haben, und diese kommt erbarmungslos auf den Rücken des armen Lastthiers nieder, selbst wenn das nur an einer bös sumpfigen Stelle den Schritt auf einen Moment mäßigt oder rechts oder links nach den ruhig und ungezüchtigt werdenden Kameraden hinüberblinzt. *Vorwärts* ist sein einziger Gedanke – vorwärts –; das Thier, das er reitet, das Thier, das sein Gepäck trägt, ist dabei für ihn kein fühlendes lebendiges Geschöpf, es ist nur ein *Pferd* und wenn das stürzt, kann er hier für anderthalb Dollar, vielleicht noch billiger, ein anderes kaufen, wozu also eine solche werthlose Maschine besonders schonen.

Ich hatte übrigens an dem Abend gerade ein schändliches Pferd; es stolperte immer beim zehnten Sprung, und ich mußte mich ungemein vorsehen. Das half aber auch nur eine Zeitlang; als wir einen langen, etwas feuchten und weichen Wiesenstrich in einem wahren Carriere dahinflogen, trat mein Pferd doch in eine der überall zerstreuten Erdhöhlen und konnte dießmal seine Füße nicht wieder gewinnen. Vorüber schlugst und, wohl oder übel, ich mußte mit – kaum daß ich noch rasch mein Bein unter dem schweren Körper vorbekommen konnte. Glücklicherweise schien es keinem von uns geschadet zu haben; kaum eine halbe Minute später saß ich wieder im Sattel, und hatt' ich bis dahin mein Thier wirklich geschont, so half jetzt wenigstens kein längeres Sträuben. Der Correo, der meinen Unfall nicht einmal bemerkte oder *wenn* er ihn bemerkte, sich den Guckuck darum kümmerte, war indeß in der mehr und mehr einbrechenden Dämmerung weit, weit vorausgeeilt, der mußte wieder eingeholt werden, und das von Schweiß triefende Thier that, von Peitsche und Sporn getrieben, sein möglichstes.

Der Anblick der Steppe hatte indessen eine höchst eigenthümliche fast wunderbare Veränderung erlitten – die feuchten, dem niederen Boden entsteigenden Schwaden hoben sich und verwandelten, vielleicht auch mit ihrer Abspiegelung in der dunstgetränkten Athmosphäre, die Ebene in ein förmliches milchweißes, von dem Wiederglanz der Wolken roth überhauchtes Meer, in dem ich selber, jetzt nicht einmal mehr eine Bahn erkennend, dahin sprengte. Ich überließ es meinem Thier seinen Kameraden zu folgen, und nur manchmal klangen die Hufschläge derselben aus weiter Ferne herüber. In der That hatt' ich auch fast vergessen, daß ich mich hier auf wilder keineswegs gemüthlichem Terrain, sondern auf einer Pampas befand, wo ich, wenn verirrt, meine Bahn allein auf viele hundert Meilen durch die von Feinden bedrohte Steppe suchen konnte, denn der Correo hatte einmal mein Geld und kümmerte sich wenig darum, ob ich zurückblieb oder folgte. Die Scenerie, die mich umgab, war mir zu neu, zu interessant, nicht ihr meine ganze Gedanken, meine ganze Aufmerksamkeit zuzuwenden.

Wunderbar sahen die Heerden aus die ich, in diesem förmlichen Nebelmeer dahinsprengend, passirte; nur der obere Theil ihrer Körper schaute aus den weißen Schwaden, die jetzt auch schon begannen in weiteren Schichten anzusetzen und förmliche Hallen und Grotten zu bilden, hervor, und es sah manchmal aus als ob sie, wie in stillem Wasser geräuschlos dahinschwämmen, dann wieder wie in tiefem Schnee wadend, von Lavinen und wankenden Gletschern bedroht würden.

Nicht zurückscheuchen konnte ich dabei das Gefühl, als ob ich fortwährend einen ziemlich steilen Hügel niedersprengte, und nun gleich die Nebelmassen über mir zusammenschlagen sehen müsse, und doch flog ich auf der ebenen fast horizontalen Steppe mit schlagenden Hufen entlang.

Mit einbrechender Dunkelheit stieg übrigens auch der Nebel höher und wurde endlich so dick, daß ich kaum noch wenige Pferdelängen vor mir den Boden erkennen konnte; aber nicht weit mehr entfernt hörte ich jetzt deutlich die drei übrigen Pferde in ihrem kurzen regelmäßigen Galopp, und ehe wir die kleine Hütte erreichten, in der wir übernachten wollten, hatte ich sie eingeholt.

Es war indessen ziemlich spät geworden, und ich kann wohl sagen daß ich ungewiegt schlief.

Am nächsten Morgen brachen wir sehr früh auf, denn der Nebel hatte sich in der Nacht vollkommen verzogen, und dießmal einem ziemlich berittenen Pfad folgend, auf dem sich auch deutlich ältere Wagenspuren erkennen ließen, sprengten wir durch die fruchtbaren, mit dem saftigsten Gras und Klee bedeckten Ebenen, in dem Massen von Rindern, Pferden und Schafen weideten, oder hie und da auch gesättigt in dem sie halb verdeckenden Futter lagen und ruhig wiederkäuend die vorbeigaloppirenden Reiter betrachteten.

Die Morgenstunde ist für die ganze Thierwelt der Steppe die Zeit der Ruhe, selbst die Raubvögel sitzen auf kleinen niederen Büschen oder Erdhügeln in ernstem Schweigen und kehren sich nicht an das muntere Vogelzeug das sie umflattert – langbeinige Störche gehen zu Paaren oder in Gruppen langsam auf den höher gelegenen trockenen Stellen spazieren, erzählen sich vielleicht die Abenteuer der vergangenen Nacht, und lachen über bestandene Fahrten, daß ihnen die Schnäbel klappern – Massen von Erdhöhlen, die überall den Boden durchlöchern, stehen leer; was auch in ihnen wohnt und athmet, kommt um diese Tageszeit nicht zum Vorschein – die Heerden, wie schon gesagt, liegen meist, und käuen wieder, und selbst die Pferde, die sonst wild durch die Steppe jagen, stehen schläfrig am Rand der kleinen Teiche oder lagern ebenfalls auf dem stets für sie gedeckten Tisch der Pampas.

Wie anders wird das Alles wenn sich die Sonne ihrem Untergang nähert und etwa noch eine Stunde hoch am Himmel stehend, die Wolken die einzeln über das durchsichtige Blau des Himmels treiben, mit ihren brechenden Strahlen vergoldet. – Die Heerden sind dann alle in Bewegung – weidend, das junge Vieh spielend, ziehen sie durch die grünen saftigen Matten – nicht der Nahrung *nach*gehend, denn dicht unter ihnen wuchert diese, wo sie auch stehen, nein das süßeste und wohlschmeckendste heraussuchend aus dieser überreichen Speisekammer des Herrn. Die Trupps der Pferde springen und wiehern einander zu, hinein in den schmetternden Klang der herausfordernden Töne schallt das weiche melodische Blöken der Kühe und der schrille Ruf des Falken, der hoch über der freien Steppe kreist, scheint dazu zu gehören, zu dem regen geschäftigen Leben und Treiben.

Hei wie die Rosse noch einmal so munter mit den Reitern über den Rasen streichen, weit hinaus stiegt Grund und Gras von den flüchtigen, tief eingreifenden Hufen, und sie antworten den bekannten Lauten der Kameraden, die heute dem Lasso entgingen, morgen vielleicht dafür desto schärfer den gewichtigen Sporn ihres Herrn zu fühlen – vorbei.

Siehst du wie sich dort die Höhlen beleben, die noch vor kaum einer halben Stunde so finster und dunkel dalagen; sieh wie altklug das wunderliche Mittelding zwischen Hamster und Dachs vor seiner Thüre sitzt und zu dir herüberschaut was du zu eilen hast an dem freundlichen Abend – da drüben sitzt noch einer – da noch einer – dort ein dritter, vierter, fünfter – rechts von dir, gerade unter dem wehenden Büschlein, das vielleicht schon Vater und Großvater Schutz und Schatten gewährt und das Mondlicht hindurchgelassen hat auf heranwachsende Geschlechter, kauerte eine ganze kleine Familie und freut sich über das jüngste, das zum erstenmal heute aus der Höhle kommt und ganz erstaunt und überrascht die niegeahnte Herrlichkeit der Welt anstaunt.

Dort die kleine Eule war zum Besuch über Tag bei den Nachbarn, und fliegt jetzt, mit leisem geräuschlosem Flügelschlag zu dem Weibchen zurück, das ungeduldig schon vor der engen steilen Höhle auf-und niedergeht und seinen Aerger so lange mit einem Spaziergang beschwichtigt hat, – liederliches Eulenmännchen das, den ganzen Tag über, wo eine ordentliche anständige Eule in's Nest gehört, wahrscheinlich in schlechter Gesellschaft zu sitzen oder gar, was noch schlimmer wäre, draußen im Freien herumzustreifen und seine Gesundheit den schädlichen trockenen Sonnenstrahlen auszusehen. Wenn es jetzt Nachts seinen ordentlichen Geschäften nachgehen soll, ist es faul und schläfrig und läßt Steppenmaus und Käfer unbeachtet an sich vorbeilaufen und surren – oh was die Eulenweibchen selbst in der Steppe ihre liebe Noth haben.

Vorbei – dort drüben weidet eine große Heerde der kleinen Pampasschafe, aber weit zurückgeblieben ist eine Mutter mit ihrem, erst vor wenig Stunden geworfenen Lamm, und sucht nun, ängstlich dabei zurückblickend, und während sie das arme kleine schwache Ding, das sich kaum schon auf den Füßen erhalten kann, fortwährend durch leises Blöken ermuntert, die Heerde wieder zu gewinnen, ehe die Nacht anbricht und hemmstreifende Raubthiere die Hülflosen ohne Schutz fänden.

Sieh – der große Geier der dort oben hoch in der Luft stand und den Platz schon eine Weile in weiten Kreisen umzog hat sie entdeckt und stößt rasch herab, sicher geglaubte Beute zu finden – aber die sonst so scheue ängstliche Mutter läßt das Kind nicht dem gierigen Sohn der Lüfte – den Kopf gebeugt tritt sie gegen ihn an und der Raubvogel, so stark und scharf auch Klauen und Schnabel sind, hält sich zurück vor dem Mutterzorn, sitzt nieder auf dem, ihm nur wenig zusagenden Boden; und folgt unbehülflich und schwerfällig in sechs bis acht Schritt Entfernung etwa, dem kleinen Lamm das die Mutter nur vergebens zu größerer Eile antreibt. Der gierige Falke hofft auf den Tod des armen schwachen kleinen Wesens, oder – auf die Nacht, und bleibt bei der schon sicher gehaltenen Beute, und die arme Mutter weiß was dem Kinde droht, wenn es nicht die letzten Kräfte zusammenrafft die nahe, und doch noch so entsetzlich ferne Heerde zu erreichen.

Vorbei – hui – dort gleitet ein Schuppenthier blitzschnell über den Pfad in das hohe Gras hinein und der alte Gaucho richtet sich hoch auf im Sattel ob das zur Seite geschobene Gras nicht noch einmal die Richtung anzeigt, in der das Thier verschwunden – die Schuppenthiere schmecken den wilden Burschen gar delikat, und vielleicht um so besser, da sie ein seltener Braten sind.

Und was liegt dort an dem feuchten Fleck in der Steppe wo sich in einer kleinen Senkung des Bodens Wasser vom letzten Regen gehalten? – ein sterbendes Rind, das grüne glasige Auge stier und erblindend auf den Klee geheftet, der es jetzt in weichen dichten Massen umgibt, und der in wenigen Tagen von seinem verwesenden Körper verpestet, von Raubthieren zertreten seyn soll – die übrigen Thiere stehen dicht dabei, aber sie achten nicht des scheidenden Kameraden – da – hier – dort, da drüben überall liegen die noch hie und da mit der vertrockneten Haut, oft auch vollkommen nackten Gerippe früher vorangegangener – das Vieh meidet sie, so lange sie die Luft um sich her mit ihrem entsetzlichen Duft erfüllen, und grast dicht neben ihnen wenn Sturm und Regen die letzten widerlichen Spuren verwaschen haben.

Vorbei – da, siehst du dort unsern alten Freund den Storch, wie thätig er geworden, und wie aufmerksam und still er in das stille Wasser schaut das zwischen dem Rasen hervorquillend einen kleinen klaren Teich gebildet? – er kümmert sich jetzt nicht mehr um den Nachbar, dem er vorher so viel zu erzählen hatte, er schaut nicht mehr bald hinauf nach dem kreischenden Flug von Papageien, die mit scharfem Flügelschlag über die Steppe strebten, den gewöhnlichen Schlafplatz für die Nacht zu erreichen, noch nach der Schaar rother Flamingos, die mit den langen, wunderlich gebogenen Hülsen einen Nachbarteich in Beschlag genommen – nur einen einzigen ärgerlichen Blick wirft er hinüber auf eine lange Kette schnatternder quäckender Wildenten, die sich eben in dicht gedrängter, unruhig wogender Schaar fast zu nahe bei ihm niedergelassen und das Wasser erregt haben, und blickt dann ernsthaft und aufmerksam wieder auf die dunklen Stellen im schlammigen halbüberwachsenen Grund, geduldig erwartend was ihm *daraus* wohl aufgetischt werden würde.

Vorbei – die Sonne sank lange hinter den Cordilleren und ihren Mantel wirft die Nacht im raschen Flug über die kaum dämmernde Erde.

6. Die Pampas. Fortsetzung.

Am 21. kamen wir in die Provinz Santa Fé, und was in Buenos Ayres vielleicht kaum mehr als ein Gerücht gewesen, »daß die Pampasindianer nämlich wieder ausgebrochen seyen und die Ansiedlungen der Argentiner bedrohten« – fand hier volle Bestätigung. Die Leute sprachen von nichts als Indianern – ein Gefecht sollte schon zwischen ihnen und einem Trupp Soldaten stattgefunden, und sie selber auch mehrere junge Leute im »Campo« überfallen und getödet haben; dabei war das Unangenehme daß sie sehr selten in kleinen Trupps von acht bis zwölf, sondern meistens in größeren, von fünfzig bis hundert und mehreren gingen; was hätten wir drei, die andern beiden nur mit ihren Messern bewaffnet, gegen eine solche Uebermacht ausrichten wollen. Die einzige Aussicht in diesem Falle blieb, wie uns der Alte versicherte, schleunige Flucht gen Norden. Fliehende Heerden und aufgescheuchtes Wild sollten in dem Fall, daß die Indianer in Masse herankamen, das erste und ziemlich gewisse Zeichen ihrer gefürchteten Ankunft seyn, und dann kam es in der That darauf an, wer die besten und schnellsten Pferde unter sich hatte – die Indianer oder wir.

Der Arroyo de Pavon, ein kleines seichtes Flüßchen bildet hier die Grenze zwischen den Provinzen Buenos Ayres und Santa Fé und in mehr als einer Hinsicht sollten wir den Unterschied zwischen beiden Ländertheilen kennen lernen.

Zuerst, was *mich* aber nichts weiter anging, da der Correo sämmtliche Kassengeschäfte zu besorgen hatte, galten von hier an nicht mehr die Buenos Ayres Papierthaler, die sogenannten *pesos*, das Stück etwas über zwei Neugroschen an Werth, die in der ersten Provinz wechselnden Cours haben, und damals lieber als selbst Silber genommen wurden. Von hier ab mußte der Correo Alles mit Silber selber bezahlen. Dann aber erreichten wir hier erst das wirklich wilde Land der Steppen – den Schauplatz der häufigsten indianischen Einbrüche, und fast war es auch als ob dieser kleine Bach, der die Provinzen schied, selbst eine Scheidewand in der Vegetation bilde.

Der ganze Anblick der Pampas bekam, wie durch den kleinen Fluß abgeschnitten, etwas Winterlicheres als er bisher gehabt. Bis dahin war das Land eine weite, durch nichts unterbrochene, fast maigrüne Ebene gewesen; saftiger Klee und frisches Gras, in dem das wohlgenährte Vieh in ungeheuren Massen weidete oder ruhig gesättigt ausruhte. Hier aber wurde das Vieh schon seltener, die Heerden weniger und kleine und nur eine Art breiter dorniger Kletten überzog die grüne Unterdecke mit einem grauen, aber noch immer oft durchbrochenen Schleier, und noch auffallender sollte dieser Wechsel am nächsten Tage werden, wo auch das Land selber mehr wellenförmig wurde und in langen grauen Hängen den Blick des Reisenden ermüdeten.

Diesen Abend ritten wir bis spät in die Nacht hinein, soviel als möglich von dem am meisten durch Indianer bedrohten Terrain zurückzulegen. Noch mit Dunkelwerden wechselten wir die Pferde – etwas das ganz gegen die Natur meines alten Correo schien, der es sich Abends gewöhnlich, sobald es nur irgend gehen wollte, bequem machte. Wenn ihn aber etwas aus seiner Ruhe bringen konnte, so war es das Zauberwort *los Indios*, und wo er das erwähnen hörte ging er auch gewiß nicht eher fort, bis er Alles wußte was er darüber hören, und was vielleicht auf seinen jetzigen Ritt Bezug haben konnte.

Es war schon stark dunkel als wir an den Rand eines andern kleinen Flusses mit schlammigen Ufern kamen, an dem wir in der Nacht keine Furth finden konnten. Wir ritten ein paarmal an der einen Biegung wo sie der Correo vermuthete, auf und nieder, und ich fand endlich eine Stelle an der ein paar ältere Pferdespuren niedergingen. Ich ritt dort hinunter, die anderen Beiden wollten aber nicht hinein und müde des langen Umhersuchens beschloß ich endlich den Durchgang zu versuchen. Das wäre mir aber beinahe theuer zu stehen gekommen, denn eben behielt ich noch Zeit die Büchse in die Höhe zu reißen, daß sie nicht naß wurde, so rasch sank mein Thier in Schlamm und Wasser unter, und es war ein Glück daß ich erst vor wenigen Leguas ein so munteres kräftiges Pferd bekommen hatte; das vorige hätte sich aus dem zähen Schlamm gar nicht mehr herausgearbeitet. Hartnäckig geworden versuchte ich aber jetzt etwas weiter unten zum zweitenmal den Fluß und fand hier, wohl etwas tieferes Wasser aber auch harten Boden und kam, von dem Correo und Postillon gefolgt, glücklich hinüber.

Die Flüsse dieser Steppen sind nicht gerade tief, ihre schlammigen Ufer dem Reisenden aber nur zu oft hinderlich, und manchmal wohl auch gar gefährlich, doch sollen sie in einer nasseren Jahreszeit als wir sie gerade trafen auch nicht selten mit stürmender Strömung förmliche Fluthen hinabwälzen, daß sie den Durchgang zu Zeiten selbst unmöglich machen.

Boote, oder nur irgend eine Art anderer Fahrzeuge habe ich übrigens auf dem ganzen Weg auch nicht an einem einzigen Ufer gesehen.

Am 22. Morgens hüllte ein so dichter entsetzlicher Nebel die Ebene ein, daß mein alter Correo in diesem unter keiner Bedingung aufbrechen wollte. Gerade hier schien eine Art *Wechsel* der gefürchteten »*Indios*«zu seyn, die sich in dieser Gegend früher sehr häufig gezeigt hatten und nicht allein waren wir der Gefahr ausgesetzt die rechte Richtung zu verfehlen und die nächste Station gar nicht anzutreffen, von der wir in solchem Wetter auf fünfzig Schritt Entfernung nichts gesehen und gespürt hätten, und dann lag sogar die Möglichkeit vor daß wir, trieb sich wirklich ein Indianertrupp in der Nähe herum, diesem eben so leicht gerade in die Fänge laufen konnten. Bei solchem Nebel sollen diese Söhne der Steppe nämlich gar gern die Ebenen durchstreifen und überall ihre Wächter hinsenden, wenn sie sich in der Nähe besiedelter Striche wissen; trafen sie aber auf uns, so blieb uns in der freien Ebene, ohne jeden Vorsprung, nur sehr wenig Hoffnung zum Entrinnen.

Anders war es wenn man schon von weit ab den Staub flüchtiger Heerden aufwirbeln sehen konnte – viele Meilen lagen dann noch zwischen den Feinden und den Fliehenden und möglich war es daß diese nicht einmal ihre Spur bekamen, also *paciencia amigo* – wie mir mein alter Correo wohl fünfzigmal den Tag zurief, *paciencia*, kräftige Pferde bringen nachher in wenigen Stunden ein was wir jetzt versäumen.

Endlich lichteten sich die Schleier, zuerst brach die Sonne hindurch und oben in dünnen duftigen Massen theilte sich die Decke die bis dahin zäh und hartnäckig auf uns gelagert, über den matt blauen Himmel hin suchten die einzelnen abgerissenen Flecken ihre Bahn – tiefer und tiefer arbeitete sich das helle freundliche Sonnenlicht hinein und grub und drängte und schob endlich die weißgelben Schwaden wie riesige Coulissen zurück von der Bühne, aus der uns jetzt schon wieder grüne lachende Wiesenflecke und weidende Heerden, nur noch wie von einem luftigen Flor überhaucht, entgegentraten. Jetzt schwand auch dieser, der letzte Windstoß der mit der siegenden Sonne daherstrich, nahm ihn hinweg auf seinen kräftigen Armen und weiter und weiter zurückwich der düstere Geist der diese thaublitzenden schimmernden Ebenen so lange verdeckt und verhüllt gehalten.

Kaum gewannen wir aber erst einen richtigen und vollständigen Ueberblick über die Ebene, den mein alter Correo auch nach besten Kräften benutzte und den Horizont wohl mehre Minuten lang mit seinen dunklen Adleraugen scharf fixirte. Wir sahen nun, denn ich ließ mein Taschentelescop ebenfalls seine Dienste thun, daß so weit das Auge nach Süden reichte, die wenigen Heerden die noch sichtbar waren still und unbelästigt, ungeschreckt weideten. Die schon lang gesattelten und bepackten Thiere wurden vorgeführt – *vamos* lautete der Ruf und von den Sporen kaum berührt, flogen die Klepper weit aus über die Steppe.

Wir hatten aber den Platz nur erst wenige Leguas verlassen, als sich das ganze Aussehen der Steppe wirklich merklich veränderte; selbst die bis dahin einzeln zerstreuten Heerden hörten hier auf, dem Auge einen Ruhepunkt zu bieten. Kein Klee gab dem Vieh mehr die saftige Nahrung, ziemlich hohes, schon gelbendes Büschelgras vertrat jetzt dessen Stelle, und siehe da – als wir rasch eine kleine Anhöhe hinansprengten, schreckte ein Hirsch aus seinem Lager auf und floh, den hohen weißen Wedel zeigend, rasch einem sicherern oder doch wenigstens ungestörterem Platze zu. Nicht ein einziges Stück größeres Wild – Enten und Wassergeflügel natürlich genug – hatte ich gestern bemerkt, und heute, wohin das Auge sah, fand es theils äsende, theils fliehende Hirsche, die sich das hier etwas höhere Land zu ihrem Sammelplatz ausersehen zu haben schienen. Es war dem Auge eines Jägers ein wohlthuender, freudiger Anblick, der bald noch durch einen neuen Genuß verstärkt werden sollte.

Wir mochten kaum eine Stunde geritten seyn, als ich vor uns eine Schaar sich wunderlich bewegender Gestalten entdeckte. »Was ist das?« war mein fast unwillkürlicher Ausruf, und der Postillon zeigte lachend hinüber und sagte: »Avestruz.«

Strauße, die ersten wilden, die ich sah – denn zahm hatte ich sie schon hie und da in den einzelnen Ansiedlungen gefunden – Strauße, die sich dort, in den weiten Pampas, jagten und mit den unbehülflichen Flügeln schlugen, die langen Beine rechts und links hinauswarfen, und endlich, als sie unser Nahen hörten, pfeilschnell über die Ebene dahinstoben – ein Pferd hatte ihnen mit der Schnelle kaum folgen können. Mich drängte es fast, meinem Thiere die Hacken einzusetzen und hinter der wilden, wunderlichen, in der Flucht miteinander spielenden und sich bald rechts bald links hinüberhetzenden Schaar herzusprengen, aber sie flohen nach Süden hinunter, und mein Begleiter warf noch fortwährend viel zu mißtrauische Blicke nach jener Himmelsrichtung, mir je zu gestatten, ihr entgegenzujagen. Ueberdieß hatten wir an dem Morgen auch viel Zeit versäumt, und es galt jetzt vor allen Dingen, erst *die* wieder einzubringen. Später sahen wir noch eine zweite Heerde, aber weiter entfernt als die erste.

Das Wild ist hier in den Steppen entsetzlich scheu, und der europäische Jäger soll es sich nicht etwa leicht denken, trotz der sehr großen Anzahl, viel zu schießen. Der Gaucho hat kein Feuergewehr, überhaupt keine Schußwaffe, nur den Lasso und, die Bolas, und mit diesen ist er genöthigt, will er einmal Wildpret essen, sein Wild zu *fangen*. Mit diesen Waffen verfolgen deßhalb die Gauchos Hirsche und Strauße, und hetzen das Wild so lange, bis sie es überholen. Natürlich *muß* dieses, auf solche Art fortwährend abgetrieben, ungemein scheu werden, und wo es nur ein Pferd galoppiren hört, flieht es schon, die unvermeidlichen Verfolger fürchtend, in ängstlicher Hast über die Ebene, und ruht nicht eher, bis die Gestalten der vermutheten Feinde in neblicher Ferne verschwimmen. Zu Fuß läßt sich schon eher ankommen, doch darf man auch nicht darauf rechnen, bei kleinem Fluchtwild ausgenommen, leicht anzuschleichen. Nöthig ist es hier übrigens, daß ich Bolas und Lasso dem Leser zuerst etwas näher beschreibe, denn wenn wir auch in Deutschland wissen, daß der Lasso eine Schlinge ist, und Bolas Kugeln bedeuten, die geworfen werden, machen wir uns doch im Ganzen einen falschen Begriff davon.

Der Lasso besteht aus einem langen Seil, meist, ja fast stets, von ungegerbter Rindshaut fest geflochten. Das eine Ende desselben trägt einen kleinen eisernen oder Messing, ja in manchen Ländern ebenfalls von Leder geflochtenen Ring, und durch diesen gezogen bildet das Seil oder der Lasso eine Schlinge, die, wenn zum Gebrauch fertig, von dem Gaucho so gefaßt wird, daß sie acht bis zehn Fuß Leine in sich faßt. In diese Schlinge selber greift er beim Wurf hinein, während er vielleicht noch dreißig Fuß loses Tau in der linken Hand locker aufgerollt hält, schwingt den Lasso drei- bis viermal um den Kopf, um ihm beim Wurf den rechten Nachdruck zu geben, und schleudert ihn dann mit solcher Sicherheit, daß er ihn nicht allein um den Hals jedes nur in Wurfsnähe gebrachten Thieres, sondern sogar beim vollen Lauf um jedes Bein des Wildes legen kann, das er haben will.

Ist der Gaucho zu Pferd, so hat er das andere Ende des Lasso an seinem breiten, ebenfalls aus Rohhaut gefertigten Sattelgurt befestigt, und das Thier das er reitet, ist so vortrefflich auf diese Art Fang eingerichtet, oder weiß vielmehr so gut was ihm selber droht wenn es nicht feststeht, daß es sich gleich nach dem Wurf gegenstemmt, dem ersten in den Lassoreißen des getroffenen Thieres zu begegnen.

Die Bolas sind in der Natur des Wurfs dem Lasso ähnlich, denn sie werden ebenfalls wie dieser um den Kopf des Werfenden geschwungen und wie dieser geschleudert, sind aber für den Gegenstand, nach dem sie geworfen werden, gefährlicher, da sie nicht selten selbst die Knochen eines starken Pferdes brechen. Der Pampasindianer gebraucht sie deßhalb auch zur Kriegswaffe.

Sie bestehen aus drei, in Rindshaut fest eingenähte, etwa zwei bis dritthalb Zoll im Durchmesser haltende Steine – nicht selten auch, wo es sich die Gauchos verschaffen können, aus kleineren Stücken Blei, die jedes an einem etwa fünf Fuß langen Streifen ungegerbter Haut befestigt sind und zu *einem* Mittelpunkt zusammenlaufen. Der Werfende erfaßt, die eine Kugel, schwingt sich die anderen beiden, wie beim Lassowurf, um den Kopf und schleudert sie dann mit einer eben solchen Biegung der Hand, als es beim Lasso nöthig ist, nach vorn. Im Wurf stieben aber die schweren Gewichte auseinander, und während sie sich, ein förmliches etwa acht Fuß im Durchmesser haltendes Dreieck bildend rasch umkreisen, schlagen, sobald der eine Stein oder das Seil an dem er befestigt ist einen Gegenstand trifft und dadurch Widerstand findet, die anderen beiden mit Gewalt umher, umschlingen und verwickeln was sie fassen, und treffen mit tödtlicher Gewalt, was also in den Bereich ihrer Schwingung gebracht wird.

Pferde, mit solchen Bolas geworfen, habe ich zusammenbrechen sehen, als ob sie vom Blitz erschlagen gewesen wären.

Ein hübsches Beispiel vom Lassowerfen hatte ich am 23. Morgens. Diese Stationen sind, wie schon gesagt, nur meistens kleine, roh aufgerichtete Hütten, in denen die Gauchos leben, und nach eingegangenem Contrakt mit dem Staat dem postreitenden Correo so viel Pferde stellen wie er gerade braucht. Sehen sie ihn von Weitem über Tag ankommen – denn die Zeit, wo er etwa passiren muß wissen sie ungefähr – so sprengen ein Paar von ihnen, mit den stets am Haus bereitgehaltenen Pferden, hinaus, die nächste Heerde einzutreiben und dort, wenn sie eine Umzäunung haben, jagen sie die Thiere hinein, und ist das nicht der Fall, so gehen zwei von verschiedenen Seiten auf sie zu und werfen mit fast nie fehlender Sicherheit dem Thiere, das sie haben wollen, den Lasso um den Hals. Die Pferde aber, wie alle Thiere der Steppe, kennen den Lasso, und den Ruck fürchtend, der sie gewöhnlich niederreißt, stehen sie nicht selten, wenn sie erst einmal die Schlinge um sich fühlen, stockstill, obgleich sie ihr vorher meist in voller Flucht zu entgehen suchen.

An diesem Morgen waren ihrer vier mit Lassos hinausgegangen, die schon dicht zum Haus gejagten Pferde zu umzingeln, die Thiere zeigten sich aber heute ganz außergewöhnlich scheu, und schienen den Wurf, da sie vielleicht erst kürzlich durch Bolas beschädigt worden, ungemein zu fürchten. Die drei ersten, mit Lassos Gefangenen, rissen so furchtbar in die Schlinge, daß die Gauchos, die zu Fuß hinausgegangen waren, sie nicht halten konnten und loslassen mußten, und mit dem anhängenden Lasso stürmten sie, von der ganzen Heerde gefolgt, wieder hinaus in die Steppe, zwei berittene junge Bursche trieben sie aber wieder zurück und fingen eines dabei, das sie zugleich zum Hause brachten, und die Hetze begann dann von Neuem.

Dreimal brannten sie also durch, dreimal wurden sie wieder zurückgejagt und sechs Lassos schleiften schon in der Heerde, bis wir endlich unsere nöthigen vier Thiere, aber so abgehetzt und wild gemacht, zusammen hatten, daß sich weder mit Sporen noch Peitsche etwas mit ihnen ausrichten ließ. Wie die wilde Jagd stob es, endlich einmal im Sattel, mit uns davon – sie gingen förmlich mit uns durch, und es war ein Glück, daß wir an diesem Morgen zuerst nur eine kleine Station hatten.

Herrlich ist übrigens der Anblick der wilden Heerden, die von ihren fast noch wilderen Herren verfolgt mit fliegenden Mähnen und schnaubenden Nüstern durch die Steppen donnern. Dahinter her dann die tollen sonnverbrannten Gauchos mit ihren flatternden Ponchos und Kopftüchern, den Lasso fortwährend im wirbelnden Schwung, die eigenen Thiere ununterbrochen zum Aeußersten anspornend – dazu die erschreckten auseinanderstiebenden Heerden der Rinder, durch und über die hin manchmal die tolle Hetze geht, die aufgescheuchten kreisenden oder scheu abstreichenden Falken, die grüne Steppe, oder der blaue Himmel, die in jedem Moment wechselnden, malerischen Gruppen, das Alles macht einen Eindruck auf den Beschauer, den es wohl ungemein schwer werden möchte, bei ruhigem Blut in todter Schriftsprache wiederzugeben. So etwas muß erlebt, gefühlt seyn – die Nerven müssen dabei selbst erregt gewesen seyn, das eigene, von Uebermuth sprudelnde Thier unter Einem getanzt und in die Zügel geschäumt haben und dann weit ausgreifend mitten in dieß Leben hineingeflogen seyn; dann aber bleibt es auch mit unvertilgbaren Zügen in das Herz gegraben, das diesem wilden Treiben einst mit so frohem Klopfen entgegenschlug und keine Zeit, kein anderes Leben kann es je daraus wieder verwischen.

Am 23. machten wir in einer kleinen Stadt, Cruz alta, Station – Stadt, ja was wir uns in Deutschland darunter denken, darf man hier freilich nicht erwarten; es sind Lehmhütten, die dem Anschein nach schon eigentlich bei dem ersten ordentlichen Regen zusammenschmelzen müßten – und die Bewohner? – lieber Leser, ich weiß wahrlich nicht wie ich dir, ohne die Leute selber zu kränken, ohne aber auch ihnen zu schmeicheln, einen recht treuen Begriff von ihnen geben könnte. Die jungen Leute sind meist lauter kräftige, selbst interessante Gestalten, die sich in der malerischen Landestracht (wenn sie nur nicht gar so oft die verwünschten europäischen schwarzen Seidenhüte zu ihren Ponchos und Cheripas tragen wollten) nur noch pittoresker und eigenthümlicher ausnehmen, leider aber kann ich dem *schönen* Geschlecht nichts so Rühmliches nachsagen. Es sollte mir leid seyn den Frauen der Pampas Unrecht zu thun, was ich aber bis dahin von ihnen gesehen, diente wahrlich, mit nur sehr wenig Ausnahmen, nicht dazu mir einen günstigen Begriff von ihnen beizubringen. Unreinlichkeit und ein, unseren *deutschen* Begriffen wenigstens nach förmlich widriges Benehmen waren die vorherrschenden Eigenthümlichkeiten und ich fand das, je mehr ich von ihnen sah, auch immer nur mehr und mehr bestätigt. Das so fatale, und den Nordamerikanerinnen besonders eigene laute Aufstoßen ist hier etwas so gewöhnliches, daß es keinem Menschen mehr auffällt. Selbst bei Tisch geniren sich die guten *señoras* und *señoritas* im mindesten, und dergleichen Unanständigkeiten kamen manchmal so laut und unschuldig zum Vorschein, daß ich oft an mich halten mußte, trotz allem Ekel nicht laut aufzulachen. Das allerdings darf ich nicht unerwähnt lassen, daß ich erst über *einen* Gegenstand *später* aufgeklärt wurde, nämlich gar keine hübschen jugendlichen Gesichter unter den Frauen zu finden; das aber hatte eben seinen Grund in den indianischen Feindseligkeiten, vor denen alle junge Mädchen nach den befestigten oder wenigstens durch Militär besetzten Plätze geschafft waren. *Etwas* reinlicher hätte es also gewiß, wären sie gegenwärtig gewesen, in den Häusern ausgesehen, jedenfalls freundlicher, die Männer blieben aber immer dieselben, und wahrscheinlich auch die alten Frauen, und ein warmes Bad mit ein paar Stücken Bimsteinseife würde *keinem* von ihnen geschadet haben.

In solchen kleinen Städtchen genießt man übrigens auch den Luxus eines Stuhls oder einer Bank, denn in den gewöhnlichen Hütten der Gauchos bedient man sich fast nur der Erde zum Sitzen oder, wenn es hoch kommt, zu diesem Zweck hereingeschaffter Pferdeschädel, die dann aber auch das vollständige Ameublement einer solchen Wohnung bilden.

Keineswegs appetitlich ist dabei die Kocherei selber. Die Pampas sind so holzarm, daß sogar die paar Stücken Holz, die der Gaucho zu den Eckpfählen seiner Einzäunung braucht und von denen er dann, von einem zum anderen, dünn geschnittene Streifen ungegerbter Haut her-überspannt, viele viele Tagreisen weit mit Pferden herbeigeschafft werden müssen. An Holz zur Feuerung ist deßhalb, die Stengel einiger holzartigen Gräser ausgenommen, gar nicht zu denken, und das vorzüglichste und Hauptbrennmaterial ist Kuhdung, um das dann noch, es et-was besser zusammenzuhalten, einzelne Knochen gelegt werden. Diese brennen allerdings nicht selber, aber sie concentriren die Hitze und – stinken – und auf dieß qualmende schauerlich duf-tende Material, wird dann sehr häufig ein anderer Knochen, an dem noch etwas Fleisch sitzt, gelegt und gebraten, und meint es der Gaucho, lieber Leser, recht gut mit dir, so nimmt er den Knochen für dich aus dem Feuer, klopft ihn an seinem Bein ab, reißt ein paar Stücken mit den eigenen Zähnen herunter, um zu sehen ob er geröstet ist, und reicht ihn *dir* dann, und du sagst, *muchas gracias señor*, mit einem etwas sauersüßen Lächeln und nagst, weil du einen wahrhaft schmähligen Hunger hast, weiter.

Das Gespräch drehte sich übrigens hier, wie überall, um die Indianer und ihre befürchteten Angriffe, und mein etwas geschwätziger alter Begleiter erzählte den aufmerksam und ängstlich lauschenden Städtern all die fürchterlichen Berichte, die er »im Lande drinn« über die wilden blutdürstigen Stämme der Pampas gehört hatte, und auch alle, wie ich das fest überzeugt bin, auf Wort und Gewissen glaubte.

Ich fand jedoch nur zu bald, daß die gehörten Berichte keineswegs so ganz übertrieben seyn mochten, denn auf den nächsten Plätzen die wir erreichten, waren die Frauen mit ihren Kin-dern schon nach den nächsten kleinen Städten, die Ankunft der feindlichen Stämme fürchtend, geflohen, und die zurückgebliebenen Männer hielten theils bei ihren Heerden Wacht, theils hatten sie für sich die Pferde dicht am Haus und gesattelt stehen, um ohne Säumniß, sobald sie die Ankunft der blutdürstigen Indianer entdeckten, einem sonst, wie sie sagten, gewissen

Tode entfliehen zu können. Wieder lagen wir hier wohl bis 11 Uhr Morgens, ehe mein alter Correo, des starken Nebels wegen, zum Aufbruch rief.

Als wir endlich, und die Sonne stand schon bald im Zenith, durch die Steppe sprengten und etwa acht oder zehn englische Meilen zurückgelegt haben mochten, sah ich plötzlich, zu meinem nicht geringen Erstaunen, einen Gegenstand in der Ferne, der sich augenscheinlich gerade auf uns zu bewegte, von dem wir aber zuerst gar nicht ausmachen konnten was er eigentlich bedeute.

Im Anfang griffen wir unseren Thieren in die Zügel – es konnte ein dicht gedrängter kleiner Trupp Indianer seyn, das aber, fanden wir bald, war nicht der Fall, und je näher das wunderliche Ding jetzt kam, desto mehr schien es mir, als ob ich etwas Aehnliches schon einmal in meinem Leben gesehen haben müßte. Die dunkle, fast verwischte Vorstellung einer gelben Landkutsche die vor Erfindung der Eisenbahn unglückliche Passagiere von einem Landstädtchen zum andern räderte, tauchte in mir auf, obgleich der Gedanke fast zu absurd war, die gelbe Landkutsche hier mitten in den Pampas zu suchen. Als es aber näher und näher herankam, gewann der kolossale Gegenstand auch mehr und mehr Form und Gewißheit, und endlich – nein wahrlich es war zu komisch und ich mußte laut auflachen – rollte die gelbe Landkutsche (aber keineswegs mit gewöhnlicher gelben Landkutschenschnelle, sondern von sechs galoppirenden Pferden gezogen) rasch durch den Sand heran, und abenteuerlich genug sah der Zug aus.

Die Pferde, sämmtlich an die Sattelgurte gespannt, hatten weiter kein Geschirr als den Zaum und Sattel, und auf jedem saß eine, in den flatternden Poncho gekleidete wilde Gauchogestalt, mit den langen Sporen und breiten schweren Revencas. Die Achsen und Speichen der Räder aber, sowie alles Feder-und Holzwerk des langen omnibusartigen Kastens war fest und sicher mit Streifen ungegerbten Leders umwickelt, und jedes Plätzchen dabei auf dem ganzen Wagen, es mochte sich nun befinden wo es wollte, zu einem Kistchen, Fäßchen, Kasten oder Pack benutzt. Zu der gelben Landkutsche aber, sollte sie nicht ganz aus der Rolle fallen, gehörten aber ein paar alte gemüthliche Gesichter, die in lobenswerther Geduld, und sich ruhig in ihr Schicksal fügend, eine solche Reise machten, und wahrlich, als bei unserer Annäherung der Wagen hielt und das Fenster niederfiel, sah ein, mit Runzeln bedecktes und von hoher Brille überragtes Schulmeistergesicht aus dem Schlag, und erkundigte sich mit nicht geringer Genauigkeit bei dem jetzt erkannten Correo nach den Gerüchten über die Indianer. Die Gauchos auf den Pferden hatten zu viel eigenes Interesse bei dieser Antwort, als daß sie hätten gleichgültig bleiben sollen, sie wandten sich alle gespannt dem alten Correo zu, und lauschten seinen Worten, die wieder viel des Entsetzlichen kündeten – der Alte war ordentlich wie eine reitende Hiobspost. Das berichtet, was er berichten wollte, wandte er sich ab und sprengte wieder davon, ich aber hatte indessen ausgefunden daß ein junger Bursche, ein Knabe von etwa vierzehn Jahren mit im Wagen saß, der englisch sprach, und es drängte mich natürlich ebenfalls zu erfahren, was er mir über den Schnee der Cordilleren – ein für mich sehr interessantes Capitel – etwa sagen könnte. Mit Fragen kam ich aber bei dem jungen Bürschchen im Anfang gar nicht an, denn dieser wollte nur von *Indianern* hören, und frug mich, ob alle die Mordgeschichten wahr wären, die der Correo da eben seinem *Professor* erzählt hätte. Ich sah mich nach dem Correo um – dieser war kaum noch zu erkennen, ließ ich mich auf langes Erzählen ein, erfuhr ich nie was ich wissen wollte, Trost konnte den guten Leuten aber auch nicht schaden, und ich versicherte ihn, es sey kein wahres Wort an der ganzen Geschichte – ich glaubte nicht, daß ein Indianer auf 200 Meilen im Umkreis sey – die Straße wäre so sicher wie Buenos Ayres selber – aber die Cordilleren.

»Sind vortrefflich zu passiren« – lautet die Antwort – »aber im Sommer – wenn der Schnee geschmolzen ist –«

»Im Sommer? – aber ich will, ich *muß jetzt* hinüber.«

»Jetzt?« der kleine Bursche lachte – »*nonsense*« sagte er – jetzt kann nicht einmal mehr ein Brief herüber von Valparaiso – ich habe von meinem Vater, der dort wohnt, seit zwei Monaten keine Nachricht – die Cordilleren sind »geschlossen.«

Die Gauchos, die eine kurze Zeit unserem, für sie Kauderwelsch mehr neugierig als geduldig gelauscht hatten – drückten, dessen jetzt müde, ihren Thieren die Sporen wieder in die Seiten –

der Wagenschlag fiel zu, und fort brausten die muthigen Thiere, und schleppten das unbehülf-
liche Fuhrwerk in wilder Eile durch den wirbelnden Sand.

Ich hatte, die »geschlossenen« Cordilleren im Kopf, eine volle Stunde Arbeit meinen Correo
wieder einzuholen.

Die Hütten, die wir jetzt erreichten, kündeten uns übrigens fast alle die Nähe der Indianer –
in der einen fanden wir einen jungen Burschen, dessen Vater sie vor kurzer Zeit überholt und
ermordet hatten, und nur selten fand man noch in einer der Wohnungen eine alte Frau, die
kleine Wirthschaft besorgend, d. h. den Mateh kochend. Fast überall waren die Frauen nach
den hie und da gelegenen festen Plätzen geflüchtet, erstlich selber in Sicherheit zu seyn, und
dann auch, im Fall eintretender Gefahr die Männer nicht, mit der Sorge um sie, zu behindern.

Jetzt fing ich auch an zu begreifen, weßhalb ich schon seit vielen Tagen kein hübsches junges
Gesicht mehr gesehen hatte – die Wilden schleppen die jungen Mädchen, selbst Kinder, alle
mit fort in die Gefangenschaft, und die Señoritas der Pampas scheinen keinen Geschmack an
solchen Eheherren zu finden.

Aber nicht die Indianer allein sind dem Wanderer in der weiten Steppe gefährlich, die Gauchos selber sollen ein ziemlich wildes, blutdürstiges Volk seyn, und Streitigkeiten unter sich,
wie auch wohl Habgier und Rache, sind die Ursachen manches offenen Todtschlags, manchen
heimlichen Mords.

Einen fatalen Eindruck machen, die Folge dieses Charakters, die vielen Kreuze an der Straße –
einfache, mit Riemen von ungegerbtem Leder gewöhnlich zu einem Kreuz verbundene Stücke
Holz, welche die Stelle bezeichnen, an der ein Reisender oder Einheimischer – ermordet worden,
und die allerdings viel zu häufig vorkommen, als daß sich der Fremde einem Gefühl vollkom-
mener Sicherheit je hingeben könnte, selbst wenn er nicht auch noch, gerade wie wir jetzt, der
Gefahr eines Ueberfalls wilder Horden, der doch jeden Augenblick stattfinden konnte, ausgesetzt gewesen wäre. Kein Tag verging, an dem ich nicht zwei, drei, oder gar mehr dieser fatalen
Memento moris erblickte.

Am 25. machten wir 22 Leguas und übernachteten wieder in einem einsamen Haus, das
übrigens, wie alle anderen Estancias, ebenfalls seinen besonderen Namen trug. Hier war die
Unreinlichkeit wieder zu Hause: als uns Abends das Essen in einer schmutzigen hölzernen
Schüssel gebracht wurde legte die Frau – nicht einmal ausgebreitet, sondern wie ein zusammen-
gedrücktes Taschentuch – einen Lumpen darunter, der die Spuren verschiedener fetten Speisen
und Rußflecke seit Gott weiß wie vielen Wochen trug und mich so anekelte, daß ich kaum
ein paar Bissen hinunterwürgen konnte. Dabei saß der »Herr vom Hause« daneben und langte
mit Fingern, die keinenfalls in diesem Monat Wasser gesehen, fortwährend in unsere Schüssel
hinein, einzelne Stücke Fleisch herauszuholen, und – doch ich will den Leser nicht mit der
Wiederholung all des Ekelerregenden, was ich dort sehen mußte, ermüden – es erreichte aber,
gerade in dieser Provinz, seinen höchsten Grad, denn die Frauen suchten und verzehrten sogar
das Ungeziefer eine vom Kopf der andern und boten mir dann wieder die Matehröhre, an der sie
vorher mit denselben Lippen gesogen. Ich kann gewiß viel vertragen, aber das war mir doch
ein klein bischen zu stark.

So viel übrigens zur Rechtfertigung der Pampas, daß diese letzte scheußliche Sitte nur in der
Provinz Santa Fé vorkommen soll, und die Bewohner derselben haben sogar einen Ekelnamen
danach bei den übrigen Argentinern.

Bis hierher war die Ebene über die wir gekommen durch keinen Hügel, durch keinen Baum
unterbrochen worden, hier aber, und zwar vom Rio tertio aus, an dem wir einen ganzen Tag hinritten, zeigte sich uns Morgens in der Ferne ein ausgebreiteter Wald mit stattlichem Holzwuchs,
der mir der Formation der Bäume nach aus Eichen zu bestehen schien, was sich aber – denn er
mußte noch viele Meilen entfernt liegen, auf solche Distanz nicht deutlich unterscheiden ließ.

Ich machte meinen Begleiter darauf aufmerksam, weil ich etwas derartiges gar nicht erwartet
hatte; er schien mich aber nicht zu verstehen, denn er sagte nur *arboles?* und schüttelte dann
lachend mit dem Kopf. Ich schwieg, denn ich war überzeugt, wir würden bis Mittag nahe genug
gekommen seyn, genau unterscheiden zu können, von welcher Ausdehnung der Wald hier sey,

griff aber ordentlich dem Pferd vor Erstaunen in die Zügel, als nach etwa viertelstündigem Ritt ein Hirsch vor uns aufstand, mit flüchtigen Sätzen über die Steppe und zwar gerade dem Wald zusetzte, in dem er gleich darauf verschwand, aber bei jedem hohen und flüchtigen Satz hinter den ersten *Bäumen* wieder mit dem halben Körper zum Vorschein kam. Nicht fünf Minuten später erreichten wir das, was ich für einen Wald stattlicher *Eichen* gehalten hatte, und fand nichts als – ein breites Dickicht niederer Dornbüsche, die aber in ihrer ganzen Form und Gestalt, nur in Miniatur, unsern deutschen Eichen auf ein Haar glichen und jetzt, da man die Umrisse der einzelnen deutlich und genau erkennen konnte, gar so lieb und zierlich aussahen.

Die meisten glichen, wie gesagt, unsern Eichen, andere aber wieder Aepfel-und Birnbäumen und die Verhältnisse zwischen Stamm und Laub stimmten auf das Genaueste und Täuschendste.

Am 26. zeigten sich die ersten Berge: zur Rechten breitete sich noch in blauer Ferne die Córdobahügelkette aus, und unsere Richtung lag jetzt der äußersten Spitze derselben zu. Die Nacht blieben wir in einem kleinen Städtchen am Rio Quarto, und ich freute mich auf den Ort, weil mir gesagt war ich würde dort einen Engländer finden. Leider befand sich der aber gerade zufällig in Córdoba, dafür jedoch erhielt ich die, wie sich der Leser gewiß denken kann, freudige Nachricht, daß ein Deutscher, ein Landsmann von mir, im Orte schon seit langen Jahren wohne – es sey ein Hutmacher, hieß es, und es gehe ihm ganz wohl. Aus dem Haus schickten sie gleich jemand ab, der ihn bitten mußte doch einmal auf die Post zu kommen, weil ein Landsmann von ihm gerade von Deutschland eingetroffen sey; vergebens wartete ich aber den ganzen Abend, und zwar so lange, bis es zu spät geworden war ihn selber aufzusuchen; er kam nicht, und da ich selber vom langen Ritt ermüdet keine große Luft mehr verspürte weit herumzulaufen, der Correo mir auch sagte, daß wir am nächsten Morgen nicht so gar früh aufbrechen würden, so verschob ich den Besuch auf den anderen Tag.

Mit uns zugleich war ein anderer, gerade von Mendoza kommender Correo eingetroffen, der nach Córboba bestimmt war. Er hatte außer seinem sonstigen Gepäck noch vier kleine Körbe mit eben so vielen Kampfhähnen bei sich, die er in Córdoba zu einem sehr bedeutenden Preis zu verkaufen hoffte. Die Gauchos sind nämlich ganz versessen auf Hahngefechte – sie scheinen eine Vorliebe für dieß Vergnügen zu haben, weil Blut dabei fließt – und die beiden Correos vergaßen im ersten Augenblick wirklich die Indianer, um nun erst die verschiedenen Tugenden und Eigenschaften der Hähne zu besprechen und zu bewundern. Dann aber ging es natürlich auch auf Los Indios über, und der junge Correo erzählte meinem Alten, daß die Pampas kürzlich Desaguadero überrumpelt, von den Männern aber Niemanden erwischt und nur eine alte Frau zu Hause gefunden hätten. Sie schienen sich jedoch dort ziemlich gut benommen oder wenigstens nichts mehr gestohlen zu haben, als was sie gerade für ihren eigenen Bedarf brauchten.

Für uns war das allerdings keine tröstliche Nachricht, denn Desaguadero lag gerade in unserem Weg, doch hatten wir ja auch den Beweis, daß der erst getroffene Omnibus von den Wilden ebenfalls nicht gesehen worden und glücklich durchgekommen war – Glück muß der Mensch haben, und wir rechneten etwas darauf.

Ich schrieb den Abend etwas an meinen Notizen, und warf mich dann ermüdet auf meine Decke, den wenigen Stunden und vielen Flöhen ein paar Stunden Schlaf abzuringen. Dahin sollt' ich es aber noch lange nicht bringen; erstlich hatten die Correos sich noch so entsetzlich viel zu erzählen, und so manches Gläschen Caña mitsammen zu trinken, daß es ein paarmal schien als ob sie heute Abend unter keiner Bedingung mehr fertig werden konnten, und dann mußten die Hähne noch untergebracht werden, und zwar so, daß sie sich eines Theils die Nacht über im Stande waren zu erholen, und doch auch wieder nicht zu einander kommen konnten, sich Schaden zuzufügen. Der Córdoba-Correo hatte darin übrigens schon, wie es schien, eine Art Uebung erlangt, denn er band die vier verschiedenen Hähne in die vier verschiedenen Ecken des Zimmers je an einem Beine fest, und überließ es ihnen dann die Nacht so gut zu verbringen, wie sie eben konnten.

Dicht neben der Stelle wo ich lag war ebenfalls einer angebunden – das heißt man konnte nirgends im Zimmer liegen, ohne sich wenigstens neben *einem* zu befinden.

Endlich war Ruhe, ich schloß die Augen und war auch im Nu fest eingeschlafen. Wie viel Uhr es damals gewesen, davon hab' ich keine Idee, Uhren gab's in der Villa del Rio quarto keine, wenigstens keine Schlaguhren, Nachtwächter ebensowenig, aber soviel weiß ich daß ich kaum glaubte eingenickt zu seyn, als mich ein Ton weckte, den ich im ersten schreckhaften Emporfahren für nichts Geringeres als den Schlachtschrei der einbrechenden Wilden hielt, und von dem ich mich nun erst nach wenigstens einer halben Minute besinnen konnte, wie es weiter nichts sey, als mein Nachbar, der Satanshahn, der in seiner Ahnung des anbrechenden Morgens, eine Stimme entwickelte, die der Lunge eines Straußes Ehre gemacht haben würde. Ehe ich übrigens meinen Ingrimm nur gegen ihn wenden konnte, antwortete es ihm erst aus der zweiten, dann aus der dritten und vierten Ecke, in eben solchen schmetternden, herausfordernden Tönen und die Hähne stimmten im nächsten Augenblick ein Quartett an, das seines Gleichen wohl noch nicht auf der Welt gehabt hat. – Und da lag ich mitten drin und wollte schlafen.

Die Satansbestien zu Ruhe zu bringen, daran war gar nicht zu denken, und ich mußte mich zuletzt, nach mehren vergeblichen Versuchen, damit begnügen mit meinem Ladestock, den ich zu diesem Zweck ausgezogen hatte, wenn der mir nächste den Schnabel aufthat nach ihm hin- über zu drohen – die Töne blieben ihm dabei jedesmal im Halse stecken, das hielt ihn aber nicht ab, in der nächsten Secunde einen neuen Versuch zu machen und ich hatte eine volle Stunde lang reichliche Beschäftigung. Komisch genug müssen wir beide aber dabei ausgesehen haben.

Endlich wurde es Tag, und mir waren die Glieder wie zerschlagen, danach wartete ich kaum Sonnenaufgang ab, meinen mir versprochenen Landsmann aufzusuchen – der Correo gab mir zu diesem Zweck einen der jungen Burschen aus dem Gasthaus – Hahnkorb wäre ein passenderer Name gewesen – mit, und durch ein paar enge Gassen und über die Plaza hingehend, erreichte ich bald darauf das Haus.

Hätte ich fünf Meilen deßhalb marschiren müssen, der Mann wäre mir nicht zu theuer er- kauft gewesen.

Es war ein kleines ausgetrocknetes Männchen, mit einem dünnen melancholischen Gesicht und hellblauen müden Augen – er trug einen schwarzen alten Seidenhut – Schraube, wie ihn die Matrosen nennen – und einen sehr schmutzigen rothen Poncho – die Cheripa wie die Ar- gentiner statt der Hosen, und nicht einmal Unterkleider darunter, denn die nackten dünnen Waden schauten aus dem Faltenwurf der letzten wie mit leisem Vorwurf heraus, und die ebenfalls nackten Füße staken in einem paar gerade so abgetragenen rindledernen Schuhen.

Der Mann hieß Hüter und war aus der Gegend von Mainz gebürtig. Früher Steinhauer ge- wesen, hatte er das Geschäft aber in den Pampas, wo es nur höchstens an einigen Flüssen Kie- selsteine gab, nicht fortsetzen können, die Hutmacherei angefangen, und natürlich eine Frau genommen.

Mit der Frau bekam er eine unbestimmte Anzahl von Kindern und ein kleines Materialge- schäft, eine Art Kramladen, mit dem er aber auch noch als Zweiggeschäft eine Art Speisehaus zu verbinden schien, denn selbst während ich dort war, kamen mehre Soldaten herein, und verzehrten gleich am Ladentisch ein Stück Wurst und Brod.

In einer Reihe von siebzehn Jahren, die er jetzt im Lande lebte, hatte er sich aber ein sehr schlechtes, halb Mainzer Spanisch und nebenbei noch all die Unreinlichkeit der Eingeborenen angeeignet; es sah wahrhaft gräulich bei ihm aus, und wenn ich auch für die frühe Morgen- stunde etwas Entschuldigung gelten lassen will, so könnte das doch nicht all den entsetzlichen Schmutz subtrahiren. Das Eigentümliche dabei war, daß der Mann fast gar kein Deutsch mehr sprechen konnte; Deutschland war ihm dabei auch ganz fremd geworden und Nachrichten von dort schienen ihn wenig zu interessiren.

Wunderbarerweise hatte auch er hier schon davon gehört, daß in Deutschland eine Revolu- tion gewesen sey, er glaubte es aber noch nicht so recht; überhaupt schienen seine Ansichten über deutsche Verhältnisse etwas verworren. Nur an Mainz erinnerte er sich noch, wie er meinte, ziemlich deutlich, und sagte kopfschüttelnd, als ich ihm versicherte auch dort seyen Unruhen ausgebrochen, »Mainz wäre eine gute Stadt und die könnten sie nicht sogleich nehmen.«

Trotzdem übrigens, daß er doch nach so langem Aufenthalt in den Pampas von Südamerika und durch seine Familie hier ganz eingebürgert war, schien es ihm keineswegs so gut zu gefallen als sich das vermuthen ließ. – Das Land war, wie er mich versicherte, gut, aber die Leute bauten hier nichts weil, wie er sich ausdrückte, zu viele »schlechte *hombres*« (Menschen) in der Nähe wären, welche die Produkte viel schneller wegstählen als sie wachsen könnten. Er selbst hatte früher etwas gebaut, es aber auch wieder aufgegeben, er mochte nicht »für die Spanier« arbeiten. – In Buenos Ayres sey es jetzt dabei wohl ruhig, man könne aber nie wissen wie lange das dauern werde, und stürbe Rosas einmal, dann sey es auch wieder eine Frage wer an die Oberherrschaft käme, und ob die überhaupt gleich wieder Jemand, und sicher, in die Hände kriegte.

Diese Furcht schien mir im Lande der Hemmschuh jedes vernünftigen und sonst gewiß schon aus sich selber entstehenden Fortschritts, und daß sie nicht unbegründet ist beweist schon ihre Allgemeinheit. Obgleich Rosas auch jetzt gestürzt ist, und eine andere, anscheinend mildere Regierung an der Spitze steht, wird das diese Furcht nicht heben; wer weiß wie lange es dauert, und das Volk der Gauchos ist eine wilde, schwer zu bändigende Menschenrace die wie die Lava der arbeitenden Vulkane wohl eben eine harte, scheinbar kalte Rinde anzusetzen gestattet, innerlich aber fortwährend kocht und gährt und einmal über Nacht wieder Alles was sich ihr anvertraut, über den Haufen wirft.

Das gesellige Leben hier war, wie der alte Mann weiter erzählte, nun gar erst trüb und traurig; zwischen all den Spaniern lebte er seine Tage still und einförmig hin und sein einziger Wunsch sey, wieder einmal nach Deutschland zurückkehren zu können, dazu gehörte aber Geld, baares Geld, und das könne man sich hier nur ungemein schwer verdienen. Andere Deutsche lebten nicht, weder in seiner Nachbarschaft noch sonst in der Nähe, und wenn ja einmal einer dort kleben geblieben wäre (er sah wirklich so aus), so hätte er es doch nie lange ausgehalten – bei ihm wäre das aber was anderes, er hätte Frau und Kinder, und müsse wohl.«

Trotzdem schien es mir nicht als ob er sich wirklich speciell nach Deutschland zurücksehnte – er wollte nur fort von Südamerika. In einer Sache freute ich mich aber auch wieder einen ächten Deutschen in ihm gefunden zu haben – die Ursache nämlich, weßhalb er mich gestern Abend nicht aufgesucht hatte, war Niemand anders als die Polizei gewesen, vor der er sich gefürchtet. – Es lagen in dem Nest nämlich, der draußen herumspuckenden Indianer wegen, eine Masse Soldaten und die Polizei hatte deretwegen den Befehl erlassen, zu später Stunde nicht mehr in den Straßen herumzuschwärmen. – Nun ging das allerdings gar nicht auf ihn, die Polizei hätt' es aber doch vielleicht übel nehmen können wenn er draußen gesehen würde, und mit der mochte ers nicht gern verderben.

Leider durfte ich nicht so lange mit ihm plaudern als ich es wohl gewünscht hätte, denn der Correo stand schon wieder zum Abmarsch gerüstet, und wir nahmen Abschied von einander. Er sagte, als er mir die Hand reichte, »es kämen wohl manche Deutsche in die Gegend, sie gingen aber immer wieder gleich fort, wie ich, und dann bleibe er wieder mit den Spaniern allein;« so erfuhr er denn auch sehr wenig von dem, was in »Allemanje« vorfiele.

Der Ritt am 27. ging fast den ganzen Tag durch eine jetzt wirklich traurige Einöde; das Steppengras stand überall gelb und welk und der Winter übte hier augenscheinlich seine Macht aus. Vor uns hatten wir dabei die starren, von keiner Vegetation bedeckten niederen Hügelkuppen, die weiterhin mit den Córdobabergen in Verbindung zu stehen schien, und nicht einmal Wild fand sich in dieser trostlosen Steppe. Die ganze Natur war wie ausgestorben, und eine entsetzlich lange Station ermüdete die armen Thiere noch außerdem bis zum Niedersinken. Endlich erreichten wir die ersten Felsklippen, die wahrlich nicht aussahen, als ob sie einen freundlichen Wechsel in der Scenerie hervorbringen könnten, wild über einander geworfenes Gestein starrte uns eben so monoton entgegen und die einzige Abwechselung schien die, aus einer sandigen in eine steinige Wüste gekommen zu seyn. Als wir aber darüber hinritten, fanden wir uns plötzlich in einem Thale, das in diese Einöde wie hineingezaubert, einen wirklich überraschenden Eindruck auf mich machen mußte. Draußen die ganze Natur verdorrt, eine fast erstorbene Vegetation, kein Grün das dem Auge einen einzigen Ruhepunkt geboten, kein lebendes Wesen zu hören und zu sehen, als die schnaubenden Thiere unter uns und ein einsamer kreisender Falke –

hier dagegen, wie aus dem Boden heraufbeschworen, blühende Bäume und saftiges Laub, weicher Rasen und reges Leben, denn selbst eine Menge von Hausthieren gab es hier, Truthähne, Hühner, ja selbst zahme Strauße.

Es war ein so freundliches Plätzchen, wie man es nur auf der Welt finden konnte.

Von hier ab ging der Weg, mit frischen Pferden, durch kühle, mit Schilf und Buschwerk bewachsene Schluchten eine weite Strecke lang hin, und ein murmelnder Bach folgte unserer Bahn.

Den Bach muß ich übrigens denunciren – er hat Gold – damals ritt ich allerdings daran hin, ohne auf solche böse Gedanken zu kommen, seit ich aber die kalifornischen und australischen Berge gesehen habe, bin ich ziemlich fest überzeugt davon, denn selbst damals fielen mir die großen, schönen und schneeweißen Quarzblöcke auf, die überall daran hin zerstreut lagen. Nicht weit davon entfernt sind auch die Carolinagoldminen, wie ich später erfuhr, und ich bin jetzt fest überzeugt, daß dort Gold eben so gewaschen werden könnte, und gewiß auch einmal so gewaschen wird, wie in Californien.

Wir hatten übrigens noch einen ziemlich weiten Ritt, und der Mond leuchtete hell und klar unserer Bahn; plötzlich sah ich in dem schmalen Pfad in dem wir hingaloppirten, etwas Weißes blitzen, das mir ein zusammengefaltetes Papier schien; ich ließ meine Begleiter weiter sprengen, kehrte um, denn mein Pferd war indeß schon rasch vorübergeflogen, und fand wirklich einen wer weiß durch wen verlorenen und noch versiegelten Brief; die matte Dinte ließ sich übrigens bei dem Mondlicht nicht lesen, meine Begleiter kamen mir auch zu weit voraus, ich sprang also rasch wieder in den Sattel und nach einer Stunde etwa erreichten wir den kleinen Ort wo wir übernachten sollten.

Wenn man so den ganzen Tag im Sattel gehangen hat, freut man sich nicht wenig auf die Zeit, wo man den Kopf einmal auf den Sattel legen kann, besonders wenn es erst einmal über Nachtschlafenszeit hinausgeht; – wenn sich auch die Glieder bald vollständig an das Reiten gewöhnen, wollen sie doch auch manchmal Ruhe haben, und sich strecken und dehnen. Außerdem kommt für den Magen Abends noch ein besonders wichtiger Moment, denn das ist die einzige Zeit, wo es wirklich etwas zu essen gibt. Morgens setzt es gewöhnlich nur einen Schluck Mateh, denn ich habe mich in mein Schicksal, und meine Lippen preisgegeben, die nun doch einmal durchgebrannt sind und keine Haut wieder ansetzen werden, bis ich die letzten verzweifelten Bombillas im Rücken habe – dann halten wir höchstens um 10, 11 oder 12 Uhr, wie es gerade mit der Station paßt, und nehmen eben einen Imbiß Fleisch – früher wo wir Milch bekommen konnten, tranken wir einen Schluck Milch, denn viel Essen verträgt sich über Tag nicht mit dem raschen Reiten, und erst Abends wird tüchtig eingelegt, um nachher wieder vierundzwanzig Stunden auszuhalten. Am Abend verlangt aber auch der Magen etwas Ordentliches, und wenn er das nicht bekommt, knurrt er und läßt sich krank melden; dennoch aber wollte ich, wir hätten an diesem Abend, ohne einen einzigen Bissen zu sehen, in freier Steppe gelagert, denn noch nie ist mir der Schmutz und die Unreinlichkeit beim Essen wie im ganzen Wesen der Leute so furchtbar widerlich vorgekommen, als bei den Menschen gerade, bei denen wir an diesem Abend übernachteten. Ich hatte bis jetzt noch alles Essen, was mir geboten worden, so unreinlich die Umgebung auch immer gewesen seyn mochte, hinuntergewürgt, hier aber weigerte sich der Magen standhaft etwas weiteres zu sich zu nehmen, und ich ließ mir zuletzt heißes Wasser geben und machte mir eine Tasse starken Kaffee, um nur nicht krank zu werden. Der Leser mag dieß vielleicht für übertrieben halten, er soll aber nur hierher kommen, und ich will dann sehen, ob er sagt ich habe unrecht gehabt.

Der Brief, den ich um Mondenschein im Wege gefunden, war an eine Señora in demselben kleinen Ort (Achiras hieß das Städtchen, ich werde den Namen nie vergessen) bestimmt, ich schrieb mit deutschen Buchstaben einen Gruß darauf und ließ ihn dort – die Spanierin mag sich den Kopf zerbrechen, was die wunderlichen Zeichen bedeuten. Auf dem Brief, obgleich an eine Dame gerichtet, also wohl schwerlich politischer Natur, standen übrigens auch, wie auf jedem argentinischen Brief stehen müssen, die unvermeidlichen Worte als oberste Überschrift: *»Viva la confederacion Argentina – mueran los salvajes Unitarios.«*

28. Der Weg, den wir an diesem Tage ritten, lag ebenfalls durch eine wüste Steppe hindurch, mein Alter hatte aber in Achiras wieder so schreckliche Geschichten über die Indianer gehört, die indeß wirklich erst ganz vor Kurzem sich bis dicht zu der hier lagernden Garnison hinange-wagt, daß er seine gewöhnliche Station zu umgehen beschloß – wir sahen deßhalb den ganzen Tag weder Weg noch Steg – überall umgab uns die hier todte öde Pampas. Nur im Hintergrund tauchte nach und nach ein eben nicht sehr hoher Berg, der El Morro, auf, und als wir ihm endlich näher kamen, lag er ebenso starr und unfruchtbar vor uns als die vorigen. Kein Haus ließ sich an seinem Fuß erkennen, keine Umzäunung, nur an einem Punkte – und es schien als ob sich der Weg gerade dorthin ziehe – stand ein einzelner niederer Baum. Rechts von uns tauchten auch noch in der Ferne mehre scharf am Horizonte abgezeichnete Bergkuppen aus dem flachen Lande vor, und mein alter Correo sagte mir das seyen die Berge, in denen sich die Carolinagoldminen befänden. »Wären wir,« setzte er hinzu, »Indianern in den Weg gekommen, so hätten wir uns nördlich durch jene Berge gewandt, denn so hoch nach Norden trauen sie sich nicht hinauf. So aber ists besser, wir haben kürzeren Weg und sparen auch Geld, denn dahin geht keine Post und wir müßten uns Pferde kaufen.«

Indessen waren wir dem Berge nah gekommen und fanden uns plötzlich vor einer kleinen, aus seinen eigenen Steinen errichteten Hütte, so daß sie gegen den Hintergrund nicht einmal durch das schon ebenfalls wettergraue Binsendach abstach. Vor der Thür, so dicht daß er den Schatten selbst auf die Schwelle werfen mußte, stand ein gewaltiger alter Feigenbaum, und eine kleine Umzäunung halb von Steinen halb von Holz und Dornen errichtet, vollendete alles was zur Ansiedlung des kleinen Platzes gehörte. Der Raum aber vor der Hütte war sauber gekehrt, und das Innere der stillen Bergeswohnung (ärmlich zwar bis zum äußersten, und nur den un-entbehrlichsten Bedürfnissen genügend) so nett, so reinlich, so wohnlich gehalten, daß mir nach all dem Schmutz und Unrath den ich bis jetzt gesehen, der kleine, kaum fünf Schritt im Durchmesser haltende Raum wie ein Palast erschien, und der Trunk Milch, den mir die Leute reichten, so herrlich mundete als sey es das kostbarste Labsal gewesen.

Ein junges Ehepaar bewohnte mit der alten Mutter diesen friedlichen, freundlichen Platz, und selbst die Matrone war so reinlich gekleidet, wie ich bis zu diesem Ort, im Innern des Landes, noch nicht einmal ein junges Mädchen gekleidet gesehen hatte. Um so wohlthuender war das hier, da gerade die Unreinlichkeit der Frauen mir bis dahin so widerlich gewesen.

Nach einer kurzen Station am Fuß des Berges hin erreichten wir eines der gewöhnlichen kleinen Städtchen, das voll von Soldaten lag. Sie hatten sich überall kleine, oft nicht einmal gegen den Regen geschützte Hütten gebaut, und das ganze Leben hier, von den starren Felsen umschlossen, bot ein bewegtes, heiteres Bild.

Wohin das Auge auch sah weideten, hier von kleinen wild genug ausschauenden Burschen gehütet, Heerden von munteren Pampaspferden, die fortwährend zum raschen Aufsitzen bereit gehalten werden mußten; Lagerfeuer wohin der Blick auch streifte mit Gruppen, die einem Zigeunerlager keine Schande gemacht haben würden und förmliche Massen von Mädchen und Frauen, die entweder in den Hütten wirthschafteten oder am kleinen Bache Geschirr oder Wä-sche reinigten.

Wir bekamen von hier aus drei frische Pferde, von denen sich zwei als gut genug auswiesen, das dritte aber, das unglücklicher Weise mir zu Theil wurde, schon nach drei Leguas nicht mehr von der Stelle wollte. – Hätten uns heute die Indianer überfallen, so mußte ich einfach Stand halten, denn der Correo würde sich verwünscht wenig um mich gekümmert haben. Da das Pferd aber zuletzt förmlich stehen blieb und in der That nicht mehr weiter konnte, wäh-rend der alte Bursche von Correo schon seit einer halben Stunde meine ungemeine Thätigkeit mit der Peitsche bewundert hatte, mochte er wohl zuletzt glauben das Pferd sey nicht Schuld, sondern ich, kam rasch zurückgesprengt, gab mir sein Pferd und stieg nun in *meinen* Sattel, um da sein Glück zu versuchen. Wenn er dem armen Geschöpf, was ich nicht hatte thun wollen, die scharfen entsetzlichen Sporen aber auch tief in die Seiten rannte, daß seine gelbledernen Reitstiefeln von Blut förmlich besprizt waren, es konnte nicht mehr, und fluchend schickte er endlich den Postillon, der überdieß schon ganz unschuldiger Weise die schönsten Grobheiten wegen dem nichtswürdigen Thier bekommen hatte, etwa eine halbe englische Meile nach Norden hinauf, wo acht oder neun andere Pferde ruhig weideten. Dem jungen Burschen gelang es auch bis in Lassoswurf an die nichts Böses ahnenden hinanzukommen, denn mit dem schweren Felleisen hinten auf, hätte er sie nicht verfolgen können, und als die Schlinge erst um seinen Kopf schwirrte und die, dadurch gewarnten Thiere fliehen wollten, war es zu spät; das kräftigste der Heerde, einen prächtigen kleinen Hengst, hatte er gefaßt, und nach wenig Minuten Ankämpfens ergab sich das Thier auch soweit in sein Schicksal, daß es sich wenigstens von uns dreien meinen Sattel auflegen und mich hinauf ließ. Kaum fühlte es sich aber wieder soweit frei, daß es seinen Kopf in die Höhe bringen konnte, als es an zu steigen und tanzen und gleich darauf an auszuschlagen fing, als ob es sich verpflichtet hätte, mich in einer gewissen gegebenen Zeit, Gott weiß in welchem Theil der Steppe abzusetzen. Ich hielt mich jedoch im Sattel und mit Sporn und Revenka machte ich es zuletzt wenigstens soweit mürbe, daß es seinen Eifer auf den Weg selber richtete, und nun mit mir davon flog, als ob wir noch heute Abend Mendoza erreichen wollten.

Meine beiden Begleiter blieben weit zurück, und brauchten nachher lange Zeit mich wieder einzuholen.

Heute Abend sollte ich aber auch ein Beispiel von einer argentinischen Rebhühnerjagd sehen, von der ich früher wirklich keine Ahnung gehabt. Ein paar der kleinen Steppenhühner stiegen dicht vor uns auf und eines fiel, von den andern abgesondert, etwa hundert Schritt von uns an einer Stelle nieder, die durch einige kurze Grasbüschel markirt war. Der alte Correo winkte mir zu ihm in einiger Entfernung zu folgen, und die lange aber kurz *stielige* Peitsche wie einen Lasso um den Kopf schwingend, vermied er die Stelle wo das Huhn eingefallen war, und sprengte in einem weiten Kreise darum hin. Immer enger und enger zog er diesen, die Peitsche fortwährend schwingend und jetzt das Huhn schon im Auge, das sich, durch nichts gedeckt und von der kreisenden Schnur eingeschüchtert, fest auf den nur mit dünnen Grasbüscheln bewachsenen Boden drückte, bis das Pferd selbst in Sprungsnähe vor ihm war und die schwere Peitsche mit scharfem, aber sicheren Schlag das arme kleine, zitternde Geschöpf zu Tode traf.

Es war dieß jedenfalls eine merkwürdige Hühnersuche.

Ohne abzusteigen nahm der Correo dann das noch flatternde Huhn vom Boden auf, so weit bog er sich, mit dem rechten Fuß im Steigbügel bleibend, zur Erde nieder, und fort gings wieder über die Steppe in neuer und toller Hast.

Ziemlich spät in der Nacht erreichten wir den Rio Quinto, wo wir, in etwas reinlicherer Umgebung als bisher, Halt machten.

Als wir am nächsten Morgen aufbrachen nahm der Postillon wieder, wie die Leute das schon mehrmals gethan, ein dünn geschnittenes breites Stück rohes Rindfleisch und legte es — ja, warum soll ich's dem Leser nicht *erzählen*, wenn ich's habe *essen* müssen — unter sein eigenes Sitzfleisch auf den Sattel, allerdings deckte er noch zuerst, der *Reinlichkeit* wegen, ein altes ungegerbtes Schaffell darüber, was vielleicht schon seit Jahren zur Satteldecke gedient hatte, aber auch das blieb nicht darauf liegen, und die *cheripa* des Postillons sein einziger, etwas zweifelhafter Schutz.

»Aber davon hätte ich keinen Bissen essen können.«

Ach ja, lieber Leser, wenn man so sechzig bis achtzig englische Meilen galoppirt ist, verlangt der Magen wenigstens einen Imbiß, und wenn man weiter nichts bekommen *kann*, versöhnt man sich selbst mit *solchem* Fleisch.

Mittags etwa begegneten wir einer Mendozacaravane, die nach Buenos Ayres bestimmt war. Einige dreißig große Wägen knarrten dicht hintereinander her, und daneben hin gehen die Wächter und Begleiter mit ihren langen Lanzen auf den Schultern, und im Wagen vorn — unter den langen Bambusstacheln — manchmal sogar ein geladenes Gewehr neben sich, sitzen die Ochsentreiber und schauen schläfrig über ihre Thiere hin.

Diese Wägen verdienen wohl eine kurze Beschreibung. Sie ruhen auf nur zwei, aber dafür auch kolossalen, oft zehn Fuß hohen Rädern. Ihre sonstige Bauart ist leicht, und wenn auch das eigentliche Gestell aus festem Holz gearbeitet ist, bestehen die Seitenwände doch nur aus geflochtenem Schilf, und der obere Theil ist mit Häuten überdeckt. Die hohen Räder mögen wohl in den oft sehr sumpfigen Pampas nöthig, ja unentbehrlich seyn. Sechs oder acht Ochsen sind gewöhnlich vorgespannt, und zwar, je zu zweien, in einem, aus einem einzigen Stück bestehenden hölzernen Joch, das ihnen im Nacken liegt, ziehend. Sinnreich und der Bequemlichkeit der Südländer angemessen ist aber die Art, mit der sie ihre Zugtiere antreiben. Die lange Peitsche die der Hottentot führt wäre ihnen viel zu beschwerlich, dafür haben sie eine gewaltig lange Stange, fast stets aus leichtem, an der Wurzel vier und mehr Zoll im Durchmesser haltendem Bambus, der aus Brasilien kommt. Die hängt nun, weil sie zu regieren auch zu beschwerlich seyn würde, an einer, je nach Verhältniß vorn herausstehenden anderen Stange, schwebend fest, und mit der vorn daran befestigten Spitze können sie solcher Art die vordersten Thiere auch leicht anstacheln, wahrend eine andere Stahlspitze gerade da herunterhängt, wo sie, wenn die Stange niedergedrückt wird, die zweitvordersten Ochsen berühren kann. Für die dem Wagen nächsten Thiere liegt noch neben dem Führer eine schwächere kürzere Stange; die leicht zu regieren ist.

Die Wägen führen in solchen Caravanen die Produkte Mendozas, der Kornkammer der argentinischen Republik, nach der Hauptstadt. Die vorzüglichsten Artikel darunter sind übrigens Mehl und Wein, dann getrocknete Früchte, Rosinen *etc.* Unter dem Wagen, wo die hohen Räder noch einen ziemlichen Raum gestatten, tragen sie dabei durch die wirklichen Pampas ebenfalls ihr Brennholz mit, und hintenauf ist ein langer, eigenthümlicher Steinkrug befestigt, in dem sie ihr Trinkwasser bewahren und von einem Fluß zum anderen, durch die salzigen Wüsten, die jetzt vor uns lagen, aber auch manchmal noch weiter nehmen.

Werden sie von Indianern bedroht, denn sie sind mehrere Monate unterwegs, so bilden sie mit ihren Karren rasch eine Wagenburg, in deren Mitte sie ihr Vieh treiben und sich von den Karren aus vertheidigen. Da sie stets einige Schießwaffen mit sich führen ist solche Befestigung, besonders bei ihrer Anzahl, auch fast stets hinreichend, und ehe sich die Wilden in großer Masse zu sammeln vermögen ihnen wirklich gefährlich zu werden, können sie leicht eines der kleinen, überall durch die Pampas zerstreuten Städtchen erreichen und militärische Hülfe bekommen. Natürlich erkundigten sie sich sehr angelegentlich bei uns nach den Indianern, da wir jetzt gerade aus der meist bedrohten Gegend kamen, und mein alter Correo erzählte den armen Teufeln zu ihrer Beruhigung wieder schreckliche Geschichten.

Unser nächstes Ziel war jetzt San Luis, die Hauptstadt der Provinz gleichen Namens, und ich hoffte hier wieder Deutsche zu finden, doch sollte ich mich darin leider getäuscht sehen.

Wir erreichten den Ort Nachmittags, und als wir eben aus dem niederen Lande heraus und auf der flachen Anhöhe, auf der San Luis liegt, hinsprengten, sah ich in weiter blauer Ferne einen Gebirgsstreifen, der sich am Horizont in ungeheurer Kette hinzog – es waren die Cordilleren, von denen wir noch wenigstens dreißig deutsche Meilen entfernt seyn mußten. Dort also lagerten jene ungeheuren schneebedeckten Gebirgsmassen über die ich jetzt, mitten im Winter, hinüber mußte; dort gähnten jene Schluchten und starrten die bis hoch über die Wolken hinausragenden Felsen empor, in denen schon so mancher Reisende verunglückt, hinabgestürzt, oder in Eis und Schnee erstarrt seyn sollte. Ein ganz eigenthümliches Gefühl durchzuckte mich, als ich das riesige Rückgrat der neuen Welt wie ein lauerndes Ungethüm so vor mir liegen sah; waren die Berichte alle wahr, die ich über einen Wintermarsch über jene Höhen gehört, so erwartete mich Fürchterliches. Doch ich hatte schon zu oft gefunden daß solche Berichte aus weiter Ferne übertrieben und unwahr gewesen; darauf und auf mein gutes Glück, das mich ja noch nie stecken gelassen, vertraute ich auch jetzt, und ritt guten Muths in die breiten, von niederen Lehmhäusern gebildeten Straßen der kleinen Stadt ein.

San Luis hat vor Kurzem viel durch ein Erdbeben gelitten, und eine Menge von Häusern waren von oben bis unten auseinandergerissen; das ist aber auch wohl das einzige was die kleine Stadt manchmal zu bewegen scheint, denn sonst sahen die Straßen wie ausgestorben aus, und die wenigen Menschen, die sich wirklich zufällig darin begegneten, schienen sich ordentlich darüber zu verwundern. In San Luis ist weder Deutscher noch Engländer (ein ganz alter Engländer ausgenommen, der aber schon einige vierzig Jahre im Lande seyn soll), sonst leben jedoch einige

Franzosen und Italiener dort, die aber auch; soviel ich von ihnen hören konnte, sehr bedeutende Absichten haben, nach Kalifornien – wie sich das von selbst versteht – auszuwandern.

Bei San Luis soll ein nicht sehr großer See seyn mit einem so bedeutenden Strudel nach der Mitte zu, daß sich kein Boot hinauf wagen darf – so wenigstens wurde es mir erzählt; ich erfuhr es leider zu spät den See selber besuchen zu können.

Mein alter Correo bekam aber hier vom Gouverneur von San Luis eine Nachricht, die ihn nicht wenig bestürzt machte und zugleich auch in Erstaunen setzte. Als er seine Depeschen abgegeben hatte und zu mir zurück in das kleine Haus kam, in dem wir unser Lager aufgeschlagen, wünschte er mir und sich Glück, einer bedeutenden Gefahr glücklich entgangen zu seyn. Durch einen expressen Boten sollte der Gouverneur nämlich vor kaum einer Stunde die Nachricht bekommen haben, daß die Wilden zu derselben Zeit, wo wir dem El Morro zuritten, in einem Trupp von circa 200 Mann über dieselbe Steppe, und zwar nach den nordwärts gelegenen Bergen, die der Correo damals für so sicher gehalten, geritten seyen – sie streiften jetzt in jener Gegend umher, und wie behauptet wurde, sogar mit *weißen* Führern. In San Luis vermuthete man, es seyen einzelne Flüchtlinge der Unitarios, die dort in den Bergen, weil es bekannt war daß der Correo bei indianischen Unruhen gewöhnlich stets die nördliche Route nahm, diesem aufpassen wollten. Und sie hätten gerade keine üble Beute gemacht, denn außer seinen Depeschen führte er in der schweren Satteltasche, die der Postillon hinten aufgeschnallt trug, eine nicht unbedeutende Quantität Unzen mit.

Fielen wir ihnen in die Hände, so konnten sie uns, waren wirklich Weiße dabei, schon gar nicht am Leben lassen, wenn sie sich nicht der Gefahr aussetzen wollten verrathen zu werden, und dann das ganze argentinische Militär hinter sich her zu haben. Gerade dadurch also, daß wir den nächsten und gewöhnlichen Weg beibehielten, entgingen wir ihnen, und gebe nur Gott daß sie die kleine friedliche Hütte am Fuße des Berges verschont haben. Von San Luis wurde übrigens augenblicklich Cavallerie abgesandt, sie wo möglich von den Ihrigen abzuschneiden, oder doch jedenfalls aus der Nähe der Ansiedlungen zu verjagen.

Der Weg von San Luis aus lag durch lauter niedere dornige Büsche und das Land schien hier dürr und trostlos – es war entsetzlich sandig und wir galoppirten den ganzen Tag in einer förmlichen Staubwolke.

Wo wir die Nacht lagerten trafen wir einen jungen Burschen der etwa zwanzig Leguas von dort vor einigen Tagen einen Kampf mit einem kleinen Trupp Indianer gehabt hatte – also überall streiften diese Wölfe der Steppen umher. – Sein Bruder war dabei getödtet und ein anderer Gaucho schwer verwundet worden, ein Gewehr aber das sie bei sich führten schien den Sieg entschieden zu haben, die Indianer hatten sich wenigstens mit einem Verlust von drei Mann zurückgezogen. Eine Lanze die er damals erbeutete, hing hier als Siegstrophäe an der Wand – sie war von Bambus, genau vierzehn englische Fuß lang und hatte oben darin ein altes, aber sehr scharf geschliffenes Bajonett, das die Indianer wohl in einem früheren Scharmützel erbeutet haben mochten, befestigt.

Mit diesen Lanzen sollen sie eine furchtbare Geschicklichkeit besitzen, den Stoß an der rechten Stelle so anzubringen, daß der Bedrohte kaum, oder nur sehr schwer, im Stande ist ihn zu pariren. Sie halten dieselben nämlich beim Ansprengen in fortwährender schwingender, schaukelnder Bewegung – die Spitze auf und nieder führend – etwa nach demselben Princip wie der australische Wilde seinen Speer, ehe er ihn schleudert, erschüttert und in zitternde Bewegung bringt – bis die Lanze, zum Stoß bereit, plötzlich Festigkeit und fast stets zugleich ihr Ziel gewinnt.

Außer den Lanzen führen sie nur noch Lasso und Bolas, aber auch die letztere Waffe ist furchtbar in ihrer Hand.

Am nächsten Tage wurde die Umgebung noch trauriger und trostloser – eine förmliche Wüste war es, die wir durchschnitten, eine Wüste voll Dornen und Myrthenbüschen und weißen Sands – kein kühler schattiger Platz bot Thier oder Menschen Kühlung und Erfrischung. Nicht ein einziges lebendes Thier sahen wir auf der ganzen Station von über 12 Leguas, als einmal einen Sperling und später einen Aasgeier, und der letzte strich so still und hungrig über die dürren Büsche hin, als ob er den ersteren suchte und nie und nimmer finden könnte. An dem Abend ward uns jedoch, in Gestalt einer Wassermelone, wenigstens eine Art Belohnung für langes angestrengtes Reiten und die unberechenbaren Quantitäten Staub die wir verschluckt, wobei wir nicht einmal den Trost eines ordentlichen Trunks Wasser hatten, denn all das Wasser hier was wir fanden war brakisch oder salzhaltig, und an kleinen Lachen die wir hie und da trafen, lag der Salpeter ordentlich in weißem Anflug am Boden. Die Melone mundete deßhalb auch vortrefflich und ich schlief die Nacht – die erste in der wir nicht von Flöhen bis aufs Blut gepeinigt wurden, sanft und süß.

An diesem Tag machten wir zwei Stationen, eine von 13 und eine von 16 Leguas. Sechzehn Leguas, also über zehn deutsche Meilen mit *einem* Pferd, und zwar in einem fast ununterbrochenen Galopp; mich wunderte es nur daß das Packthier aushielt. Am nächsten Tag sollten wir aber erfahren daß nicht alle Packthiere solche Riesennaturen haben. Durch eine eben solche Wüste wie am vorigen Tag, nur daß wir heute am Rand eines Flusses hinritten, und uns doch wenigstens an der Aussicht auf Wasser erfreuen konnten, wollten wir eine, ebenfalls wieder 10 Leguas lange Station zurücklegen; das Packpferd aber, dessen schon von früheren Lasten wundgedrückter und mit Blut und Eiter bedeckter Rücken sich unter der neuen Ladung gleich von Anfang an gebogen hatte, konnte diese neue Qual nicht lange ertragen. Weide gibt es hier fast gar keine oder nur höchst spärliche, sowohl für Pferde als Rinder, abgemattet sind die armen Geschöpfe schon ohnedieß, selbst wenn sie gar nichts zu arbeiten brauchen; so ist es denn kein Wunder daß die, von dem Thier geforderte Anstrengung seine Kräfte überstieg und es auf halbem Weg, sich nicht etwa weigerte weiter fort zu galoppiren, denn es that bis zum letzten Augenblick sein möglichstes, sondern förmlich zusammenbrach. Zwar wurde ihm jetzt die Last abgenommen und auf eines der stärkeren geladen, und es selber sollte nur den Postillon tragen, aber auch das vermochte es nicht mehr, und wir sahen uns endlich genöthigt, es mit diesem selber in einer Gegend, wo es nicht einmal einen Grashalm zu seiner Stärkung pflücken konnte, zurückzulassen. Der arme Postillon hatte ebenfalls keinen Bissen Brod und nichts als seinen dünnen Poncho bei sich, die Nacht im Freien zuzubringen, der Correo bezeigte aber weder mit ihm noch mit dem Pferd nur das mindeste Mitleiden. Das eine war ja bloß ein Pferd, das andere – bloß ein Peon, ein Knecht, den der Südamerikaner ebenfalls kaum höher als das Vieh selber achtet.

Diese armen Teufel werden kaum besser behandelt als die farbigen Leute in Nordamerika, und die argentinische Republik wird deßhalb auch ihren Charakter noch sehr ändern müssen, ehe sie den Namen einer wirklichen Republik verdient. So lange die Söhne derselben noch die Abzeichen ihrer Freiheit, die Bänder und Schleifen nur gezwungen tragen, und Gefängnißstrafe zu erwarten haben, wenn sie die livreeartige Weste auslassen, so lange brauchen sie auf den Namen »Republikaner« gerade nicht stolz zu seyn. Ja wenn sie auch selber, wie das bei dem jetzigen Regierungswechsel wohl der Fall gewesen ist, die Farben ändern, und statt roth hellblau oder grün nehmen, so macht das aus den *Knechten* doch immer noch keine Republikaner, und die wirkliche Regierung wird stets in den Händen intelligenter oder ehrgeiziger Menschen bleiben, bis das Volk selber einmal gebildet genug ist zu *fühlen* welches Recht ihm auch zugleich der Name gibt.

Wir brauchen daheim nur aus dem Fenster zu schauen, um uns ein recht deutliches Bild von dem Allem machen zu können.

Am 23. Juli erreichten wir Abends ziemlich spät nach einem, für die Thiere wirklich entsetzlich ermüdenden Ritt den kleinen Ort *Pescara ó rodeo Chacon* – die letzte Station vor Mendoza wo wir übernachten mußten, und noch gerade 23 Leguas davon entfernt.

Diese Stadt zu sehen wurde ich aber wirklich immer neugieriger gemacht, da alles, was ich bis jetzt im Lande getroffen, von Mendoza und stets von Mendoza gebracht worden war. Selbst das Brod, obgleich es die Leute an mehrern Orten mit nur geringer Mühe hätten selber bauen können, kam von dort her, und Wein, recht guten wohlschmeckenden und geistvollen Wein bekamen wir von dort zu trinken. Der Weg wurde auch etwas freundlicher und die Pferde hielten sie in dieser Gegend in besonders dazu eingefenzten Weiden, in denen ein ungemein nahrhaftes Futter wuchs. Wir durften uns also darauf verlassen wenigstens gut genährte, kräftige Thiere zu bekommen.

Den Abend saßen wir wieder in einem der kleinen »Gastzimmer« – vier leere Wände und eine breite Lehmbank – etwa lang genug, daß zwei Menschen darauf liegen konnten »einsam bei der Lampe Scheine« und mein alter Correo fing schon an sich für die Nacht einzuwickeln – was ihm jedesmal etwa zehn Minuten Zeit wegnahm, als ich draußen plötzlich den Ton einer Guitarre und gleich darauf eine wohltönende Männerstimme hörte, die mich veranlaßte meinen Schlaf noch etwas hinauszuschieben, und erst einmal der Melodie da draußen ein wenig zu lauschen.

Der Correo brummte etwas von *Unsinn* in den Bart, als ich ihm sagte daß ich dem Singenden noch ein wenig zuhören wollte, und meinte ich sollte mich auch lieber aufs Ohr legen, denn wir müßten ein paar Stunden vor Tag morgen aufbrechen, Mendoza noch früh genug zu erreichen; ich ließ mich aber nicht irre machen, folgte dießmal meinem eigenen Willen und sollte es nicht bereuen.

Im nächsten kleinen Haus saß eine ziemlich bunte Gesellschaft von Männern und Frauen, denn in der Nähe des Städtchens hielten sich die Gauchos geschützt genug gegen die Einfälle der Indianer selbst die jungen Mädchen bei sich zu behalten, da auch überdieß die weite Wüstenstrecke, die zwischen hier und dem eigentlichen Terrain der Wilden lag, diese meistens abhielt, sich weit herüber zu verirren. – Die Frauen hatten aber mit einem Theil der Männer nur einen Kreis zum Zuhören gebildet, nur Einer, ein junger kräftiger Bursch, mit rabenschwarzem Haar und blitzenden Augen, das Gesicht von einem eigenen milden Humor belebt, hielt im linken Arm die leichte Guitarre und während die rechte Hand nur leis und flüchtig die etwas monotone Begleitung der argentinischen Lieder anschlug, sang er mit einer wirklich melodischen glockenreinen Stimme ein wunderlich gestelltes Lied, das eher Recitativ als Lied zu seyn schien und manchmal, selbst die Begleitung des Instrumentes verschmähend, in reimlose wilde Weisen ausbrach.

Lautes Lachen bald oder donnernde Bravos unterbrachen ihn, wie der Inhalt des Vorgetragenen die Hörer hinriß, und der junge Mann hatte kaum unter einem Beifallssturm geschlossen, als ein anderer, in einer entfernten Ecke sitzender Bursche aufsprang, ebenfalls eine Guitarre ergriff, und dem ersten antwortete. Leider verstand ich nicht genug von der Sprache den, durch den Gesang auch noch undeutlich gemachten Worten so rasch folgen zu können, den Inhalt ganz zu fassen, das Lied begriff aber, so viel ich davon herausbekommen konnte, die Werbung eines der ihrigen um ein junges Mädchen, das ihn nicht wollte, und wahrscheinlich waren die Persönlichkeiten sehr gut gekannt und treffend geschildert, denn das Gelächter wollte manchmal kein Ende nehmen.

Sinn für Musik hat der Südamerikaner gewiß, denn so ärmlich die Hütte auch seyn mag, die man durch die Pampas zerstreut findet, so sehr ihr auch jede, selbst die geringste Bequemlichkeit mangeln mag, so findet man doch fast in allen eine Guitarre, und es gibt die Art, wie sie sich derselben bedienen; dem wilden ungeordneten Leben der Gauchos noch etwas besonders Romantisches. Ihr Spiel nämlich – wenigstens was ich davon gehört – ist nicht gerade ausgezeichnet, auf das Spiel wird aber auch nicht so viel gesehen als auf den es begleitenden Gesang, denn der Gaucho benutzt die Guitarre größtentheils nur dazu seinen extemporirten Gesang, mit dem er irgend eine That, eine Leidenschaft, die Geliebte besingt, zu begleiten. Hierauf antwortet nicht selten ein anderer, und sucht das eben vorgetragene Lied zu übertreffen, oder er erwiedert auch die Verse und es entsteht dann ein Wettgesang, um den sich die Zuhörer mit der gespanntesten Aufmerksamkeit schaaren. Gar häufig und meistentheils sind diese extemporirten Gesänge trivialer und keineswegs poetischer Natur, manchmal fällt es aber auch vor, daß die jungen Söhne der Steppe mit begeistertem Gefühl in die Saiten greifen, und höchst interessant soll es dann seyn ihren Worten zu lauschen.

Wir brachen an dem Morgen, um Mendoza recht früh zu erreichen, wohl zwei Stunden vor der Tagesdämmerung auf. Es war noch stockfinster und der Weg ließ sich nur schwach und unbestimmt zwischen den hier ziemlich niederen Büschen erkennen, der Postillon aber, ein Peon aus der Ansiedlung selbst, der doch Weg und Steg hier eigentlich kennen mußte, ritt voran, und sollte die Tiere im richtigen Gleise halten. Eine halbe Stunde mochte das so gut gegangen sein, plötzlich aber sah ich, wie wir nach dem Wolkenzug, den ich in Ermangelung einer besseren Beschäftigung bis dahin beobachtet, eine ganz andere Richtung nahmen und nach Norden hinauf hielten. Gleich darauf erklärte der Postillon, er habe die Straße verloren, und als wir diese endlich, rechts einbiegend, wieder fanden, nahm er ohne weiteres den Rückwechsel an und ritt nach Osten zurück, wo wir hergekommen. Dagegen protestierte ich aber auf das feierlichste, denn mich verlangte nach Mendoza und in die Cordilleren, nicht wieder in die kaum verlassene Sandwüste; die beiden Leute wollten mir aber erst nicht glauben, daß sie verkehrte Richtung hätten, bis ich abstieg, Feuer machte und ihnen nun mit dem Compaß bewies, wir hielten die Köpfe unserer Pferde gerade wieder gen Osten. Wir wandten um und folgten von da an aufmerksamer der schwachen, und kaum erkennbaren Spur, bis die aufsteigende Sonne nicht allein bewies daß ich recht gehabt, sondern auch unsern Pfad erhellte.

Die blauen Berge der Cordilleren, wenigstens das was ich dafür hielt, waren jetzt, da das hohe Buschwerk die Aussicht nicht mehr hemmte, deutlich sichtbar, und darüber, hoch, hoch darüber hing ein wunderlicher, schlangenartiger Wolkenstreifen, wie ich ihn noch nie vorher gesehen. Zuerst gab ich mir Mühe herauszubekommen, was das eigentlich seyn könne; die Berge nahmen aber meine Aufmerksamkeit viel zu sehr in Anspruch mich heute nach den Wolken umzusehen, und es wunderte mich nur daß man, doch so nah gekommen wie wir uns eigentlich befanden, doch noch keinen Schnee auf den gewiß damit bedeckten Gebirgen erkennen konnte.

Von dem Ort aus wo wir geschlafen, hatten wir die ersten zehn Leguas noch immer dürres sandiges Land, mit nichts als den ewigen Dornen, Myrthen und anderen niederen Büschen bewachsen, bald zeigten aber hohe Reihen von Pappelbäumen, die aus der Ferne aus dem Flachlande emporragten, die Nähe von besiedelten Plätzen an, und wir erreichten jetzt eine förmliche Reihe von Plantagen, in denen Fruchtgärten, Felder, Wiesen und Weinpflanzungen auf das freundlichste abwechselten. Schaaren von wilden Papagayen strichen hier kreischend von einem Feld ins andere, ganze Völker von Turteltauben saßen girrend in Feigen-und Pfirsichbäumen, und wohlgenährtes Vieh bestätigte überall den Segen geregelten Fleißes.

Hier machten wir wieder Station und ritten dann, eine Art Allee oder breite Straße entlang, die zwischen den verschiedenen Ansiedlungen hinführte, einem kleinen Hügel zu, von dem aus sich das niedere Land vor uns öffnen mußte. Wir hatten prächtige muntere Thiere und sprengten rasch den ebenen Weg dahin – jetzt erreichten wir den ersten freien Platz, weit vor uns lag eine mit Wohnungen und Plantagen bedeckte Ebene, und dort drüben – ich griff meinem Pferde fast erschrocken in die Zügel, denn dort drüben – heiliger Gott, war denn das Wirklichkeit, oder baute sich die erregte Phantasie Zaubergebilden in das blaue Aethermeer hinein? – Das Pferd schäumte unter dem fest angezogenen Zaume, aber ich konnte den Blick nicht abwenden von dem fernen Horizont, während das Auge noch immer nicht das was es sah fassen und begreifen und deßhalb zu einem festen Ganzen gestalten konnte. Endlich aber schied sich dem staunenden Blick jene riesige Gebirgsmasse ab, von dem darüber ausgespannten Himmel, von den darunter wegziehenden Wolken, und ich schwelgte in dem Genuß eines Anblicks den ich nie, nie im Leben wieder vergessen werde, und der mich, o wie reich, für alles das entschädigte, was ich bis dahin an Mühseligkeiten und Beschwerden ertragen haben mochte.

Wie aber sollt ich das mit Worten beschreiben können, wo mir im ersten Augenblick das Auge fast den Dienst versagte es zu fassen? – Ich versuche das Unmögliche, und doch will ich's versuchen. Vor mir ausgebreitet lag, so weit der Blick zur Rechten oder zur Linken reichen konnte, die blaue Hügelkette, die ich schon von weitem als die der Cordilleren erkannt hatte – darüber hin aber lag jener wunderliche schlangengleiche Wolkenzug, den ich im Anfang für Nebel gehalten, und schied sich jetzt ab, als Fels und schneebedeckte Schlucht, über der der Nebel in schweren Massen lag. Und drüber? – Herr der Welten, was stiegen da für gigantische Gipfel empor – in der Sonne funkelnd mit ihren eis-und schneegekrönten Häuptern – hoch über die Wolken hinausragend, in andere hinein, und als auch über diese der Blick hinausschweifte, da – da war es, daß ich in staunender Bewunderung das Ungeheure dieser Berge nicht gleich zu fassen vermochte. Noch über den zweiten Wolkensaum reckten sie die gigantischen Kuppen hinaus, und es war fast, als ob der Himmel auf ihren Zackenkronen ruhe. Worte hatte ich nicht, und keine Seele war bei mir der ich das, was ich fühlte, hätte mittheilen können, aber eine Thräne trat mir ins Auge – das Herz war zu übervoll, es mußte einen Ausfluß haben.

Meine Begleiter waren indeß weit vorausgeritten und ich mußte endlich daran denken sie wieder einzuholen, dem Pferd also die Sporen gebend, sprengte ich die leise Anhöhe nieder die sich, jedoch noch immer hie und da durch kleine flache Hügel unterbrochen, gegen Mendoza zu ausdehnte; die Augen konnte ich aber kaum abwenden von dem eisigen Gebirgsgürtel, der dieß ganze Land mit seinen Riesenarmen umspannt hielt, bis ich mich endlich genöthigt sah mehr auf den Pfad zu achten, weil die Straße, die Nähe einer größeren Stadt anzeigend, belebter wurde, und uns zahlreiche Maulthierzüge, so wie einzelne Reiter begegneten, die theils Produkte in die Stadt gebracht, theils in größeren Quantitäten Wein, Mehl, getrocknete Früchte, Orangen, spirituöse Getränke u. s. w. dem inneren Lande zuführten.

Das Land war hier auch stark besiedelt, überall standen kleine freundliche Häuser, einzeln hier, dort zu kleinen Villen zusammengebaut, und man begriff, sah man die weite Fläche die hier in Kultur lag, wie Mendoza die Korn-und Fruchtkammer fast der ganzen argentinischen Republik genannt werden konnte.

Da, wo eine schilfige Fläche, eine Art Sumpf, die Bebauung bis jetzt hinderte, hörten die Plantagen für eine Strecke auf und ich gewann wieder Zeit den Blick jenen herrlichen Bergen zuzuwenden, die mich aber doch mit einer Art Schauder erfüllten, daß ich kleines schwaches Menschenkind es wagen wollte dort hinüberzuwandern, wo der eisige Winter all seine Schrecken zusammengeballt hielt, und oft nur in so furchtbaren Stürmen und Wettern entfesselte, daß er alles vernichtete was ihm Trotz zu bieten wagte. Ein eigener Reiz lag aber auch wieder in diesem Gefühle selbstbewußter Kraft, mit dem der schwache Mensch selbst Schweres überwinden kann, und ich hatte bis jetzt nur Gefühl für das Große, Herrliche jener Gebirge – ihre Schrecken lagen mir noch zu fern, um dem Anblick auch nur einen Teil seines Genusses zu rauben.

Und hier nun diese weiten fruchtbaren Flächen in dem warmen sonnigen Tal (denn das Wetter war, obgleich wir uns mitten im Winter befanden, so mild wie bei uns im Mai) und rings umher ein Anblick, der das Herz des Menschen nur mit Bewunderung und frommer Scheu erfüllen konnte, wie gut mußten da die Menschen sein die hier lebten, wie mußte das Schöne und Herrliche was sie täglich vor Augen hatten, ihr Herz läutern und es dem Besseren zuwenden. Compañero, sagte da plötzlich mein alter Begleiter, der jetzt dicht neben mir ritt, und deutete mit dem rechten Arm in die Höhe – »seht einmal dort!«

Ich blickte empor, und wieder griff ich, fast unwillkürlich dem Pferd in die Zügel, aber dießmal nicht aus staunender Bewunderung, sondern aus einem Gefühl des Schreckens und Grausens. Dicht neben der Straße war ein langer starker Pfahl, etwas schräg nach vorn neigend, in die Erde geschlagen, und von der Spitze desselben herab grinste das von langem schwarzem Haar wild umflatterte, bärtige leichenblasse Angesicht eines Menschenhaupts.

»Ein Raubmörder, der eine ganze Familie umgebracht hat,« erzählte mein Alter; »gerade hier an der Stelle war es, wo er und seine Kameraden von dem Sumpf begünstigt, ihre meisten Verbrechen an Reisenden ausübten. Der Gouverneur ließ seinen Kopf hier aufstecken und seitdem hat man nicht mehr viel von Anfällen in der Gegend gehört. Arme, Hände und Beine desselben sind an anderen Orten ebenfalls ausgehangen.«

So lautete der kurze Bericht, und da oben starrte indeß das gräßliche Haupt des Verbrechers still und unverwandt nach den herrlichen, von flüssigem Gold umflutheten Bergen – den Zeugen göttlicher Allmacht hinüber – ein furchtbarer Punkt in diesem sonst so freundlichen Thal.

Mir war dadurch der Genuß um vieles verbittert worden – der Mord tritt uns zu oft entgegen in der ganzen Republik, und jene Massen von Kreuzen die stillen Ankläger vergossenen Blutes die ich täglich auf meiner Bahn gefunden, kamen mir jetzt vor wie die blutigen Spuren einer Schreckenstat, der ich den ganzen Weg gefolgt sey, und deren Ziel ich jetzt erreicht habe.

Doch fort fort mit den finstern Gedanken, wo die Natur in solcher Schönheit uns umlacht; die munteren Pferde trugen uns rasch und fröhlich dem nicht mehr fernen Ziele, der kleinen freundlichen Berg-und Grenzstadt Mendoza entgegen, und als wieder überall geschäftige Villen, mit Weingärten erfüllte Flächen und fruchtbare, von thätigem Fleiß zeugende Felder uns um-schlossen, als reges Menschengewühl uns umgab, war auch der Eindruck verwischt, der einen Augenblick den vollen Genuß all des Neuen, Herrlichen was ich erblickte, getrübt hatte.

Nachmittags um 2 Uhr etwa ritten wir in Mendoza's freundliche breite Straßen ein. Die Stadt ist ganz nach der altspanischen Art mit den niederen flachen Häusern erbaut, aber weit reinlicher als Buenos Ayres, und mir schien fast jedes Haus ein Freund zu seyn, denn hinter mir lag jetzt die am La Plata mit solchen Schrecknissen bevölkerte Pampas, hinter mir der lange Ritt und die wilde Horde der blutdürstigen Indianer – ausruhen konnte ich, von all den überstande-nen Strapazen und selbst Landsleute waren mir in dem freundlichen kleinen Gebirgsplätzchen versprochen. – Was *dann* noch *vor* mir lag – die vom Schnee *geschlossenen* Cordilleren, die Ab-gründe dort und die Gefahren der Schneestürme lag zu weit – wenigstens drei, vier Tage, voraus, mir darüber jetzt schon den Kopf zu zerbrechen oder Sorgen zu machen. Das war Zeit, wenn sich einmal eine wirkliche Ursache dafür fand, und hatte mir der alte Herr da oben durch die Pampas geholfen, würde er mich ja auch wohl nicht acht Tage später im Schnee stecken lassen. Also den Kopf oben und der Gefahr in's Auge geschaut und jetzt vor allen Dingen erst einmal im neuen Gefühl wirklicher Sicherheit ausgeruht von dem *Ueberstandenen*.

7. Mendoza.

Am Fuße der Cordilleren, gegen die scharfen West-und Nordweststürme durch die hohen schroffen Bergrücken geschützt, liegt an der westlichen Grenze der argentinischen Republik das kleine freundliche Städtchen Mendoza, für das ich schon auf dem Ritt dahin, und lange ehe ich das Vergnügen hatte es persönlich kennen zu lernen, eine gewisse Achtung hegte. Die meisten Carawanen denen wir begegneten – und wir trafen deren viele – kamen von Mendoza; wo man Mehl, Käse, Wein, Branntwein oder Früchte sah – welcher andere Ort hatte sie erzeugt als Mendoza? Schon die benachbarte Gegend rechtfertigte übrigens auch das Gerücht des fruchtbaren Landes; überall bewiesen gut angelegte Farmen den Fleiß der Bewohner und gaben der Gegend selbst schon etwas viel Freundlicheres, Wohnlicheres als es die Umgegend von Buenos Ayres – ein fast nur Viehzucht treibender Staat – gezeigt hatte.

Die Stadt selbst? – nun daran ist weiter freilich nichts zu sehen – es ist ein kleiner freundlicher Ort von circa 8000 Seelen; die Häuser sehen denen in allen anderen Theilen der Republik sprechend ähnlich, und sind so einfach aus Lehm gebaut, daß man immer ängstlich ist, der nächste starke Regen müßte die ganze Stadt einmal in einen einzigen Lehmhaufen zusammenwaschen, aus dem heraus sich dann die einzelnen Schornsteine höchst erstaunt die Verwüstung beschauen würden. Das geschieht aber nicht: der Lehm ist fest gestampft und nutzt sich dadurch, selbst bei den härtesten Regenschauern, nur sehr wenig und unbedeutend ab.

Ihre Verbindung mit dem umliegenden oder entfernteren Lande besteht aber auch freilich nur zu Lande, denn der kleine Fluß Mendoza, der nicht weit davon fließt, ist nur, wenn der Schnee der Cordilleren thaut, hoch genug um befahren zu werden, und dann eben wieder seines schnellen Steigens und seiner reißenden Strömung wegen unbefahrbar. Wohin also auch Mendoza seine Produkte versendet, oder woher es seine anderen Bedürfnisse beziehen will, muß dieß stets und allein durch Caravanen geschehen, die entweder in Maulthierzügen oder den schon beschriebenen großen unbehülflichen, aber zweckmäßigen Güterkarren oder Transportwägen bestehen.

Werden die Waaren auf Maulthieren versandt, so liegen die Güter in zwei gleichen Packen, auf großen, mit weichen Schaffellen gepolsterten Packsätteln auf den Rücken dieser ausdauernden – aber dafür auch oft über ihre Kräfte mißhandelten – Thiere. Nichtsdestoweniger scheuern diese Sättel (besonders in den Cordilleren, wo es ewig bergauf und bergab geht) gar oft, und die Rücken der armen Geschöpfe sehen manchmal entsetzlich aus; das hindert aber nicht sie immer wieder von Frischem zu beladen, und unter der Last fast erliegend schleppen sie ihr trauriges Daseyn hin, bis sie endlich einmal unter einem, vielleicht schwereren Pack als gewöhnlich erliegen, oder auch in den Bergen, weil nie Futter für sie mitgenommen wird – ermatten und dann im Wege niederstürzen. Die Bergstraße ist mit ihren Gerippen förmlich besäet.

Mendoza ist aber die wirkliche Fruchtkammer des benachbarten Landes, und schafft Wein und Früchte selbst nach dem sonst so gesegneten Chile hinüber. So bilden die Mendoza-Rosinen einen sehr bedeutenden Handelsartikel über die Cordilleren, und im Sommer soll Caravane auf Caravane durch die Berge ziehen. Nichtsdestoweniger könnte das Land noch in weit größerem Umfang bebaut, und selbst das bebaute weit stärker benutzt und ausgebeutet werden, wäre nicht eben hier wieder die Bequemlichkeit des Südländers ein gar zu großes Hinderniß – es fehlen da deutsche Kräfte, und späteren Generationen – wenn sich die politischen Verhältnisse der argentinischen Republik erst einmal geregelt haben – ist es vielleicht vorbehalten den Segen zu ernten, der noch im Schooße der fruchtbaren Erde schlummernd begraben liegt.

Es leben in Mendoza verschiedene Ausländer, unter diesen aber nur drei Deutsche: ein Hutmacher (Carl Rohde aus Gera, der früher in der Haughk'schen Fabrik in Leipzig gearbeitet hatte und mit süßer Schwärmerei noch nach dort zurückdachte) – ein junger Goldarbeiter (Schöpf aus Hannover) und der Gehülfe des Hutmachers. Außerdem schloß sich diesem noch ein Italiener, Mariani an, der ebenfalls deutsch sprach. Das nächste Frühjahr möchte sich aber der Reisende wohl vergeblich nach ihnen in Mendoza umsehen – kann er aber gut spüren, so findet er sicher ihre Fährten in den Cordilleren. Und wo sind sie hin? – *gone to the diggings*, natürlich – nach Californien.

Ich selbst kann mich aber nur freuen, daß ich sie noch in Mendoza traf, denn ich wurde auf das herzlichste von ihnen aufgenommen und behandelt, und werde stets mit vielem Vergnügen ihrer, und durch sie meines kurzen Aufenthalts in Mendoza gedenken.

Außerdem soll noch ein einziger deutscher Ackerbauer in der Nähe von Mendoza leben, die Deutschen in der Stadt geben ihm aber keinen besonders guten Namen, und auch er beabsichtigte sein kleines Gut auszuverkaufen und, wie die Anderen, dem Golde nachzugehen.

Auch für die Literatur ist in Mendoza etwas – aber freilich erst in letzterer Zeit – gethan, und zwar durch einen Nordamerikaner, einen Mr. Van Sice, der eine Druckerpresse mit aus den Vereinigten Staaten herüberbrachte und hier, am Fuße der Cordilleren, aufstellte. Diese aber in Gang zu bringen hatte er, wie er mir selber erzählte, eine Heidenarbeit gehabt, und hatte sie noch sie darin zu halten.

Die Südamerikaner, in einem so abgeschlossenen Theil der Welt, zeigten im Anfang natürlich nur sehr wenig Sinn für eine derartige Entwicklung ihrer geistigen Kräfte. Mr. Van Sice bewies ihnen aber, und er setzte sie dadurch nicht wenig in Erstaunen, daß es ihnen gerade ein dringendes Bedürfniß wäre selber eine Druckerei zu besitzen. Dabei hatte er die Schwierigkeit zu überwinden – denn mit leeren Worten allein war es nicht gethan – nicht allein dieß Bedürfniß zu befriedigen, sondern es in Wirklichkeit auch erst selber hervorzurufen.

Bis dahin waren nur wenige Schul- und Gebetbücher in Mendoza gebraucht worden, und diese kamen, mit einigen Novellen und anderen Schriften, durch die rückkehrenden Caravanen von Buenes Ayres. Von diesen verschaffte sich Mr. Van Sice vor allen Dingen Exemplare und druckte sie nach, der Bedarf mußte sich aber auch natürlich erschöpfen, und er rief deßhalb ein monatliches Heft, was er drei Bogen stark und zwar mit sehr engen Lettern druckte, ins Leben. Es enthielt dieß meist wissenschaftliche, technische, auch belletristische Artikel – denn mit Politik durfte er sich in der Republik nicht befassen – und fabelhaft waren, seiner Aussage nach, die Schwierigkeiten, mit denen er zu kämpfen hatte, dieser Schrift erst vor allen Dingen Eingang und dann Abonnenten zu verschaffen. Wie die Yankeeuhrenhändler in seinem eigenen Vaterland mußte er von Haus zu Haus die Bücher förmlich hausiren, und da die Leute von einem wirklichen Abonnement kaum eine Ahnung hatten, die Hefte nicht selten zurücklassen, wo sich dann die unfreiwilligen Besitzer derselben im Anfang dem süßen Glauben hingaben, sie hätten die »schönen Bücher« geschenkt bekommen, bis sie die, nach Verlauf eines Vierteljahrs einkommende Rechnung eines Besseren belehrte.

Ein anderes Bedürfniß erweckte er bei ihnen in Gestalt von Visitenkarten, deren Gebrauch sie ebenfalls in ihrem unschuldigen ländlichen Leben bis dahin noch nicht gekannt hatten. Zuerst druckte er für sich selber welche und gab diese bei seinen Besuchen ab, dann wußte er den Gouverneur zu bewegen, diesem Beispiel, als aus der Residenz kommend, zu folgen, und damit hatte er gesiegt – es gehörte urplötzlich zum guten Ton, und mit einem leisen Anflug von halb Stolz, halb Schadenfreude, wie ein Jäger etwa die verschiedenen Geweihe der Hirsche zeigen würde, die er eigenhändig erlegt hat, zeigte er mir die, in seinem Zimmer auf einer Tafel aufgesteckten Karten derer, die seiner Politik bis jetzt zum Opfer gefallen waren, und nun, da sie zu der besseren Klasse des Städtchens gehörten, alle Uebrigen bald zur Folge zwingen mußten.

Bei der Besiegung all dieser Schwierigkeiten gehört das aber gerade nicht zu den geringsten, daß er hier nicht einen einzigen *Arbeiter* fand, den er gebrauchen konnte. Gleich vom ersten Beginn mußte er sich selber Lehrlinge heranziehen und dabei selber erst die Sprache lernen; nur der hartnäckige *goahead*-charakter eines Yankees konnte das Alles besiegen. Wie die Verhältnisse aber jetzt stehen, verdient er auch, freilich bei eisernem Fleiße, seiner eigenen Aussage nach viel Geld, und wird nun wohl – nicht wahr lieber Leser – seine Druckerei vergrößern, Arbeiter aus Buenos Ayres und Valparaiso herüber ziehen, eine Buchhandlung dabei anlegen und – halt, halt – er wird keines von alle dem – im Gegentheil hat er Jemanden gefunden der Lust zeigt seine Druckerei in Bausch und Bogen zu kaufen, und wird nun wohl – natürlich nach Californien ziehen. Wie es nachher mit der Literatur in Mendoza aussieht wissen die Götter, wenn aber ein Südamerikaner, der das Alles in Gang und die Triebfedern nicht sieht, die es darin erhalten, einfach glaubt, ohne den *Geist* eines Yankees zwischen seinen gleichgültigen Landsleuten ein solches Geschäft nur einfach fortführen zu können, so irrt er sich sehr – Alles das schläft, wenn die Kraft aufhört zu wirken die es in Schwung brachte, wieder ein, und ein Jahr später, wenn Mr. Van Sice seinen Plan nicht etwa noch ändert, möchten wohl nur noch spanische Gebetbücher und vielleicht seidene Bänder mit der Regierungsdevise die einzigen Produkte der mendozinischen Presse seyn.

Mr. Van Sice hatte eine junge Südamerikanerin und zwar gerade aus Achiras, wo ich einen so entsetzlichen Abend verbrachte, geheirathet; ich wollte übrigens, ich hätte lauter solche liebenswürdige Wesen dort getroffen als seine Frau war, ich würde dann die Pampas mit einer sehr verschiedenen Meinung von ihren Bewohnern verlassen haben.

Die Mendoziner scheinen in dem Farbenspiel ihrer Nationalität fast noch stärker zu seyn als selbst die Bewohner von Buenos Ayres – dort sind doch wenigstens die Fremden von diesem Livreedienst verschont, hier aber darf niemand – und wenn er aus dem Monde käme – das Polizei-und zugleich Postgebäude betreten, ohne das rothe Band um den Hut und ein gleiches im Knopfloch zu tragen. Alles ist roth wohin man blickt, ja die recht ächten und wirklichen Republikaner haben sogar zinnoberrothgefärbte Stiefelsohlen und von eben dieser Couleur den Sohlenrand derselben, damit sie auch an ihren Füßen den Sinnspruch der Devise *Federacion ò muerte* – Federacion oder Tod (das erste durch roth, das zweite durch schwarz ausgedrückt) tragen. Der Gouverneur und die gutgesinnten Bewohner der Stadt bringen diese Farben auch, soviel das irgend geht, in ihrem Hausstand an, und ich glaube fast Gouverneur Rosas hat einen gewissen Grad von Politik dabei beachtet, seine Unterthanen solcher Art mit diesen Farben zu beklecksen, indem sie sich unter einer anderen Regierung, die natürlich die Farben *wechseln* müßte, nur mit großem Kostenaufwand aller der Artikel entledigen müßten die sie tragen, und während sich der Argentiner wohl keinen Augenblick besinnen würde seine Regierung zu ändern, so überlegt er es sich doch vielleicht zweimal, wenn es ihn zugleich einen neuen Poncho kostet. Freilich hat das zuletzt nicht mehr ausreichen wollen, und die Republikaner der La Platastaaten haben Rosas und Poncho, für jetzt wenigstens, zugleich abgeworfen. Fast glauben möcht' ich es aber, daß sie sich beide zugleich noch einmal wieder vorholen.

Was Mendoza's Lage betrifft, so kann es für Ackerbau und Weinzucht wohl kaum eine günstigere geben. Gegen die Süd-und Westwinde durch die gewaltigen Cordilleren geschützt, deren weiße Zackenkronen in prachtvoller Majestät dicht hinter ihm emporstarren, und in deren Arm hineingeschmiegt es eigentlich liegt, bietet es seinen Bewohnern an animalischer wie vegetabilischer Nahrung Alles, was das Herz nur wünschen kann, und zwar zu unendlich billigen Preisen, da der schwierige Verkehr mit den übrigen Ländern, von denen sie auf der einen Seite durch die Pampas, auf der anderen durch die Cordilleren abgeschnitten sind, die Ausfuhr natürlich sehr vertheuert.

Das Klima ist herrlich – im Sommer soll der Schnee der Berge die Temperatur mildern, und jetzt, wo wir uns mitten im Winter befanden, hatten wir ein Wetter, wie bei uns an einem kühlen Sommertag. Alles gedeiht hier vortrefflich, und außer dem Getreide werden hier besonders Früchte, wie Orangen, Feigen, Trauben *etc.* in Masse gezogen. Die Trauben sind so süß, daß die Mendoza-Rosinen an der chilenischen Küste einen förmlichen Namen haben und in großen Quantitäten über die Cordilleren geschafft werden, und der Wein der aus ihnen gekeltert wird, schmeckt so gut, daß mir der Mund noch jetzt danach wässert.

Ich kann ihn nur mit gutem Portwein vergleichen, obgleich er süßer als dieser ist und jung nicht so viel Feuer hat als der Portwein, einige Jahre alt, glaub' ich aber sicher, daß er sich mit diesem in jeder Hinsicht messen könnte.

Die Mendozaner trocknen eine große Menge von Trauben, indem sie dieselben oben in ihren Giebeln aufhängen; sie halten sich vortrefflich, sind süß wie Zucker, und fast so saftig, als ob sie eben vom Stock genommen wären.

Der Wein wird übrigens hier auf eigenthümliche, dem Klima aber natürlich auch entsprechende Weise gebaut und zwar, nicht wie bei uns an Stöcken, die wir nöthig haben, da wir der Traube müssen so viel Sonne zukommen lassen wie wir ihr möglicherweise nur gewähren können, sondern in förmlichen Lauben, sodaß die Mendozaweingärten nur lauter überwachsene Gänge bilden, die an heißen Sommertagen wahrhaft paradiesische Spaziergänge geben müssen.

Die Trauben hängen sämmtlich im Schatten, reifen langsam und gewinnen dadurch natürlich nur an Zuckerstoff und Saft.

Wir bezahlten für die Gallone (etwa fünf Flaschen) vom besten Wein etwa fünf Ngr. nach unserem Geld. Ueberhaupt ist das Leben in Mendoza ungemein billig, und wenn ich mir für einen halben Real (etwa 2½ Ngr.) Früchte – Trauben, Orangen und Feigen holen ließ, so hatte ich zwei bis drei Tage daran zu essen.

Brod, Fleisch und Gemüße stehen in demselben Verhältniß; die Miethen wie Dienstleute sind ebenfalls spottbillig, die Gegend ist dabei ein Paradies – was will also der Mensch mehr? – wäre dieß nicht ein Platz, ein Asyl für die »Europamüden,« die sich irgendwo in der Welt eine stille Heimath gründen wollten? –

Dem europäischen Treiben wären sie hier allerdings entrückt, denn von der übrigen Welt hörten und sähen sie nichts, oder doch wenigstens so gut als nichts mehr, wie es aber mit dem argentinischen würde, müßten sie freilich riskiren.

Die Postverbindung Mendoza's mit der Außenwelt besteht einzig und allein, nach dem atlantischen wie stillen Ocean hin, in Courieren, die regelmäßig und zu allen Jahreszeiten zwischen Buenos Ayres und dieser Stadt, nur sehr unregelmäßig aber im Winter nach Valparaiso hinübergehen, da der Schnee der Gebirge den Uebergang nicht allein oft sehr erschwert, sondern sogar Monate lang ganz verhindert.

Einer Annehmlichkeit Mendoza's muß ich aber noch erwähnen, und das sind die warmen Bäder, die sich etwa drei Leguas von der Stadt entfernt befinden. Das Wasser ist selbst im Winter, wo der doch immer thauende Schnee aus den niederen Bergen das Uebrige in eisiger Kälte erstarren machte, etwa 16° und wird durch Quellen erzeugt die aus der Erde, mitten in der flachen Steppe, hervorsprudeln, dadurch aber auch ein eigenes, schilfbekränztes Bett erzeugt haben, und nun von den Bewohnern des benachbarten Städtchens, besonders in Sommerszeit, gar fleißig besucht werden. Die Bequemlichkeiten dort sind freilich sehr geringer Art, und bestehen eigentlich nur in mehreren höchst mittelmäßigen Lehmhütten, den Horizont umgürten aber dafür im Westen die schnee-und eisbedeckten Cordilleren, und die Bäder selber liegen gar traulich und versteckt in dem darüber wogenden Grün – bedarf es da erst noch eines besonderen Luxus und kostbarer, schwer zu erlangender Bequemlichkeiten, den Aufenthalt doch zu einem angenehmen zu machen?

Sonst bietet Mendoza freilich, dem Fremden wie Einheimischen, keine besonderen Vergnügungsörter, und die Leute sind hier meistens auf ihre eigenen Familien angewiesen, wer sich darin glücklich fühlt, ist glücklich und bedarf nichts weiter – und wer nicht? – den wird auch die herrlichste Umgebung, das Lust und Freude athmendste Leben nicht glücklich machen können.

Am 9. Juli wohnte ich einem Freiheitsfest der Argentiner, das sie gewöhnlich, wie den 25. Mai, auf das festlichste begehen, bei. Der Tag wurde übrigens auf höchst unschuldige Art und Weise gefeiert; Morgens war Parade und Abends Illumination. Hier hatte ich denn zum erstenmal Gelegenheit, das argentinische Militär auf einer Parade und beim Exerciren versammelt zu sehen, denn in Buenos Ayres ist es, wie sich der Leser erinnern wird, streng untersagt, sich während dieser Zeit auf der Straße, ja nicht einmal auf den flachen Dächern der Häuser blicken zu lassen. Der Anblick war aber auch wirklich für einen, der die europäische, übertriebene Kamaschendisciplin nun einmal gewohnt ist, komisch.

Die Soldaten, ein kleiner Trupp von höchstens 120-150 Mann, schlenderten, nach einer höchst mittelmäßigen Musik, durch Schwarze gepeinigter Instrumente, und so langsam, daß ich im Anfang glaubte sie bewegten sich gar nicht, sondern höben nur im Takt die Füße, um den Hauptplatz der Stadt herum. Im allgemeinen waren sie ganz weiß mit rothen Mützen und Aufschlägen gekleidet, und hatten Bajonnetgewehre, als sie aber – langsam, o wie langsam näher kamen, sah ich, daß die Beinkleider keineswegs alle von der Farbe der Unschuld waren, und noch ungenirter gingen sie mit ihren Füßen. Einige hatten Schuhe, andere Stiefeln, noch andere Hühneraugen, und diese trugen dann (jedenfalls der größeren Bequemlichkeit wegen) ihre Schuhe oder Stiefeln zusammengebunden über dem einen Arm und gingen lieber barfuß – den Officieren konnte das natürlich egal seyn, und war ihnen auch wirklich so. Das Exerciren ging allerdings dem Namen nach in Reih und Glied, doch hatten die Commandirenden genug zu thun nur einigermaßen Ordnung zu halten, da eine ziemlich lebhafte und gewiß interessante Conversation zwischen den »Gemeinen« deren Aufmerksamkeit etwas zu sehr in Anspruch nahm.

Die Illumination am Abend war desto brillanter, und wurde, als es schon dunkel war, erst durch die Straßen niedersprengende Cavalleristen, die an jedem Haus anhielten und einige, dem Fremden gewiß unverständliche Worte hineinschrieen, anbefohlen.

Wie schon erwähnt, ist die Bauart der Häuser in Mendoza noch ganz altspanisch, die Gebäude sind gewöhnlich in großen Vierecks aufgeführt – die Fenster alle nach dem geräumigen und hellen Hof oder den Gärten hinaus, so daß die Straßenfront nur sehr wenig vergitterte Fenster, und oft ganz kahle Mauern zeigt – die Fenster konnten also auch aus diesem Grund nicht illuminirt werden und man setzte nun die Lichter – etwa sechs vor jedes Haus – vorn auf das Straßenpflaster, wo sich dann die Jugend damit amüsirte und auch wohl die Illumination selber dadurch regulirte, daß sie hier und da ein mißliebiges oder ihrer Ansicht nach verschwenderisches Licht wegnahm, und auf eine mehr protegirte oder weniger beleuchtete Stelle brachte.

Die Illumination begann stückweise und endete auch so; ihre Dauer beschränkte sich auf die Viertellänge eines Talglichts. – Es gibt doch nichts Kläglichers auf der Welt, als eine officielle Freudenbezeugung.

Interessant war es mir, am andern Tag die argentinische Kavallerie zu sehen, wie sie gerade von der »Fütterung« kam. Die Soldaten hatten Fleisch »gefaßt« und in ihrer wilden appetitlichen Art ganz einfach unter den linken Steigbügel gebunden. Daß es ihnen beim tollen Ritt an die Füße und die Beine des Pferdes schlug, schien ihnen ziemlich gleichgültig.

In diesen Tagen mußten sie aber auch ausrücken, und zwar, wie ich von meinem alten Correo hörte, die nächsten Ansiedlungen gegen die Indianer zu schützen, die sich toller Weise ganz in die Nähe Mendozas gewagt haben sollten. Der Alte meinte freilich sie wären jedenfalls, da sie ihn am El Morro verfehlt hätten, auf seiner Spur nachgekommen und da man behauptete, einige kühne Unitarios, die wohl von Buenos Ayres Kunde bekommen haben konnten, der Correo habe wichtige Depeschen und Gold mit sich, seyen die Führer der Wilden, so war die Sache gerade nicht unmöglich; ich blieb übrigens nicht lange genug in Mendoza es bestätigt zu hören.

Natürlich suchte ich jetzt auch, einmal an Ort und Stelle, so viel als möglich authentische Berichte über die Cordilleren und den Wintermarsch über sie hin, einzuziehen, aber die klangen hier am Fuß derselben fast ebenso entsetzlich als in Buenos Ayres und Rio de Janeiro, nur daß hier die Leute sämmtlich sagten, die Cordilleren seyen keineswegs »geschlossen« und man könne den Uebergang jeden Tag versuchen, und wohl auch glücklich zu Stande bringen, wenn man aber dabei *erwischt würde*, d.h. wenn man einen Temporale oder Schneesturm bekäme, dann wäre die Sache auch fertig und man könnte von Glück sagen, wenn man nur einfach erfröre, und nicht auch noch verhungerte.

Hier war doch Hoffnung – hier gab es doch wenigstens keine Menschen, die da nur bei einer Erwähnung der Sache gleich schreien, es ist total *unmöglich*, es ist Wahnsinn es nur versuchen zu wollen – auf den Temporale mußte ich es deßhalb riskiren.

Acht volle Tage hatte ich in Mendoza gelegen und mich nach einem Führer über die Cordilleren umgesehen, während mir alle riethen doch ja lieber zu warten, bis der Correo von St. Jago herüber käme und ich mit dem dann nicht allein billiger, sondern auch sicherer gehen könne. Mir ließ es aber keine Ruhe mehr in der argentinischen Republik, es trieb mich meinem Fahrzeug wieder zu und ich hatte nun so viel über die »furchtbaren Gefahren der Berge,« über Erfrieren, blind und todtgeschlagen zu werden gehört, daß ich es endlich satt bekam und auch gleichgültig dagegen wurde.

Eins nur schreckte mich wirklich im Anfang ein wenig, und das war der rasende Preis, den der erste Führer, den wir auffanden, forderte, mich sicher und gut hinüberzubringcn, und das war 300 Dollars – sage dreihundert Dollars – und dabei mußte ich noch durch die Berge zu Fuß gehen. Er meinte aber, es sey in jetziger Zeit mit so vielen Umständen und Gefahren verknüpft, daß er es – der gute Mann kam gleich um ein Drittel herunter – unter 200 keinesfalls thun könne. Selbst das war ich nicht im Stande zu geben, und mußte mich nach einem anderen umsehen; dadurch aber verging die Zeit und ich sah mich endlich genöthigt, wollte ich nicht noch eine Woche herumlaufen, die freilich etwas gemäßigteren, aber doch noch immer schweren Bedingungen eines anderen Führers einzugehen, der nur fünf Unzen – (also etwa 85 spanische Thaler), und außerdem noch Beköstigung verlangte – ebenfalls eine Sache von *circa* fünf Dollars, da man sich auf den schlimmen Fall eines Schneesturms vorsehen muß. Der Mann meinte außerdem, fünf Unzen sey jedenfalls in dieser Jahreszeit ein höchst mäßiger Preis, denn wenn man einmal sein Leben riskiren wolle, müsse man auch etwas dafür erhalten, das Einem die Gefahr in etwas vergüte und für das Gewagte entschädige.

Der Preis der Unzen selber war in Mendoza sehr verschieden von Buenos Ayres, wo die argentinische, wie chilenische und mexikanische Doublone gleich sechzehn Dollar galt, während die argentinische und mexikanische hier siebzehn, die chilenische achtzehn Dollars stand.

Jetzt, einmal mit einem Führer im Reinen, ging ich scharf daran die nöthigen Provisionen einzulegen, und diese bestanden besonders in getrocknetem Fleisch, *charque* genannt, das die Argentiner zu diesem Zweck – es nämlich in möglichst kleinen Raum zusammen gedrängt zuzubereiten wissen.

Dieß getrocknete Fleisch, schon an sich fest und hart, wird nämlich noch mit Hämmern so zusammengeschlagen, bis es wie dicke Pappe aussieht, und auch eben so leicht zu kauen ist; dann noch fest in ein kleines Paket geschraubt, bildet es zuletzt eine steinartige harte, felsenschwere Masse, an der sich die einzelnen Scheiben ablösen wie Marienglas, und es ist auf diese Art allerdings, eine nicht unbedeutende Quantität Nahrungsstoff in einen möglichst engen Raum zusammengedrängt.

Außer dem Fleisch, was unser hauptsächlichstes Subsistenzmittel unterwegs seyn sollte, hatte mir Herr Rohde oder »Don Carlos,« wie er allgemein in Mendoza genannt wurde, da die Spanier fast nur die Vornamen bekannter Leute gebrauchen – auch noch in wirklich freundlicher Weise Mehl besorgt, damit ich so wenig als möglich Kosten haben möchte; zu diesem nahmen wir ein Mädchen ins Haus, welche das Backen verstand und aus dem Mehl eine Art harter vortrefflicher Zwiebäcke bereitete, und mit noch einigen Zwiebeln, etwas rothem Pfeffer, einer kleinen Büchse gebranntem und gemahlenem Kaffee, und einem eisernen Kocher, Wasser zu sieden, waren wir fix und fertig.

So viel war indessen von dem blendenden Schnee der Cordilleren und vom wirklichen Erblinden Einzelner, die um diese Jahreszeit den Uebergang gewagt, gesprochen, daß Don Carlos (Schiller genirte mich ungemein bei diesem Namen) sich nicht abreden ließ mir eine grüne Brille mitzugeben; selbst der Führer versicherte mich dabei ich würde sie gebrauchen können, denn er selber habe den Weg schon mehremale gemacht, und sich noch immer nicht an den blendenden Schnee gewöhnen können.

Ich dachte kopfschüttelnd an unsere deutschen Schneeflächen, steckte aber doch die Brille vor allen Dingen einmal in die Tasche – ich kannte die Verhältnisse des Landes noch nicht, und die darin Eingeweihten wissen so etwas meistens besser wie der Fremde.

Daß der argentinische Staat übrigens ein Polizeistaat sey, sollte ich, ehe ich diese wirklich rothe Republik verließ, noch erfahren. Ich mußte nämlich, trotzdem daß mein Paß in Buenos Ayres auf Valparaiso schon visirt war, noch hier einen neuen Paß nach dieser Stadt nehmen und dafür (die Pässe sind in Mendoza theurer als die Pferde) fünf und ein viertel spanische Thaler bezahlen. Ich protestirte dagegen und verwies auf den schon nach Valparaiso visirten Paß, die Polizeibeamten frugen mich aber, »was sie Buenos Ayres (die Hauptstadt der argentinischen Republik) anginge,« und da ich ihnen hierauf keine genügende Antwort geben konnte, ersuchten sie mich um die »landesübliche Münzsorte.«

Interessant waren mir hier die Verhandlungen im Polizeigebäude, das ich ebenfalls nur mit rothem Band um den Hut und mit eben solchem im Knopfloch betreten durfte – meine spanische Erlaubnißkarte die argentinische Republik wieder verlassen zu dürfen wurde in fünf verschiedenen Stuben von fünf verschiedenen Leuten unterschrieben – es war wie ein Stammbuch – und viermal prangte darauf die argentinische Devise – *viva la confederacion Argentina, mueran los salvajes Unitarios.*

Doch genug von Mendoza, ich führe den Leser vielleicht einmal später wieder – wenn er Lust haben sollte mir zu folgen – dahin zurück, jetzt aber muß ich nach Valparaiso aufbrechen, sonst versäume ich mein Schiff, das vielleicht schon dort im Hafen liegt und – meiner nicht wartet, sondern so schnell als möglich seine Erfrischungen einzunehmen und sein Ziel – San Francisco – zu erreichen sucht. Also über die Cordilleren.

8. Wintermarsch über die Cordilleren.

Am Mittwoch Abend, den 11. Juli 1849 setzten wir uns endlich, von meinen beiden deutschen Freunden Rhode und Schöpf bis zum nächsten, nur eine Legua entfernten Haltpunkt begleitet, in Marsch. Die Führer thun das gewöhnlich, um am nächsten Morgen gleich frei von der Stadt zu seyn und recht früh aufbrechen zu können. Hier tranken wir noch ein paar Flaschen Wein zusammen und ich warf mich, als sich die andern Beiden wieder nach ihren eigenen Wohnungen zurückgezogen hatten, auf meine Decke, der noch kurzen Nacht ein paar Stunden Ruhe abzugewinnen.

Das erste Nachtquartier ging denn auch ruhig, und ohne weiter etwas besonderes, vorüber – wir lagerten vor dem Haus, aber ohne Feuer, und es war ziemlich kalt, doch schlief ich gut – ich war nur froh, so weit wenigstens meinem endlichen Ziele entgegengerückt zu seyn.

Der Mond stand noch hell und klar am Himmel, als wir am Donnerstag Morgen in die Sättel sprangen. Die kleine Caravane bildeten mein Führer, ein Chilene, im sonst in der argentinischen Republik verpönten grünen Poncho, zwei Peons oder Diener, von denen der eine mein Gepäck, der andere Provisionen und einige Kohlen tragen sollte, und dann ich selbst. Der Morgen war frisch aber herrlich; links neben uns lagen die prächtigen Berge, hinter denen, in noch weiter Ferne, die weißen Schneekuppen wie drohend zu uns herüberschauten, und rechts dehnte sich die allerdings nicht sehr romantische, mit niedern Büschen bedeckte Ebene aus. Endlich stieg im Osten die Sonne empor und warf ihren Strahl auf die roth erglühenden Schneefelder der Kordilleren, und über den Himmel hinaus breitete sich der rosige Saum – und die Vögel zwitscherten, der Thau hing an den grünen Blättern der Sträuche – die Thiere trabten lustig in den reizenden Morgen hinein und selbst meine Begleiter – sonst gerade nicht lieblich und holdselig anzuschauen, sangen und pfiffen, und schienen sich ebenfalls der herrlichen Natur zu freuen.

Rechts, dicht am Weg stand ein einzelnes Häuschen, und ein hoher Weidenbaum dicht davor; dahin bogen sie plötzlich ab – wollten sie schon wieder Rast machen? – wir waren kaum eine Stunde geritten – nein, vor dem Baum hielten sie und murmelten ein halblautes Gebet.

Ich sah ihnen erstaunt zu, als sie aber fertig waren, zog der eine Peon auf einmal ein ganz freundliches Gesicht, zeigte nach dem Baum hinauf und sagte: *una bota* (ein Stiefel) – ich blickte auf und – sollte mir denn, so weit die Republik reichte, jeder freundliche Augenblick durch irgend etwas Scheußliches verbittert werden? – oben an den einen Ast war der Fuß desselben Verbrechers, dessen Kopf mich schon von der Stange herunter angestarrt – bis zum Knie abgeschnitten – angenagelt. Ich wandte mich schaudernd von dem halb verwesten, halb vertrockneten Ueberrest jenes Verbrechers ab, drückte meinem Thier die Sporen in die Seiten, und sprengte voran – die andern lachten.

Es mag sein Gutes haben, diesem Volk die Folgen eines Verbrechens (das hier wohl nicht einmal zu den seltenen gehört) täglich und wohin es sich auch wendet vor Augen zu führen, es hat aber auch jedenfalls für den, der nicht gerade immer ein »abschreckendes Beispiel« vor sich zu haben braucht, etwas höchst Fatales und Widerliches. Und was haben nun gar die armen Menschen in dem kleinen friedlichen Haus verbrochen, daß sie das scheußliche Bein da bei ihrem Ein-und Ausgang immer vor Augen haben müssen? – ich scheue mich wahrlich nicht vor Leichen und habe deren schon in mancherlei Gestalt gesehen, in dem Haus möcht' ich aber doch nicht, sey es um welchen Preis es wolle, wohnen.

Der Morgen war mir denn auch richtig wieder verdorben, und ich war nur froh, als wir uns mehr und mehr den Bergen näherten, wo mit der alten Umgebung auch die alten Gedanken verdrängt werden mußten.

Am meisten trug übrigens das hier gar nicht so weit von der Stadt schon vorkommende Wild dazu bei, mich zu zerstreuen: wir sahen viele Guanakas – die Lamas der Cordilleren, und auch einige Strauße – die letzteren aber sehr scheu und gleich, beim Anblick der Pferde, in wilder Flucht.

Das Guanaka ist ein prächtiges Thier – so groß wie ein Hirsch fast, nur mit noch längerem Hals und weicher herrlicher Wolle, aber sehr leicht zu schießen, denn die Jagd darauf wird hier nur sehr schwach betrieben, und das Wild läßt die Jäger mit nur einiger Vorsicht, leicht auf hundert Schritte hinan.

Für mich waren übrigens auch noch außerdem meine Begleiter, und besonders die beiden Peons, die mein Gepäck trugen, von höchstem Interesse.

Der chilenische *vaquiano* bot nichts besonders; eine kräftige untersetzte Gestalt, von dem grünen, mit bunter Einfassung besetzten Poncho überhangen, die niedere Stirn mit einem breitrandigen Strohhut bedeckt und sonst mit einem ziemlich nichtssagenden Gesicht, das nur gleichgültig bald über die rechte, bald über die linke Schulter hinüberschaute, ritt er voraus. Die beiden Peons dagegen erinnerten mich – und sonderbarer Weise gleich wie es nur Tag wurde ihre Physiognomien erkennen zu können – lebhaft an die beiden Banditen aus Flotows Stradella. Der Eine – ein trocken drolliger Bursch, aber mit einer Galgenphysiognomie, wie sie wohl noch kaum dagewesen, verzog nur selten das Gesicht zu einem Lachen, während sich der Andere, ein kleiner jüngerer Bursch, fortwährend über die Geschichten, die jener erzählte, ausschütten wollte.

Der erste war ein Argentiner, der zweite ein Chilene, beide trugen aber die argentinische Tracht, beide auch das lange argentinische Messer hinten im Gürtel, und ich zweifle gar nicht, daß sie bei passender Gelegenheit auch recht passenden Gebrauch davon zu machen gewußt hätten.

Wir waren alle vier beritten, dießmal aber nicht auf Pferden, sondern auf Maulthieren, denn Pferde würden, wie mir der Vaquiano sagte, in den Engpässen, die wir zu passiren hätten, nicht allein nicht fortkönnen, sondern auch den Reiter, wenn der nicht fortwährend zu Fuße gehen wollte, zu sehr gefährden. Die Maulthiere waren übrigens vortrefflich, und wenn sie uns auch vielleicht noch im flachen Lande nicht so rasch vorwärts trugen als es Pferde gethan haben würden, ritten sie sich doch leicht und bequem.

Dreizehn Leguas von Mendoza entfernt betraten wir zuerst die Grenzhügel der Cordilleren, aber kein Baum erfreute das Auge, nur niederes Buschwerk stand in den Thälern, und an den Seitenhalden hin hingen Ziegen und hie und da auch Kühe und Maulthiere, und weideten das spärliche Gras ab. Das Wasser schien aber in dieser Gegend besonders rar, und wir hatten an dem Abend wirklich Mühe einen guten Lagerplatz zu finden. Es war schon dunkel als wir endlich eine ziemlich steile Felswand erreichten, unter deren Schutz wir ein Feuer anzünden und ein Stück Guanakafleisch braten konnten, aber keineswegs Holz genug da, die ganze Nacht ein Feuer zu unterhalten. Als wir unsere Mahlzeit beendet hatten, mußten wir es ausgehen lassen und legten uns, so gut das angehen wollte, in unsere Decken gewickelt, die Sättel unter dem Kopf, zur Ruhe nieder. Den Abend vorher war es aber gar nicht so kalt, und ich selbst auch wohl die warmen Nächte Mendoza's noch gewohnt gewesen, kurz, ich gab mir gar keine besondere Mühe mein Lager nach allen Regeln des Berg-und Waldlebens zu bereiten, sondern warf mich eben nur auf eine Decke hin und deckte mich mit der andern zu. Dafür sollte ich aber auch büßen – ich fror die Nacht schmählich, und konnte mir im Anfang eigentlich gar nicht erklären woher das kam, bis ich am andern Morgen das Wasser in dem neben mir stehenden Blechbecher – gefroren fand.

Das erste Zeichen, wie wir schon in die Berghöhen vorgerückt seyen, machte sich hier bemerklich, und als wir ausrückten fanden wir deren nur zu bald mehr. Der Bach an dessen Ufer wir hinauf mußten, hatte überall Eis, so daß mein Maulthier an mehreren, wirklich abschüssigen Stellen verschiedenemale ausglitschte und zu stürzen drohte, jedesmal aber durch den ermunternden Zuruf der Führer wieder zu neuer Anstrengung angespornt wurde. Dieser Zuruf selber aber hatte wirklich etwas charakteristisches, und bestand nur in dem Worte: »*oh mula, oh mula*« – dem strauchelnden Thiere wurde nur zugerufen, daß es ein »Maulthier« sey, und es so bei seinem Ehrgefühl auf die wirksamste Art angefaßt. Ein Maulthier und stolpern – nein das ging gar nicht – der Führer hatte vollkommen recht, und es nahm jetzt alle seine Kräfte zusammen, so daß wir Stellen glücklich passirten, auf denen Pferde Hals und Beine gebrochen hätten.

Höher und höher stiegen oder kletterten wir vielmehr hinauf, bis wir die mit dünnem Schnee bedeckten Kuppen erreichten – doch lange noch keine Cordilleren – und diese an sich schon ziemlich hohen Berge haben den für den Wanderer, der hier schon Bedeutendes geleistet zu haben glaubt, allerdings nicht ermuthigenden und auch etwas unanständigen Namen der »Piojos der Cordilleren.« Hier fand ich auch im Schnee die Spuren der Guanakas und des Puma oder amerikanischen Löwen, der die Höhen zu lieben scheint – die Fährte war etwas größer als die des amerikanischen Panthers, und mein Vaquiano versicherte mich, daß man das Thier zwar manchmal, aber doch nur äußerst selten am Tag zu sehen bekäme, Nachts aber, und selbst bei Mondschein, streife es umher, und folge sogar manchmal den Fährten der Menschen, die es aber nie selber angriffe.

Auf dem höchsten Gipfel dieser Hügel, wie ich sie doch wohl nennen muß, öffnete sich uns aber auch plötzlich ein Panorama, das ich nun und nimmer vergessen werde; unter uns zu unseren Füßen lag das unmittelbar, die Cordilleren umschließende Thal, und schroff und scharf stiegen aus diesem empor die gewaltigen Berge – die Riesenleiber in ihre weißen, blitzenden Schneedecken gehüllt und hineinragend in die Wolken mit den starren, zackigen Kronen.

Da hinüber wollt' ich armes schwaches Menschenkind – da hinüber, wo unberechenbare Schneemassen oft Berg mit Berg verbanden, und die Schluchten in ihrer unergründlichen Tiefe bis zum Rande füllten – da hinüber, wo alles andere Leben in eisigem Froste erstarrt war, und selbst der Condor mit rascherem Flügelschlag die zackigen Eisfelder und Kuppen überflog? – ja, da hinüber wollt' ich – und es war zugleich auch ein stolzes freudiges Gefühl, daß gerade die schwache Menschenkraft es wagen konnte all die Schwierigkeiten zu besiegen und sich die Bahn zu brechen, wo jede Bahn, jeder Fortgang unmöglich schien.

Der Himmel spannte sich dabei in freundlicher Bläue über der prachtvoll großartigen Winterlandschaft aus, nur der Windzug strich scharf da oben, wo wir standen, über die Kuppen hin.

Doch mein Führer war nicht der Mann sich lange bei »Naturschönheiten« aufzuhalten – er hatte die Cordilleren schon mehr gesehen und wollte ins Thal, wo die Thiere nicht allein zu fressen bekommen, sondern er selbst auch mit seinen Leuten bessere Pflege erhalten konnten, wie wir sie in den letzten zwei Nächten gehabt. Bergab gings jetzt nun wieder scharf, und zwar so, daß wir den ersten Schnee bald hinter uns ließen und in ein sonniges, freundliches Thal hinabstiegen, wo grüne Myrthenbüsche wenigstens auf eine Zeitlang die kahlen nackten Felsen verdrängten. Die Sonne schien hier warm und erquickend, und gegen Abend erreichten wir, dem Lauf eines kleinen Wassers in der letzten Stunde folgend, ein Haus wo die Maulthiere, die sich die letzten Tage spärlich genug behelfen mußten, gute Weide und wir selbst ein vortreffliches Glas Mendozawein fanden, uns daran zu erquicken.

Dieß war das westlichste Haus der argentinischen Republik und hier versorgten wir uns auch noch mit ein paar Hörnern voll Mendozawein, die wir übers Pferd hingen.

Diese Art Flüssigkeiten zu transportiren ist übrigens so originell als praktisch; ein paar gewöhnliche Ochsenhörner, natürlich so groß wie sie solche bekommen können, werden unten gerade abgesägt und mit einem fest eingesetzten und verpichten hölzernen Boden versehen, dann oben, durch das spitze harte Ende ein Loch hineingebohrt und ein Stöpsel drauf gesetzt, und die Flasche ist fertig. Zwei solche Flaschen bindet man mit einem kurzen Ende Rohhaut – die hier überall den Bindfaden vertritt – zusammen, und hängt sie solcher Art über den Sattel.

Schon von Buenos Ayres hatte ich ein paar solcher »Zwillinge« nur etwas kleiner für Caña (den Vorlauf von Rum, eines der angenehmsten und leichtesten spirituosen Getränke) mitgenommen, und mein alter Correo, dem das Steppenwasser auch nicht besonders zu behagen schien, nahm recht häufig einen Schluck daraus. Er hatte sie »aus Gefälligkeit« auf sein eigenes Thier gebunden, und sie wären ihm gewiß noch lieber gewesen, hätte der alberne Stöpsel nicht jedesmal so gequitscht, wenn er ein kleines Stück zurückgeblieben war, irgend etwas an seinem Sattel oder Reitzeug nachzusehen. Ich fand später sogar aus, daß ihm diese Caña besser schmeckte als selbst der Mateh, den er gewöhnlich nur aus Höflichkeit zu trinken schien.

Apropos Mateh, den hatte ich jetzt, Gott sey Dank, mit den Pampas, hinter mir, denn hier wurde mehr Wein getrunken, und meine Lippen, die in den letzten Wochen gar nicht mehr zugeheilt waren, setzten frische Haut an.

An dem Abend spät kamen auch vier Guanakajäger mit fünfzehn mächtigen Hunden zurück, mit denen sie das arme Thier in den Bergen zu Tode gehetzt hatten. Das ist die einzige Art wie sie das Wild in dieser Gegend erlegen können, denn Feuergewehr führen sie nicht, oder wissen nur so mittelmäßig damit umzugehen, daß sie sich nicht darauf verlassen können.

Hier hatten sich unsere Maulthiere, die von da an, wie mein Vaquiano sagte, in den Bergen nicht mehr viel Futter finden würden, noch einmal tüchtig satt gefressen, und die armen Bestien schienen es fast zu wissen daß es jetzt einem für sie schlechten Terrain zugehe, denn so wie sich nur Einer der Einfriedigung näherte, spitzten sie schon die Ohren und liefen nach dem entferntesten Ende derselben, um nur nicht eingefangen zu werden. Arme Geschöpfe, das hilft euch nichts – der Lasso erreicht euch, wo ihr auch seyd, und seiner fliegenden Schlinge, unter der ihr erschreckt und zitternd zusammenzuckt, entgeht ihr nicht.

Am nächsten Morgen – Sonnabend, den 14. Julius, brachen wir früh auf und zwar jetzt dem Eingang der Cordilleren, einem schmalen Thale zu, das sich der Tucunjado in die Felsen gerissen. Wir blieben an der linken Seite des Bergstroms, und ich mußte staunend sehen, wie sich die Spuren des jetzt allerdings niederen Stromes bis zu 30 und 40 Fuß über uns erhoben, und dann noch Zeugniß gaben, wie er das nächste niedere Land überschwemmt habe. Eine furchtbare Gewalt muß es seyn, die all die tausend Wasser dieser ungeheuren Bergkette im Frühjahr sammelt und donnernd ins Thal hinabsendet, und nicht zu verwundern ist's dann, daß sie ganze Felsstücke mit fortreißt, und selbst an den steinigen Ufern mit Erfolg wühlt und gräbt, und ihr Bett verändert und erweitert.

Der Anblick des Gebirges war von hier wahrhaft wundervoll – wie eine riesige Wand lag die ganze fest in sich zusammengedrängte Masse der eigentlichen Cordilleren, des Rückenmarks eines ganzen ungeheuren Welttheils, das sich aus den Eisregionen des Nordens bis hinunter erstreckt zum 53. Grad Süder Breite und dort noch, am Cap Horn mit der starren Felsenstirne weit und trotzig in die dagegen vergebens anstürmende See hinaus droht – gerade und hochaufstrebend vor uns, und eine zackige Schneemasse krönte die gewaltigen Gipfel. Aber es sah nicht aus, als ob der Schnee auf diese Berge niedergefallen wäre, sondern der ganze obere Theil der Gebirgsmasse schien aus Schnee und Eis zu bestehen, so blitzte und funkelte und strahlte es im hellen fröhlichen Sonnenlicht und nur hie und da, wo die senkrecht niederschießenden Hänge so schroff und glatt abfielen, daß auch nicht eine Flocke daran hatte haften können, zeigte der alte Berg die nackten Glieder und verrieth dadurch die ungeheuren Schichten des gefangenen Schnees, der in seine Zacken hineingeweht worden, und dort Schluchten ausfüllte, in denen andere Gebirge Raum gehabt hätten.

Im Anfang war der Weg ziemlich gut, d. h. steinig und abschüssig genug, aber doch breit und nicht gefährlich, wir waren ja einmal in den Bergen, wo es eben keine Chausseen mehr gibt; je weiter wir aber hineinkamen, desto höher mußten wir auch hinauf, und desto näher traten von beiden Seiten die Gebirge zusammen, so daß der jetzt plötzlich ganz schmale Pfad schon anfing an steilen bröcklichen Schluchten hinzuführen, und die Maulthiere nicht mehr die Wahl hatten wo sie gehen wollten, sondern sich auf den einen schmalen Weg verwiesen sahen. Oft passirten wir jetzt Plätze, wo links der Abgrund viele hundert Fuß steil unter uns lag, während rechts schroffe vorragende Felsstücke jedes Abdrängen davon auf das unerbittlichste versagten, so allmählig kamen wir aber in diesen Engpaß hin, und so viel des Neuen umgab mich zu derselben Zeit, daß ich im Anfang kaum auf den Weg achtete. Mein Blick hing in den steilen, gäh niederschießenden Schluchten die oben, von weichen schimmernden Schneeschichten ausgefüllt, unten von grünen Myrthenbüschen bewachsen waren und hier – dort drüben strich er mit langsam gewaltigem Flügelschlag – sah ich den ersten Condor, den Riesengeyer dieser Berge und zum erstenmal fing ich hier an die unendliche Größe der Gebirge zu ahnen als der ungeheure Vogel, der so dicht an uns hingeflogen war daß ich das scharfe Schlagen seiner Schwingen hatte hören können, nach dem gegenüberliegenden Hang, den ich für nur wenig hundert Schritte entfernt gehalten hatte, hinüber und weiter und weiter strich, und die Hänge immer noch nicht erreichte, und zuletzt so klein aussah wie ein junger Rabe.

Der Weg wurde aber wirklich immer schmaler, und wo er sich vor uns in Schlangenlinien dicht um die Felsen schmiegte, schien es mir plötzlich als ob er dort vollkommen aufhöre, denn mein sonst gewiß scharfes Auge konnte nicht die Spur eines Aussprungs mehr entdecken, und doch befanden wir uns schon mehre hundert Fuß über dem kleinen Strom, der tief unter uns wie ein Milchbach über Felsblöcke, die aber in dieser Entfernung wie Kiesel aussahen, dahin-sprudelte – und hinauf? – lieber Gott die ganzen Cordilleren lagen noch wie in *einer* schroffen Felsmasse über uns, und da hinauf konnte der Pfad unmöglich gehen. – Aber der helle Streifen, der eigentlich nur wie eine Ader in dem dunkleren Gestein aussah, konnte doch auch wahrhaftig nicht der Pfad seyn auf dem wir, an solchem Abgrund hin; mit unseren Thieren die Bahn suchen sollten.

Doch ich durfte nicht mehr so weit vorausschauen; die nächste Nähe nahm bald meine ganze Aufmerksamkeit vollkommen in Anspruch und es fing schon an einige Selbstüberwindung dazu zu gehören das Thier das ich ritt, an solchen Stellen nicht *leiten* zu wollen. Mein Vaquiano hatte mir aber besonders angerathen an irgend einem, mir vielleicht gefährlich scheinenden Paß, dem Maulthier nur ganz ruhig und unbesorgt den Zügel zu lassen, denn *das* wisse gewöhnlich am allerbesten wohin es treten müsse, seine Knochen gesund und unzerbrochen über die Berge zu bringen – und nun – wahrlich das war die Stelle von der ich schon früher gehört – an deren Fuß unten Massen von Maulthieren zerschmettert lagen, und wo ein einziger Fehltritt Thier und Reiter – todt, ehe sie den Boden erreichten – in die Tiefe senden mußte. Dabei führt der Maulthierpfad auch gerade am alleräußersten Rande hin, denn die Maulthiere müssen mit ihren Packen so weit vom Felsen abgehen wie nur möglich, da sie, sobald sie an diesen fest anstoßen, verloren sind. Für den, an solche halsbrechende Partien nicht gewohnten Europäer hat es aber etwas höchst fatales, das Thier auf dem er reitet förmlich über den Abgrund fortschreiten zu sehen, während doch zur Rechten noch gewiß drei Zoll Raum sind, die es wenigstens ein klein wenig von dem gähnenden Schlund abbrächten. Auch mir kam es so vor und als ich, scheu zwischen dem Steigbügel und der Schulter des Thieres hinunterschauend, in die Tiefe blickte und dort, Gott weiß wie tief unten, die Massen von Maulthiergerippen sah, die mahnend zu mir heraufstarrten, da griff ich fast unwillkürlich dem Thiere das ich ritt in die Zügel, und that dadurch etwas, was der Reiter auf solchen Stellen nur im äußersten Nothfall thun sollte – ein anderer mag da aber auch fischblütig zusehen.

Dadurch nämlich daß ich den Kopf meines Maulthiers vom Abgrund wegzudrängen suchte, verlor dieses seinen sicheren Schritt, trat zur Seite, stieß mit der Satteltasche an den Felsen an, erschrack wahrscheinlich selber darüber und – nein lieber Leser, wir stürzten nicht zusammen da hinunter, sonst könnte ich dir meine Fahrt hier nicht erzählen – es stolperte nur, aber wie es fehl trat, und der Stein an den es stieß nur eben vielleicht einen Zollbreit von seiner Stelle gestoßen wurde und auch gleich geräuschlos in die Tiefe stürzte, wo er lange, lange nachher dumpfdröhnend anschlug, da – ja ich brauche mich deß nicht zu schämen, denn es war mir allerdings *nicht* egal ob ich hinunterfiel oder oben blieb – da lief's mir doch eiskalt und fröstelnd den Rücken hinunter, und es war als ob mir das Blut in den Adern stockte. Die Maulthiere sind aber vortreffliche Geschöpfe, und wenn ich auch nicht eingebildet genug bin zu glauben, daß es sich nur meinetwegen bemüht habe wieder festen Fuß zu fassen, so that es das doch seines eigenen langohrigen Selbst willen, und schritt gleich darauf so ruhig und sicher als ob gar nichts vorgefallen gewesen, und wir nicht secundenlang am Rand eines entsetzlichen Grabes gehangen, über die gefährliche Stelle hinweg; ich ließ ihm aber von da an, besonders an solchen Orten, den Zügel vollkommen, und habe mich nur Wohl dabei befunden.

Diese Stelle war aber keineswegs, wie ich früher immer geglaubt, nur wenige Fuß, sondern im Gegentheil viele hundert Schritt lang, und ich fand jetzt daß alle die Plätze, wo ich den helleren bandartigen Streifen um steile Felshänge herum schon vorher mit den Augen verfolgt hatte, wirklich ein eben solcher, oder doch wenigstens ganz ähnlicher Pfad waren, dem wir, wir mochten jetzt wollen oder nicht, treu bleiben mußten, denn an manchen Orten hätten wir die Maulthiere nicht einmal wenden können.

Trotzdem soll es doch etwas ungemein seltenes seyn, daß ein Thier mit einem Reiter in diese Tiefe stürzt, und die meisten die hier verunglücken sind Lastthiere, und zwar alte Lastthiere die von den jungen, zum erstenmal diese Bahn beschreitenden, hinabgedrängt werden. Das junge Thier stößt nämlich im Anfang gewöhnlich zuerst ein paarmal mit seinen Packen an die Felsen, und wird dadurch von selber dem äußersten Rande der gefährlichen Bahn zugewiesen. In den vor ihm gähnenden Abgrund kann aber das arme erschreckte, von dem Treiber noch gepeinigte Thier, nur mit Entsetzen hinabschauen und um diesem Anblick zu entgehen drängt es jetzt in ängstlicher Hast, unbekümmert ob seine Packen gegen den Fels anschlagen, den Kopf zwischen das ihm nächste, vor ihm gehende Thier und den Felsen hinein und das arme, also mit Gewalt dem Abgrund zugeschobene Wesen stürzt, so kaum wenige Zoll von dem äußersten Rand entfernt, vielleicht mit einem Fuß schon auf einem schwankenden Steine stehend, rettungslos in die Tiefe.

Ist der Fluß nicht zu hoch, dann gehen wohl einige der Treiber zurück um gleich von vorn herein dem Lauf des Tucunjado unten am Wasser zu folgen und wenigstens die Packen und den Sattel noch zu retten, hat es aber kurz vorher geregnet, so dürfen sie das nicht einmal wagen, denn der Strom schwillt manchmal so reißend schnell an, daß sie, in der engen Schlucht von ihm überrascht, vielleicht selbst ihr Leben noch dabei einbüßen könnten, und tritt erst einmal das Wasser aus dem schmalen Bett, dann ist auch alles was in seinen Bereich kommt verloren.

Eine andere böse Stelle ja fast noch schlimmere Stelle als die vorige, hatten wir nur wenige Stunden später an demselben Felshang zu passiren; der Weg war hier ebenso schmal, der Abgrund ebenso tief und noch dazu eine Schneewehe, oben von den Bergen herunter, gerade darüber hingestürzt, so daß man den Pfad nicht einmal unterscheiden konnte. Der Führer war vorangeritten, und durch ein Felsstück meinen Augen entzogen worden, so daß ich nicht bemerkte ob er im Sattel geblieben oder abgestiegen war, ich ritt denn auch ruhig fort, bis ich plötzlich dicht vor der schmalen bösartigen Schneewehe stand, wo das Thier im wahren Sinn des Worts einen durch den darüber gestürzten Schnee noch unsicher gemachten Pfad von höchstens vier Zoll Breite hatte und die hinter mir herkommenden Peons riefen mir plötzlich mit lauter Stimme zu »abzusteigen.«

Das war eine höchst interessante Lage – den einzigen Platz wo man noch absteigen konnte hatte ich versäumt – links hinunter, wie es sich gehört, konnte ich gar nicht, denn auch kein Zollbreit war da, auf den ich hätte fußen können, und rechts stieg dicht am Maulthier der Felsen empor – zurück konnt' ich ebensowenig, da half also kein langes Besinnen, ich mußte, so gut das gehen wollte, an der rechten Seite des Thieres hinunter, zwischen dieses und den Felsen hinein – wobei sich das arme Wesen, das natürlich fürchtete den Abgrund hinabgeschoben zu werden, so fest als es nur möglicherweise konnte, gegen mich anpreßte. Nichtsdestoweniger gelang es mir endlich – ich kroch dann unter seinem Kopf vor und schritt langsam den schmalen Pfad im Schnee – der übrigens kaum sechs Schritt lang war, voran – das Maulthier folgte, und wir legten auch diesen Weg glücklich mitsammen zurück.

Der Weg blieb von da an wohl noch immer schmal und gefährlich, wir waren aber durch diese Engpässe so an Schluchten und Abhänge gewöhnt worden, daß ich schon anfing einen Pfad von drei Fuß Breite, neben einem gähnenden Abgrund hin, für etwas chausseeartiges zu halten, und dem Thier dabei unbekümmert die Sporen gab.

»Aber warum steigt der Reiter überhaupt an solchen Engpässen nicht ab?« fragt hier der Leser, und eigentlich mit ganz gutem Grund – »es ist doch tausendmal besser ein paar Meilen zu Fuße zu gehen und einfach das Maulthier und seine Satteltasche zu riskiren, als Leib und Leben leichtsinniger Weise im Sattel preiszugeben.«

Ein richtiger Grund existirt dafür freilich nicht – die Bergbewohner bleiben aber im Sattel – sehr wahrscheinlich weil sie zu faul sind den Weg zu *gehen* – und der Fremde, der manchmal diese Stellen besucht, scheut sich dann gewöhnlich weniger Muth zu zeigen – wie er nämlich glaubt – als diese, die sich nur *wundern* würden wenn er ginge, daß er sich einer solchen Unbequemlichkeit unnützer Weise aussetzt. Daß sie zerschmettert werden würden, wenn ihr Maulthier einen falschen Schritt thut, wissen sie dabei recht gut, aber auch eben so genau was ihr eigenes Leben werth ist – und das scheint sich dann meistens des Absteigens nicht zu lohnen.

Die Nacht lagerten wir an der Schneegrenze, und es war, da wir auch nicht einmal Holz zu einem ordentlichen Feuer hatten, ziemlich kalt; an Auslagern aber gewöhnt, richtete ich mir mein Lager mit Hülfe des Sattels und meiner Decken so gut her, daß ich weich und warm bis zum nächsten Morgen schlief und der Führer, ein Chilene, der die Berge schon gar oft passirt war, gab mir das höchst schmeichelhafte Zeugniß – »wenn ich auch wirklich weiter nichts verstände, wüßt' ich doch wenigstens mein Bett zu machen.«

Unsere Thiere fuhren hier sehr schlecht – nicht ein Grashalm wuchs dort für sie, an dem sie sich hätten letzen können, nur hie und da gelbes, strohartiges Gestrüpp, das noch vom Sommer her die dürren saftlosen Halme aus einzelnen Ritzen vorsteckte, wo vielleicht vor Jahren Maulthierdünger ein wenig Fruchterde gesammelt hatten. Selbst einen Schluck Wasser zu bekommen mußten sie mehre hundert Fuß eine steile bröckliche Schlucht hinunterklettern, dort mit Lebensgefahr saufen, und nachher wieder, müde wie sie waren heraufklimmen – und nachher keinen Bissen zu fressen.

Als ich sie übrigens bedauerte meinte der Vaquiano ganz ruhig – oh heute ist nur der erste Abend, da spüren sie noch nichts, wenn's aber länger dauert geht's ihnen freilich hart an, doch sind sie zäh und können ungemein viel aushalten. Und länger mußte es allerdings dauern, denn vor uns lagen die Schneegebirge und ich zweifelte sehr daß ihnen dort oben selbst die schwache Erholung gewährt werden würde, Zahnstocher zu kauen.

Von hier ab verließen wir aber auch den harten festen Boden und betraten die Schneeregion, die wir bis dahin sich fortwährend über unseren Köpfen hin aber doch näher und näher hatten ziehen sehen. Jetzt reichte sie bis zu uns nieder, und wie abgeschnitten fast liefen plötzlich, erst ein paar Windwehen über den Pfad hinüber, vielleicht zwanzig Schritt breit und wieder ebensoviel Raum hart gefrorenen nackten Steinbodens zwischen sich lassend, und dann plötzlich begannen sie in einer, ununterbrochenen öden blitzenden Fläche.

Der Winter hatte sein Leichentuch über die schlummernden Kordilleren geworfen, und die kecken Menschenkindlein wagten, es mit Füßen zu treten.

Sonntag, den 15. Juli machten wir nur einen kurzen Marsch, denn die Peons hatten, anstatt ihre Vorbereitungen in Mendoza zu treffen wie sie vorgegeben, alles das versäumt, und vergeudeten nun hier förmlich einen ganzen Tag ein Taschentuch voll Kohlen zu brennen und ihre Schneeschuhe vorzubereiten. Unter Schneeschuh darf sich der Leser aber nicht die in Nordamerika gebräuchlichen weidengeflochtenen Gestelle denken; die hiesigen sollen nicht dazu dienen über den Schnee hinzulaufen, sondern nur denselben von den Füßen abzuhalten, und diese werden deßhalb erst in ein weiches Schaffell dicht eingeschlagen und umwickelt, und bekommen dann noch eine feste rindslederne Sohle, was, wie sich später zeigte, Klima und Umständen auf das vortrefflichste angemessen ist.

An dem Hügel nun wo wir lagerten und die Kohlen brannten, hatten wir schon eine ganze Weile auf unseren Führer gewartet, der vor etwa einer Stunde zurückgeblieben war, und jetzt erst, viel später eintraf. Endlich kam er und trug etwas, dem Anschein nach ziemlich Schweres und Umfangreiches in seinem Poncho. Ich glaubte erst es seyen Kohlen, er aber bog sich zu mir über, öffnete den Poncho und zeigte mir eine wahre Unmasse der vortrefflichsten Rosinen – Traubenrosinen im Schnee. »Wo er die her habe,« war wohl die erste und natürlichste Frage, er aber zeigte lachend nach einer gar nicht entfernten, ebenfalls mit Schnee zum großen Theil bedeckten Felswand hin und versicherte mich: von dort her, und es seyen noch eine ganze Menge dort.

Das war jedenfalls ein Naturwunder – konnten die Trauben hier an einem, vielleicht vor der Kälte geschützten Ort gereift und zu Rosinen geworden seyn? – aber diese Süße – den Ort mußte ich unter jeder Bedingung in Augenschein nehmen, und trotz des tiefen Schnees machte ich mich, da die Maulthiere abgesattelt standen, zu Fuße auf, dieß Naturwunder zu besuchen.

Fünfhundert Schritt mußt' ich etwa gehen, da überschritt ich einen kleinen niederen Hügel, kam zu den bezeichneten Felsen und fand – keine Rebenstöcke mit aus dem Schnee vorragenden Trauben, wie ich sie höchst romantischerweise wirklich erwartet, sondern einige zwanzig hier verlassen stehende Kisten mit Rosinen, die ein vom Schneesturm überraschter Maulthiertrupp hatte zurücklassen müssen, um nur Menschen und Thiere in Sicherheit zu bringen. Und diese, hier durch Zwang den Vorbeipassirenden Preis gegebenen Güter wurden so von denen respectirt, die selbst nur zu oft mit Waaren durch die Berge zogen, und denen jeden Tag ein gleiches passiren konnte? – Als ich noch dastand, und kopfschüttelnd den hier halb im Schnee vergrabenen Vorrath betrachtete, von dem schon zwei Kisten fast ganz geleert und eine dritte angebrochen waren, kam einer unserer Peons auf seinem Thiere ebenfalls herangesprengt, und begann, ohne weitere Umstände, seine mitgebrachten Satteltaschen zu füllen; ich machte ihm, so gut ich das vermochte, Vorstellungen deßhalb, er lachte aber nur und meinte, »wenn er es nicht nähme nähmen es andere,« wie Figura zeigte, und schien darin überhaupt gar nichts außerordentliches zu finden daß er fremdes Eigenthum plünderte. Das Kohlenbrennen selber war ein höchst einfaches Geschäft – mit ihren langen Messern gingen die Burschen daran das Holz der kleinen niederen Büsche, die hier noch wuchsen, abzuhauen oder da wo es sich brechen ließ, niederzubrechen und schafften das jetzt Alles auf zwei ziemlich hohe Haufen die sie zusammentraten, so gut das eben gehen wollte, und dann anzündeten. Als das Holz zu Kohle heruntergebrannt war, überdeckten sie den jetzt ziemlich klein gewordenen Haufen mit etwa drei Zoll Erde und ließen das Feuer solcher Art ausgehen. Die ganze Kohlenmasse betrug solcher Art etwa fünfzehn Pfund die sich Einer der Peons am anderen Morgen in ein altes Hemd band und auf den Rücken warf, und ich meinestheils sah noch nicht recht ein wie wir mit *der* Kleinigkeit Feuerung durch den ganzen Schnee kommen wollten – wenn es nicht unterwegs Aushülfe gab – und gab es das, wozu dann überhaupt die Kohlen?

Doch es wäre thöricht gewesen sich jetzt mit solchen Sachen den Kopf zu zerbrechen, und ich schlenderte indessen ein wenig an dem Hügel herum, zu sehen ob ich nicht die Fährten irgend eines wilden Thieres im Schnee erkennen könnte.

Fuchsfährten, die wenigstens den unsrigen auf ein Haar glichen, schienen viele da zu seyn, von einem größeren vierfüßigen Raubthier konnte ich aber nichts weiter erkennen – nur ein Strauß mußte sich hier in diese Schneewüste hinaufgemacht haben – hier im Schnee und dort im weichen, feuchten nackten Boden ließen sich die enormen Spuren des Thieres auf das genaueste erkennen.

Als ich aber meinen Begleitern von einem *avestruz* erzählte, lachten sie laut auf und der Vaquiano meinte, der Strauß ließe sich nicht, selbst in den ersten und niedrigsten Hügeln, besonders nicht im Winter, blicken, und wenn hier dem Boden die Spuren eines großen Vogels eingedrückt wären, so könne es eben nur der Condor seyn.

Ich wollte erst gar nicht glauben daß es einen Raubvogel auf der Welt gäbe, der eine solche Spur hinterlassen könne und hatte an einen Condor in der That anfangs gar nicht gedacht, bei genauerer Untersuchung fand ich aber doch daß der Mann recht habe; die Krallen gingen tief tief in den Boden hinein, wo das kolossale Thier hingetreten hatte, und selbst der Schritt war einwärts, nicht gerade gestellt wie beim Strauß.

Nicht weit von dort, wo wir uns jetzt befanden, sollte auch, der Aussage meiner Führer nach, *una casa*, ein Haus an der sogenannten *punta del vaca* stehen, wo wir noch an diesem selben Abend übernachten wollten. Meine Erwartungen darüber, als wir es etwa eine Stunde vor Sonnenuntergang erreichten, waren aber, wie ich mir dort gestehen mußte, etwas zu exaltirt gewesen, denn wir fanden nur eine kleine niedere und vorn offene, roh aus Steinen errichtete, und mit Reisig und Erde gedeckte Doppelhütte, und ringsum tiefen Schnee, selbst kein Holz ein Feuer anzumachen, und nur einige, früher einmal hier zurückgelassene Kohlen.

Und was bekamen die Maulthiere zu fressen? – nichts – zum Wasser wurden sie einmal getrieben, und dann mußten sie die ganze Nacht, ohne auch nur einen Grashalm zu bekommen, mit den wundgescheuerten Rücken in der kalten Hütte stehen; ja selbst, wenn sie am anderen

Morgen von hier zurückgingen, konnte der nächste Abend ihnen doch noch kaum Nahrung bringen.

Die Maulthiere sind wirklich nach dem Kameel wohl das zäheste, ausdauerndste Lastthier der Welt, denn welches andere Geschöpf hätte das bei schwerer Arbeit ausgehalten, zwei Tage in die Gebirge und zwei wieder hinaus, ohne eine Handvoll ordentliches Futter – ja zwei Tage davon, auch ohne nur einen Grashalm zu sehen, Berg auf-und abzumarschiren und an Hängen hinzuklettern, wo sie sich manchmal ordentlich mit den Hufen festhalten mußten.

Im Sommer, wenn sie die ganze Tour über die Cordilleren zurücklegen können, haben sie's übrigens nicht besser, und sind häufig vier volle Tage auch total ohne Futter, wo sie dann den trocken gewordenen Dünger anderer Maulthiere, als einziges zu erreichendes Nahrungsmittel, verzehren – und dabei bestehen.

Manchmal halten sie's aber auch nicht aus, wenn der rohe gefühllose Mensch Last auf Last auf ihren Rücken ladet und die erschöpften Glieder in den steilen Bergen endlich den Dienst versagen; Zeugniß davon geben die Unmassen von Maulthiergerippen, die überall an dem ganzen Weg durch die Cordilleren liegen, und die da, wo sie starben, auch unter ihrer Last erlagen und eben ruhig ihrem Schicksal überlassen wurden. Die Condors und andere Raubvögel reinigen dann in ungemein schneller Zeit das Aas, und an dem Gerippe vorbei – nie darüber hinweg – suchen sich die nachkommenden Maulthiere die Bahn. Am nächsten Morgen standen wir früh zum Marsch gerüstet; zu meinem Erstaunen that aber mein Führer gar nicht so, als ob er überhaupt beabsichtige seinen Fuß in Schnee zu setzen – und in der That beabsichtigte er das auch wirklich nicht. Er eröffnete mir jetzt, daß er mit den Maulthieren hier umkehren werde, ich aber mit den Peons meinen Weg weiter und allein suchen müsse. Auf der anderen Seite der Cordilleren würde ich dann von seinem Vater, der dort ansässig wäre, andere Pferde bekommen die mich nach Valparaiso brächten. Ich verstand zu wenig Spanisch um dagegen ernstlich zu protestiren, im Grunde war mir's auch wirklich einerlei, wenn er nur drüben sein Wort erfüllte, und wir brachen jetzt, nachdem ich gegen den Schnee alle möglichen Vorsichtsmaßregeln gebraucht, auf, unseren beschwerlichen, und wenn ein Unwetter eintrat, auch wirklich gefährlichen Weg so rasch wie nur immer möglich zurückzulegen. Die Schreckensgeschichten nämlich, die man mir von einem Wintermarsch durch die Cordilleren erzählt hatte, gingen wirklich ins Unglaubliche – wie viele waren schon in dem Schnee, wenn die Sonne darauf schien, erblindet – wie viele in plötzlichen *temporales* erfroren. – Bestätigt ist, daß einmal in den argentinischen Kriegen ein ganzer Trupp der feindlichen besiegten Truppen in Winterszeit in die Berge flüchtete, um nach Chile zu entkommen und dort in den hie und da errichteten kleinen Steinhäusern jämmerlich verhungerte oder erfror. Kurz alle diese Erzählungen hatten keinenfalls viel Ermuthigendes, und konnten nur dazu dienen, mir den ganzen Weg als etwas Entsetzliches erscheinen zu lassen. Bald fand ich jedoch, daß wenigstens der Anfang nicht so gräßlich sey als er geschildert worden – die grüne Brille, die ich in der Tasche trug, meinen Augen im Nothfall zu Hülfe zu kommen, blieb eben in der Tasche; ich brauchte sie gar nicht, obgleich die Sonne gewiß aus besten Kräften auf den blendenden Schnee herniederblitzte – ei, zum Wetter, unsere deutschen Schneeflächen sind so weiß wie die der Cordilleren, die Sonne scheint dort ebenso hell, und man trägt doch keine grünen Brillen. Auch fand ich bald, daß ich am Körper vollkommen warm genug gekleidet sey, denn die scharfe Bewegung thut auch schon das Ihrige ihn zu erwärmen. So wanderten wir denn (ich voran, um im Thal hinauf eine Bahn zu treten, in der mir die mit meinem Sattel und Provisionen Beladenen leichter folgen könnten) zwar langsam, denn der tiefe Schnee ließ keine Eilmärsche zu, aber doch rüstig vorwärts, und hatten jetzt, wenn wir einmal ausruhen wollten, kein anderes Lager als den Schnee oder einen durch den Wind von seiner Decke befreiten Felsen.

Hierbei muß ich aber noch eines höchst nützlichen Meubles Erwähnung thun, das jeder Gebirgswanderer bei sich und auch wirklich nöthig hat. Es ist dieß ein Stuhl – aber weder von Mahagoni noch Kirschbaum, weder gepolstert noch rohrgestochten, weder drei-, vier-noch einbeinig und überhaupt kein Stuhl, wie wir ihn eigentlich in civilisirten Ländern zu sehen gewohnt sind, sondern einzig und allein ein Schaffell, das umgürtet wird und hinten bis tief unter den »letzten Rückenwirbel« hinunterhängt. Mit dem kann man sich getrost auf den Schnee niederlassen, man wird sich nicht erkälten, und es liegt stets auf der rechten Stelle.

Unser Weg lag noch immer an dem kleinen Flusse hin, dessen Lauf wir schon aus dem Thal herauf gefolgt waren, als wir aber die erste Felsenspitze umschritten, die über der *punta del vaca* hinauslief und diesen Platz etwas gegen die Nordweststürme schützte, breitete sich ein Schauspiel vor unseren Blicken aus, das ich nie im Leben vergessen werde.

Tief in das Gebirge hinein dehnte sich ein weites Thal und himmelauf an beiden Seiten, obgleich wir doch schon mehrere Tage aufwärts geklettert waren, starrten die Berge empor in wilden phantastischen Massen, hier durch gewaltige Schneewehen zu einem glatten, fast abgerundeten Ganzen zusammengegossen, dort wieder wie Riesen, die gewaltsam den drängenden Schnee von sich abschüttelten, schroff und nackt auseinandergerissen.

Der Anblick war furchtbar schön, und ich blieb wirklich erstaunt vor dem prachtvollen Panorama stehen das sich in einer Ausdehnung, von der ich damals selber keinen Begriff hatte – denn ich wußte noch nicht, wie nah die dünne durchsichtige Luft uns in solcher Höhe, selbst die entferntesten Gegenstände, rückt – vor mir ausbreitete.

Meine beiden Begleiter benützten diese Gelegenheit ihren ersten Ruhepunkt zu machen, und ihr wunderliches monotones Singen lenkte meine Aufmerksamkeit zuerst wieder von den kühnen Conturen der mich umgebenden Gebirgsmassen ab und den beiden Burschen zu, die allerdings ebenfalls originell genug aussahen.

Meine Banditen waren, wie schon gesagt, stehen geblieben und den Oberkörper vorn überbiegend, während sie sich mit beiden Händen auf den langen Stab stützten, den sie als Schneestange mit sich führten, brachten sie die Last die sie trugen, die aber keineswegs übermäßig schwer war, gerade auf ihren Rücken, der sich darunter zu biegen schien, und eine Art Lied, das nur aus zwei Tönen bestand, dabei mehr murmelnd als singend, gönnten sie so den »Hüftknochen,« wie sie sagten, eine kurze Rast.

Das geschehen, und als sie sahen daß ich ebenfalls wieder marschfertig war, richteten sie sich empor, und weiter ging's, einem kleinen runden Gebäude, einer sogenannten *casucha* zu, die wir deutlich, und wie es schien, in gar nicht großer Entfernung vor uns konnten liegen sehen. Meiner Berechnung nach glaubte ich wenigstens, daß wir in zwei, spätestens drei Stunden recht gut müßten dort seyn können. Zu meinem Erstaunen marschirten und marschirten wir aber den ganzen Tag bis Abends fast zu Sonnenuntergang, und als wir endlich ihren Eingang erreichten, und ich zurückschaute, sah der Berghang, an dessen anderen Seite die *punta del vaca* lag, gerade so aus, als ob eine Büchsenkugel bis dorthin getragen haben würde – und wir waren den ganzen Tag gewandert.

Von Morgens bis Abends hatten wir nun allerdings nur vier Leguas zurückgelegt, waren aber doch so erschöpft als ob wir sechzehn gemacht hätten. Das Waten in dem tiefen Schnee ermüdet ungemein, noch dazu, da der Fuß gar keinen festen Haltpunkt findet auf dem er Grund fassen kann. Die Schneeschichten sind allerdings viel zu tief, als daß sie den Körper bis ganz hinunterlassen sollten, nur beim Heben desselben geben sie wieder nach, und gewähren so nie einen festen, sondern stets einen unsicheren Tritt.

Eine nähere Erwähnung verdienen jedoch hier diese, im Lande sogenannten Casuchas, ohne deren Hülfe eine Winterreise durch die Cordilleren, wenn nicht unmöglich, doch mit wirklicher Lebensgefahr verknüpft wäre. Es sind kleine einfache Hütten, aus Backsteinen und zwar gewölbt gebaut, um dem Wanderer bei etwa eintretendem Schneesturm ein Obdach zu bieten. Zu diesem Zweck stehen sie auch wohl auf zehn bis zwölf Fuß hohem Mauerwerk, zu dem eine Treppe hinaufführt, damit sie nicht so leicht verweht werden können. Bequemlichkeiten bieten sie freilich weiter keine als eben nur die vier nackten Wände und die Nähe des Wassers, denn Feuerung muß sich jeder, will er sie haben, mitbringen. Nicht selten geschieht es dabei, daß bei einem recht scharfen Schneesturm Reisende schon acht, vierzehn Tage, ja vier Wochen in ihnen festgehalten wurden, und dann vor Kälte und Hunger fast umkamen, und noch der letzte Correo, der nach Chile hinüberging, war genöthigt, eilf volle Tage in einem dieser kleinen Rettungshäuschen beizulegen, weil Schnee und Sturm ihn keinen Schritt weit hinaus ließen. Ohne dieselben wäre der Reisende aber gewiß rettungslos verloren, überraschte ihn nur das geringste Wetter, denn er ist erstlich nicht im Stande genug Feuerung mitzunehmen, sich auch nur eine Stunde an jedem Abend warm zu halten, und die furchtbaren Schneewehen, die solchen Temporales eigen sind, würden ihn bald bedecken und vernichten.

In der argentinischen Republik stehen diese Casuchas nur etwas zu weit von einander entfernt, und wer gerade in der Mitte zwischen zweien einmal von einem tüchtigen Wetter überfallen wird, kann von Glück sagen wenn er mit dem Leben davon kommt.

Wir fanden einige Kohlen in dieser Casucha, brauchten also unseren kleinen Vorrath nicht gleich anzugreifen, und machten uns etwas kochend Wasser zu Thee und einer »Charquesuppe«, die ich dem Leser in der That nicht appetitlich genug schildern kann.

Zuerst muß ich ihm freilich die *Nothwendigkeit* der Suppe überhaupt darthun; das Charque oder getrocknete Fleisch war nämlich so hart geschlagen und so zäh, daß es erst wieder förmlich zwischen zwei Steinen zermalmt und dann in heißem Wasser halb aufgelöst werden mußte, um nur einigermaßen genießbar zu werden.

War das Fleisch soweit zubereitet und das Wasser kochend, dann nahm Barbarino ein altes, zu diesem Zweck mitgebrachtes Kuhhorn, bließ zuerst hinein, alles unnöthige, was sich vielleicht darin gesammelt haben mochte, zu entfernen, wischte es möglicherweise, wenn er einmal gerade seinen eigenen Tag hatte, mit dem einen Zipfel seines wahrhaft schauerlich schmutzigen Ponchos aus, bröckelte dann mit den Händen, an die keiner von ihnen auch nur einen Tropfen Wasser brachte, wenn sie das irgend vermeiden konnten, etwas von dem Fleisch hinein, schnitt eine Zwiebel dazu, that etwas Salz und rothen Pfeffer dran und goß nun das heiße Wasser auf, was sich durch diesen Proceß augenblicklich in Suppe verwandelt.

So weit ging die Wasserscheu der beiden daß sie mir, als wir in die Gebirge kamen und ich mich wie gewöhnlich in dem kalten, aus den Schneeregionen niederströmenden Wasser wusch, ernstliche Vorstellungen deßhalb machten und mir auseinanderzusetzen suchten, wie ich aufgesprungene Hände, mit allen möglichen anderen Nachtheilen davon bekommen würde. Ganz entsetzt waren sie aber förmlich, als ich, selbst im Schnee angekommen, bei meinem leichtsinnigen Verfahren beharrte, und als gar keine Vorstellungen mehr halfen, lachten sie über mich, und erzählten es später sogar ihren Bekannten in Chile, daß sich der Fremde unterwegs gewaschen habe, und die wollten es nicht glauben. Als mir aber weder Gesicht noch Hände wirklich darnach aufsprangen und ich ihnen das zeigte, da schüttelten sie mit dem Kopf und zuckten die Achseln – sie waren jedenfalls fest davon überzeugt daß ich eine besondere Art Fell haben müsse, selbst das Waschen mit Schnee zu vertragen, was ihre zarte Haut unter keiner Bedingung aushalten würde. Und mit *den* Händen machten sie das Essen, mit *den* Händen brockten sie Brod in die Suppe und kneteten sie Zwiebeln und Fleisch zusammen – mich schauderts noch jetzt wenn ich daran denke, und doch aß ich damals, aber der Hunger triebs hinein, und ich betrachtete das Ganze auch wirklich als eine Art Sühne, wo ich, das einmal ausgestanden, nach meinem einstigen Tode jedenfalls gleich direct in den Himmel eingehen müsse.

Dazu besaß meine Begleitung noch das angenehme, daß ich ihr nicht recht trauen mochte, und alle Ursache zu haben glaubte sie, trotz meiner Müdigkeit, im Auge zu behalten. Sie hatten fortwährend mit einander leise zu flüstern, und die Gegend selber würde jeden feindlichen Anschlag den sie nur im Schilde haben mochten, auf das vollkommenste begünstigt haben. Ueberall die Schluchten und Schneestürze, die erst wieder in mehren Monaten aufthauten, und selbst in dem Fall Condor und Raubthiere in Masse, vorkommende Spuren zu vertilgen, außerdem die Cordilleren selber als Scheidewand zwischen beiden Ländern, was wollten sie mehr? Gelegenheit macht überdieß Diebe, und um ihnen die auch nicht im Geringsten zu geben, beschloß ich sie keinen Augenblick aus den Augen zu lassen, und mich besonders Nachts so zu placiren, daß sie im Dunkeln nie wissen konnten ob ich wirklich schlafe, oder mich nur so stelle. Ob ich ihnen dann unrecht that oder nicht – mir selber war ich jedenfalls diese kleine Aufmerksamkeit schuldig.

Die Nacht verging übrigens, außer dem Bellen der Füchse, die einen eigenthümlichen Lärm vollführten, ziemlich ruhig; ich ließ sich meine beiden Compañeros zuerst niederlegen und suchte dann die entgegengesetzte Ecke der Casucha, wo ich vor ihren Augen meine Büchsflinte neben mich legte, und die Pistole ebenfalls herauszog. Ich löschte dann das kleine Talglicht, das neben mir stand, aus, knackte ein paarmal mit den Hähnen, und war zehn Minuten später so sanft und süß eingeschlafen, als ob ich daheim in vollster Sicherheit in meinem eigenen Bett gelegen hätte.

Dienstag den 17. marschirten wir früh wieder aus und der ganze Tag schien eine Wiederholung des vorigen werden zu wollen. Die Berge, von denen ich am vorigen Morgen geglaubt hatte daß wir sie vor Mittag erreichen müßten, lagen noch allem Anschein nach ebenso weit von uns entfernt, und nur tieferen Schnee fanden wir in dem immer enger werdenden Thal, je höher wir stiegen, obgleich wir von dieser Seite aus nur sehr allmählig bergan zu klimmen hatten. Der Weg muß im Sommer ein wahrer Spazierritt seyn, jetzt aber galt es harte Arbeit und tüchtige Ausdauer, ihn zu überwinden. Es geschah heute mehrmals, daß einer von uns in den Schnee förmlich einbrach und durch die anderen herausgehoben werden mußte, und einmal stack ich so fest darin, daß, wär' ich allein gewesen, wohl nur das Messer mir wieder hätte Bahn hinaus machen können. Barbarino mußte mir aber dießmal die Hand reichen, und ich war auch dabei vollkommen unbesorgt ihm zu trauen, denn sie wußten, ich trug Pistolen bei mir, und daß ich schießen konnte hatte ich ihnen schon einigemal bewiesen.

Ein prachtvoller Anblick sollte mich aber bald darauf für alles bisher Ertragene reichlich entschädigen, die Peons hatten mir schon am Morgen gesagt daß wir zu einer heißen Quelle kommen würden, und diese erreichten wir etwa gegen Mittag.

Schon von weitem zeigten, aus dem Gott weiß wie tiefen Schnee vorragende Büsche, daß die Vegetation hier eine kräftigere als an den anderen dürren Orten seyn müsse, und eine kleine Anhöhe hinter der der Bergstrom verschwand, hinanklimmend, standen wir gleich darauf am hohen, abschüssigen Ufer desselben, und hatten, uns gegenüber aus den Felsen sprudelnd, die heißen Quellen, die sich in drei starken Armen Bahn aus dem beengenden Stein brachen, und wie durch die harte Arbeit erhitzt, den Qualm hoch hinaufsandten in die reine, kalte, klare Luft.

Der Anblick war wirklich überraschend großartig – die Uferbank, steil und überhängend, und die kochendheißen Strahlen zischend ausstoßend, gestattete allerdings hier dem Winter nicht sein warmes Kleid darüber zu decken, aber jene unterirdische Kraft konnte nicht verhindern, daß sich die kecken Kinder des alten grämlichen Greises, die munteren Flocken, dicht darum herlagerten und dem wunderlichen Treiben neugierig zuschauten, das tief und gewaltig aus dem Innern der Erde heraus selbst ihnen eine Grenze zu setzen wußte. Hoch über den Rand der Bank hinüberquellend, wie ein riesiges Federbett, das eben im Begriff ist durch sein eigenes Gewicht niederzurutschen und nur noch durch die angespannte Leinwand gehalten wird – hing eine kolossale Schneemasse, an denen die heißen, zu ihr aufsteigenden Dämpfe fortwährend leckten, die sie aber doch nicht im Stande waren, zu schmelzen, denn aus den Höhen hernieder zog es mit gar zu scharfem Luftzug, und raubte ihnen die Kraft. Was sie aber davon niedergezogen zu sich, das formten sie zu ein paar mächtigen von den wunderlichsten Tropffiguren gezierten Eissäulen an beiden Seiten, die das obere Schneegewölk auch wirklich trugen, und gegen sie hin spritzten die heißen Tropfen und die Sonne funkelte und blinkte auf ihren diamantenen Flächen und brach sich in den buntesten Regenbogenfarben an den zackigen Auswüchsen und in dem Sprühregen selber, der den Strahlen folgte. Aber die Säulen standen fest und unberührt – nichts geben sie her von dem was sie gewonnen, wo sich aber ein kecker Tropfen zu nahe an sie hinan wagte, da hielten sie ihn fest mit ihren blitzenden Armen, und ein neuer Brillant wurde es in ihr funkelndes Diadem.

Ich konnte mich nur schwer von dem wirklich herrlichen Punkte trennen, und wäre gar zu gern einmal zu dem heißen Strudel selber nieder gestiegen, das war aber, wie Eis und Schnee und die schroffe Bank die Stelle jetzt umlagert hielten, unmöglich, ich hätte mich erst müssen von dieser Seite hinein durch den Schnee graben, und wer weiß ob dann die Bank nicht eben so steil nieder ging und ich selber vielleicht zu Schaden gekommen wäre, hier in der Wildniß.

Ueberdieß würde es auch zu viel Zeit an eine Stelle gekostet haben, wo jede Stunde kostbar ist, und dem Säumenden der Tod werden kann für seinen Leichtsinn. Im Sommer soll dieser

Platz aber von Mendoza aus, ja selbst von Chile her besucht werden, und dann ein reizender Aufenthalt seyn.

Schöner und lieblicher mag sich dann übrigens die Natur hier gestalten, das geb ich zu, aber großartiger wahrhaftig nicht.

Wir hatten von hier aus wieder einen sehr schlimmen und ermüdenden Marsch, denn zwei »Schneestürze« lagen in unserer Bahn die wir unmöglich, des daneben hinquellenden Stromes wegen, umgehen konnten, und deßhalb überklettern mußten.

In diesen Bergkuppen können nämlich keine Lawinen fallen, die Klüfte und Hänge gehen zu furchtbar steil hinab einem Schneeball zu erlauben, daß er langsam nach und nach ansetzen könnte; hat sich aber eine Masse Schnee auf einer dieser Stellen angehäuft, und wird das oben lastende Gewicht zu schwer für die kleine Basis unten, auf der sie ruht, so drückt sie nieder und ein einziger Schneesturz räumt dann manchmal ganze Felswände auf, die er kahl und nackt, bis zum nächsten Temporale, stehen läßt, während er eine Schneemasse ins Thal wirft von der man sich wahrlich keinen Begriff machen kann, wenn man sie selber nicht einmal überklettert hat.

Gefährlich ist es dabei gewöhnlich, zu sehr in der Nahe des Bergstromes selber zu bleiben, der, total von solchen Stürzen überdeckt, zuerst vollkommen gedämmt wird und sich dann, durch den Schnee arbeitend, ein neues Bett manchmal in einer größeren, oft auch in vielen kleinen Röhren bohrt. Wie gerade die Masse liegt, ist man jedenfalls der Möglichkeit ausgesetzt über solch unterirdischem Wasser, das dann seine förmlich ausgehöhlten Gewölbe schwemmt, zu dünne Decke zu finden, und durchzubrechen, und nicht immer träfe man eine Stelle an der man sich so leicht wieder hinaufarbeiten könnte.

Ueber einen dieser Schneestürze hatten wir volle drei Stunden zu klettern, und ich glaube nicht daß es für die Beine viel ermüdendere Sachen auf der Welt gibt.

Als wir endlich wieder eine der größeren Flächen erreichten, wo der Schnee wenigstens hart genug war uns nicht mehr als drei oder vier Zoll tief einsinken zu lassen, sah ich plötzlich einen Fuchs, der mir bedeutend kleiner als die europäischen Füchse schien, gerade auf uns zukommen. Er hatte allem Anschein nach auch nicht die geringste Idee, daß sich außer ihm noch andere lebende Wesen in dieser Schneewüste aufhalten könnten, und trabte so gemüthlich und sorglos über den Schnee, als ob er »bei sich zu Hause« wäre.

Jäger sind eigentlich recht grausame Geschöpfe; obgleich mir die arme Bestie in ihrem ganzen Leben noch nichts zu leide gethan, ja trotzdem, daß ich nicht einmal den geringsten Nutzen aus ihr ziehen konnte, wenn ich sie wirklich erlegte, war doch mein erster Gedanke *Mord*, und ich erwartete mit wahrhafter Schadenfreude den Augenblick wo der Fuchs in Schußnähe kommen würde.

Meine beiden Begleiter, die sich selber für die Sache zu interessiren anfingen, waren ebenfalls regungslos stehen geblieben, und paßten auf das Resultat, und Reineke kam wirklich so unbesorgt an, als er wahrscheinlich gewohnt war, jeden Nachmittag hier zu seiner bestimmten Zeit vorbei zu passiren. Plötzlich bekam er Wind – etwas was er hier *nicht* gewöhnlich fand, mußte seine Geruchsnerven getroffen haben, und er blieb sichernd stehen.

Meiner Rechnung nach, und als Jäger gewinnt man in der Distancebestimmung mit der Zeit eine ziemlich große Fertigkeit, stand er jetzt in etwa hundert Schritt Entfernung, also gerade treffliche Büchsenweite, – ich stach, und beim Schuß sprang der Fuchs hoch in die Höhe, aber keineswegs getroffen, denn ich selber sah die Kugel noch eine ganze Strecke *vor* ihm in den Schnee einschlagen.

Die Büchse hatte ich noch an diesem Morgen nachgesehen, die Pistons ausgeschraubt gehabt und frisches Pulver nachgeschüttet, der Schuß hallte auch weit in den Bergen wieder – es war Pulver genug gewesen, und die Spitzkugel begnügt sich selbst mit wenigerem, was war die Ursache daß sie nicht hinüberreichte.

Der eine Peon lachte und sagte *lejos – lejos* – weit, weit, ich beobachtete aber zuerst den Fuchs, der über den Knall und Rauch wie die sich jetzt regenden Menschenbilder im Anfang jedenfalls mehr überrascht als erfreut war, dann sich aber leise und vorsichtig zurückzog, bis er eine Schneelage erreicht hatte, die ihn unseren Blicken, verbarg, und plötzlich verschwunden war.

Jedenfalls wollte ich mich jetzt überzeugen wie groß die Entfernung war in der ich geschossen, und die ich auf etwa hundert Schritt taxirt hatte, und ich fand nun zu meinem unbegrenzten Erstaunen daß es zweihundert und einige sechzig Schritt waren. So klar zeigte hier oben die dünne reine Luft die entfernten Gegenstände, daß sie dem Schauenden fast vor die Augen gerückt werden.

Von da an beobachtete ich die Gegenstände mehr, nahm mir besonders auffallende Plätze vor uns, dunkle Stellen im Schnee oder die obersten Spitzen eines Busches die unter der tiefern Decke vorschauten, in's Auge und taxirte ihre Entfernung, fand aber jedesmal daß ich mich manchmal um das Dreifache irrte.

Jetzt erst begriff ich auch wie ungeheuer diese Schneemassen seyn müßten die von den, wie uns schien, nächsten Hängen heruntergeschurrt waren, während sie nach dieser Berechnung eine Strecke von vielen Meilen einnehmen und tausende von Ackern Landes bedeckten.

Die Sonne vergoldete schon die höchsten Gipfel der östlich gelegenen Berge, und noch immer sahen wir die Casucha nicht, die für diese Nacht uns Quartier geben sollten, das gewaltige Felsenthal aber, in dem wir bis dahin fortgeschritten waren, zog sich hier, zu dichtgedrängten Massen zusammen, und hinter einem der niederen Kuppen die hier, wie riesige Maulwurfshügel aufgeworfen waren, mußte sie jedenfalls liegen. War das aber nicht der Fall, so konnten wir uns nur ruhig darauf gefaßt machen die Nacht einfach auf dem Schnee zu campiren, denn im Dunkeln war der Weg jedenfalls zu gefährlich.

Endlich schimmerte sie uns vom Hang einer kleinen Anhöhe, die deutlicher hinter einem größeren Berge vortrat, entgegen und – Wetter noch einmal was wir für Schritte machten, den Platz rascher zu erreichen, denn drinnen – brannte ein Feuer; also *Menschen* waren noch in dem kleinen steinernen Raume und wir bekamen wieder einmal andere Gesichter zu sehen, hörten andere Stimmen als die unseren.

Erst mit völliger Dunkelheit erreichten wir aber den Platz, der uns, da wir ihn zuerst erblickten als kaum noch etwa dreihundert Schritt entfernt geschienen hatte, und fanden jetzt den Correo von Chile mit drei Peons, der sich auf seiner Tour gen Mendoza befand. Fragen wurden natürlich gleich gegenseitig nach dem passirten Weg gewechselt, und wir hörten zu unserer Freude, daß der Schnee auf der anderen Seite wohl sehr tief, aber auch ziemlich hart sey, und sogar bei der vierten Casucha, an der Schneegrenze, ein Maulthiertrupp liege, den wir sehr wahrscheinlich benutzen könnten. Das waren gute Neuigkeiten, und bei einem knisternden Feuer und einer tüchtigen Tasse Thee verbrachte ich den Abend ziemlich angenehm.

Der Correo gratulirte uns übrigens zu dem schönen Wetter und erzählte uns jetzt wie er selber in diesem nämlichen Winter und in der letzten Casucha die wir passirt hätten, nahe dran gewesen wäre sein Leben zu verlieren und die mitgebrachten Provisionen schon bis auf den letzten Bissen aufgezehrt gehabt hätte. Nur die Verzweiflung trieb sie zuletzt hinaus in's Freie, und ein Glück war's daß sie's thaten, denn sie benützten dadurch gerade eine kurze Pause im Sturme, der gleich darauf, als sie die *punta del vaca* passirt hatten, und dem niederen Land näher waren, mit voller Kraft wieder an zu wüthen fing. *Hier* stecken wir übrigens, wie er sagte, grade in der Mitte drin, und wenn wir *jetzt* eines »auf die Mütze kriegten« könnten wir uns gratuliren.

Vor uns hatten wir aber am nächsten Tag, am Mittwoch den 18. Juli, ein ziemlich hartes Stück Arbeit, wir mußten heute die Cordilleren übersteigen, und schon von der Casucha selbst aus lief es steil bergan; damit war denn aber auch, aller Aussagen nach, das Schwerste überwunden, und wir gingen deßhalb mit freudigem Muth und mit Tagesanbruch an die Arbeit. Und Arbeit war es wirklich, noch dazu ein recht saures, schweres Stück, denn die Höhe wollte kein Ende nehmen, und immer, wenn wir schon den Gipfel erreicht zu haben, glaubten, lagen noch andere, weit höhere Schichten über uns. Dabei fing der Schnee an dieser steilen Hügelwand an zu thauen und gab unter dem Fuße nach, und kamen wir ja einmal auf eine gänzlich von Schnee freie Stelle, die Sonne, Regen oder Sturm gereinigt hatte, dann konnten wir gar kaum fortkommen, denn der bröckliche nasse Steinboden wich unter den Füßen und war noch viel schlüpfriger als der Schnee selber.

Eine Stelle besonders, viele viele hundert Schritt hoch – fand ich durch Wetter und Luft wunderlich zugerichtet – der Schnee lag hier zu sehr geschützt vor dem Wind, ganz zerstört zu seyn, aber die Witterung hatte doch Einfluß genug darauf ausgeübt die oberste Decke desselben förmlich in Stufen zu brechen, die sich, alle etwa zwei Fuß hoch, wie eine ungeheure Treppe an dem schroffen Hang hinaufzogen und da, wo sie hart genug waren den Körper zu tragen, das Fortschreiten sehr erleichterten, da aber wo sie nachgaben den Kletternden auch manchmal zur Verzweiflung brachten.

Der einzige Trost stand mir fortwährend vor Augen »*das* hier ist die letzte Kuppe – einmal diese Höhe erreicht, und das Schlimmste ist überstanden« und da uns jeder Schritt auch soviel höher brachte, konnte der Marsch ja nicht mehr ewig dauern. Endlich lag der höchste Gipfel nur noch wenige Klafter über mir, das Bewußtseyn gab mir fast neue Kräfte, und alle Müdigkeit von mir schüttelnd stand ich mit wenigen Sprüngen im nächsten Augenblick auf dem Gipfel der Cordilleren, auf der Scheidegrenze zweier Meere, dem Rückenmark eines ganzen ungeheuren Welttheils.

Ein herrliches Gefühl war es, als der Blick zum *ersten* Mal frei nach Westen hinüberschweifen konnte und weit hinaus, da drüben wo kein anderer Berg mehr die Aussicht dämmen durfte, den dunklen nebligen Horizont, das stille Meer, mehr empfand als erkannte, das wie ein anderer gewaltiger Gebirgsgürtel in seinem riesenhaften Umfang dem Auge gerade gegenüberlag, während, so dicht zu unserer Linken, daß es mir fast schien, als ob eine Büchsenkugel die starren Wände hätte erreichen müssen, der Tupungato die höchste Kuppe dieser südlichen Cordilleren noch fünf bis sechstausend Fuß über uns steil und schroff, die kühn gerissenen Wände dicht in Schnee gehüllt, emporstieg.

Dieser Paß soll 13,000 Fuß – der Tupungato über 18,000 Fuß über der Meeresfläche liegen.

Ich schlug die wollene Decke, die ich umgegürtet trug, fester um mich her, denn der Wind wehte hier oben gar scharf von der See her, warf mich auf einen der breitmächtigen Steine, die durch die über sie hingegangenen Stürme von Jahrtausenden weich und bröcklich geworden waren, und lange lange ruhte mein Blick – nicht auf den Gebirgen Chile's, nicht auf dem herrlichen Panorama der um mich her und tief unter mir aufsteigenden Gebirgskuppen, die wie die starren Wogen eines Riesensees in den blauen Aether hineinstarrten – nein, auf der weiten Oede, die über den *östlichen* Bergen dem atlantischen Ocean zugestreckt lag, denn dort, weit zurück ließ ich die Heimath, ließ ich das Meer das sie umfloß, und *wie, wann* sollt ich das Alles wieder sehen?

Es war ein schöner, aber auch wehmüthiger Augenblick, den ich da oben auf dem Gipfel der Cordilleren verträumte, doch die Zeit verstrich, und rasch bergab keuchten schon die beiden Peons, die sich den Blixem um die Landschaft kümmerten.

Als ich mich wieder emporrichtete stand, wie zu dem Ort gehörig, ein stattlicher Condor fast in Steinwurfsnähe über mir und schlug mit den gewaltigen Flügeln die Luft, als er aber sah daß der Körper den er da unten erkannt, noch Leben und Bewegung habe, strich er langsam der scheidenden Sonne nach. Ich hätte es für Mord gehalten auf ihn zu schießen.

Die scheidende Sonne mahnte mich aber auch, daß ich auf ein Nachtlager denken müsse, und das lag noch dort unten in bläulicher Finsterniß, tief zwischen den zackigen Schneegipfeln, die aus der jäh abschießenden Thalschlucht finster zu mir heraufdrohten – die beiden Burschen waren mit ihren Packen auch schon lang dahinter verschwunden, und allein stand ich noch immer lange, lange, und mußte mich zuletzt gewaltsam losreißen von dieser Stelle, an der ich einen *Tag* hätte verleben mögen.

Gerade mit dieser Stelle ist aber auch selten zu spaßen, und ich hörte später, daß ich den Uebergang gar ausgezeichnet getroffen hätte. Gewöhnlich weht hier oben ein fliegender Sturm, und im Sommer besonders danken die Reisenden manchmal Gott, wenn sie die wenigen Schritte die über diese äußerste Kuppe führen, hinter sich haben. Oben liegt auch in der That nicht die Probe von Schnee und Boreas hält seinen Tanzplatz gar rein und saubergekehrt; nur wenige Fuß hinunter aber, und der Schnee beginnt wieder, und jetzt zwar, in den engen Schluchten in solcher Tiefe daß die nächste Casucha die wir erreichten, bis an die Schwelle eingeschneit war.

Wer übrigens weiß was es sagen will ermüdet einen steilen Berg hinabzusteigen, der kann sich ungefähr denken, wie mir zu Muthe seyn mochte, als ich die Cordilleren kaum mit Mühe und Noth erklommen, wieder hinunter mußte. Meinen Körper hatte ich dabei wohl auch in der letzten Zeit etwas zu sehr angestrengt, denn wir waren kaum eine Stunde, aber fortwährend so steil daß Gefahr im Ausgleiten schien, hinabgestiegen, als mir die Glieder förmlich den Dienst versagten, und ich mich mehrmals auf den Schnee niederwerfen mußte, um nur in etwas wieder Kräfte zu sammeln. Mir wurde dabei schwindlich und übel, und ich fürchtete wirklich schon krank zu werden. Das Wörtchen *muß* ist aber ein vortreffliches Heilmittel; die Peons kehrten sich den Henker um mich, ob ich im Schnee da liegen blieb oder nachkam, und wollt' ich dort nicht allein übernachten und – die nothwendige Folge – jedenfalls erfrieren, so mußte ich mich schon zusammenraffen und meine letzten Kräfte brauchen. Es ging auch endlich, und mein einziger Trost dabei war die Aussicht die nächste, nur eine Legua entfernte Casucha bald zu erreichen, und dann bei einem Becher recht heißen Thees den erschöpften Körper in etwas zu stärken. Mit Dunkelwerden erreichten wir die Casucha, aber großer Gott was für ein Aufenthalt. Als ob Vieh und Menschen darin gelagert hätten, so sah der Platz aus, und so roch er, und dicht, ganz dicht vor der Thür lag noch, um dem Ganzen die Krone aufzusetzen, ein gefallenes und halb schon von den Geiern verzehrtes, halb angegangenes Maulthier. Und da sollten wir übernachten? – War das ein Aufenthalt für Menschen? – Es blieb aber keine andere Wahl, die nächste, ebenfalls eine Legua entfernte Casucha hatte kein Wasser (und Schneewasser hat einen schauerlichen Geschmack Thee daraus zu kochen) und zwei Leguas, noch dazu bei Nacht, und die steilen Berge hinunter, wären wir gar nicht mehr im Stande gewesen zu erzwingen; es ging nicht anders, wir mußten dableiben.

Mit Ekel machte ich mir mein Lager in der entferntesten Ecke, und rief den Peons dann zu ein Feuer anzuzünden und den Kocher mit Wasser hinanzustellen – lieber Gott, Feuer – die Schufte hatten die Kohlen, um sie nicht bergan tragen zu müssen, bis auf die letzte in der vorigen Nacht verbrannt, und wir lagen jetzt hier mitten im Schnee, ohne einen Funken Feuer zu haben. Nichts als die kalten nackten Wände und das zerfressene Maulthier dicht vor der Thür.

Das war ein harter Schlag, ließ sich aber jetzt unter keiner Bedingung ändern – eine harte Brodrinde kaute ich deßhalb, würgte ein kleines Stück des getrockneten Fleisches hinunter, trank einen Schluck Magenbitter, den ich der Vorsorge des italienischen Apothekers in Mendoza verdankte und glücklicherweise noch bei mir führte, und warf mich dann, zum Tode erschöpft, in meine Decken gewickelt, zum Schlafen, wenigstens zum Ausruhen nieder.

Eine Hundekälte, kein Feuer, die Luft selbst faul und verpestet – das Lager feucht und widerlich, und die Gesellschaft unsicher in der man schläft – hier waren Abenteuer für den, der danach gelüstete, mich schüttelte es vor Kälte und Ekel, und nur das Bewußtseyn meinen als von Gefahren umlagerten Marsch, wie die Schilderungen lauteten, doch wenigstens jetzt zum größten Theil beendet zu haben, während das wirklich herrliche Wetter nun auch einen glücklichen Schluß hoffen ließ, schien das einzige Trostbringende bei der ganzen Geschichte.

Es war ein trauriges Erwachen – mich fror und alle Glieder schmerzten mich – und dazu die Umgebung – »*a cheerless home*« – es schauderte mich nur die Luft einzuziehen, die kalt und fröstelnd genug durch den engen Eingang strömte – endlich überwand ich mich, stand auf, zündete mit großer Mühe, denn meine Schwefelhölzer hatte ich fast sämmtlich verloren, ein glücklicherweise mitgebrachtes Talglicht an und rief dann auch die Peons, um heute mit Tagesgrauen aufzubrechen und recht bald die Maulthiere zu erreichen, und meiner Umgebung und Begleitung enthoben zu seyn.

Die Burschen mochten ehrlich seyn – oder waren sie auch nur vielleicht feige, weil ich ihnen keine günstige Gelegenheit geboten, aber der Schmutz, in dem sie sich augenscheinlich wohl fühlten, fing an, mir widerlich zu werden, und ich sehnte mich um so mehr den sonnigen Thälern Chiles zu.

Noch vor Sonnenaufgang, ja sogar noch bei völliger Dunkelheit marschirten wir aus; denn heute gerade trieb es mich vorwärts mit einem Eifer, den ich mir selber nicht recht erklären konnte. Das Widerliche des letzten Nachtlagers mochte wohl viel dazu beigetragen haben, ich fühlte aber daß ich keine Ruhe haben würde, bis ich in Valparaiso wäre, und dort wenigstens Gewißheit über mein Schiff bekäme. Wir konnten übrigens Gott danken, daß wir gestern Abend nicht mehr weiter marschirt waren, denn der Weg den wir heute zu gehen hatten, zeigte sich am hellen Tage gefährlich, wie vielmehr also in Nacht und Dunkelheit und mit erschöpften Kräften.

Die Berge bildeten hier lauter abschüssige Hänge, und die obere Kruste war durch den scharfen Südwestwind, der sie hier vollkommen gut bestreichen konnte, gefroren, und spiegelglatt; dabei mußten wir gerade an diesen Abhängen hinklettern, und so steil und hart war der Schnee, daß *eine* Stelle besonders, als wir sie erreichten, fast unpassirbar schien.

Es war der weite Hang eines förmlichen Gebirges, denn wirklich »Bergehoch« thürmte es sich noch an unserer Linken empor, während es sich zur rechten in einem Winkel von etwa 60 Grad soweit niedersenkte, daß das Thal da unten, oder die Schlucht vielmehr, bläulich dunkel zu uns herauf schimmerte. Der Schnee lag wer weiß wie tief, war aber oben mit einer hart gefrorenen Kruste, so glatt wie Eis, überdeckt und kein Busch, keine Erhöhung, keine Biegung gewährte auch nur den mindesten Trost, daß man sich, im Falle eines Ausgleitens, daran halten könne. Fortwährend wehte dabei von den höher liegenden Kuppen der feine Schneestaub herüber und wirbelte über die Fläche hin, jede Unregelmäßigkeit ausfüllend und einen Platz suchend, wo er selber den Ruhepunkt finden könne.

Ein *Umgehen* dieses Platzes war nicht möglich und der eine Peon versicherte mich, wir könnten hier nicht anders hinüber, als wenn wir mit dem Messer Stufen, Schritt für Schritt, in den Schnee stächen – der alte Correo, der uns gestern begegnet wäre, hätte, weiter oben oder unten, jedenfalls dasselbe gethan, die Spuren seyen aber lange wieder durch den Schneestaub ausgefüllt.

Das war ein böses Stück Arbeit, ließ sich aber nicht ändern und Schritt für Schritt mußte ich jetzt, vorangehend, mit meinem schweren Jagdmesser einhauen in die glatte Rinde, die obere Kruste zu brechen und einen Eintritt für den Fuß zu gewinnen, und das hier gleich zum erstenmal auf eine Strecke von über eine Viertel englische Meile – später bekamen wir noch einige solche Stellen, aber nicht mehr so lang, eine aber dagegen noch steiler. Die nachfolgenden Peons traten langsam und vorsichtig hinter mir ein und ein Fehltritt, ein Ausgleiten hätte uns hundert von Fuße hinab in die bläulich schimmernde Tiefe gesandt, und dort in dem dünnen hinabgewehten Schneestaub rettungslos begraben.

Glücklicherweise kamen diese Stellen nicht häufig vor, aber doch immer oft genug, unseren Weg um ein Bedeutendes aufzuhalten, und waren dabei, ich kann wohl sagen ein *klein* wenig zu interessant.

Nach etwa dreistündigem Marsch, bei dem wir einmal auch einen ganz ähnlichen Hang zur Abwechslung *nieder*steigen mußten, nur mit dem Unterschied, daß wir hier zum Glück weicheren Schnee fanden, ich weiß sonst wahrhaftig nicht wie wir hätten hinunterkommen wollen, erreichten wir wieder eine Casucha, die höchst malerisch in einem tiefen, gegen Stürme ziemlich geschützten Kessel lag.

Von hier ab war der Weg, oder der Schnee vielmehr, denn Wege gibts im Winter nicht in den Cordilleren, besser, wenigstens fanden wir keine lebensgefährlichen Stellen mehr, und hie und da kamen schon Plätze, an denen man erkennen konnte, daß der Schnee, in dem tiefer gelegenen Land, dünner wurde. Und es däuchte mich Zeit, daß wir in tieferes Land kommen mußten, denn was für Hänge waren wir schon hinunter gerutscht.

Die Quellen deren Lauf wir heute, wenigstens in den Schluchten der Gebirge, gefolgt waren, schienen sich hier zu sammeln und fingen schon wieder an einen etwas größeren Bergstrom, den Puente, zu bilden. Von hier ab wurde das Thal breiter, ja hie und da kamen schon vom Schnee freie Stellen vor, und als wir endlich die nächste Casucha erreichten fanden wir, der alte Correo hatte wahrhaftig recht gehabt, einen kleinen Trupp Maulthiere, mit deren Führer ich augenblicklich um ein Thier bis dem Orte zu, wo ich frische Pferde bekommen sollte, akkordirte.

Von hier ab sollte der Weg nämlich schon für Maulthiere, wenn auch an einigen Stellen etwas schwer, zu passiren seyn, und die Leute waren hierhergekommen zu recognosciren, ob sie durch den Schnee hinüber könnten. Zu diesem Zweck hatten sie mehre Tage hier gelagert und einzelne Partien ausgesandt, diese waren aber sämmtlich an dem nämlichen Morgen mit keineswegs befriedigenden Nachrichten zurückgekehrt, und heute Nachmittag wollten sie wieder nach Santa Rosa zu aufbrechen, günstigere Jahreszeit abzuwarten.

Dadurch, daß ich jetzt ritt und auch keine Provisionen mehr brauchte, hatte ich den beiden Peons die ganze Last abgenommen, die nun leicht und unbeladen ebenso rasch wie das Maulthier auf der immer noch nichts weniger als bequemen Passage, vorwärts schreiten konnten. Wir hielten hier jedoch etwa eine halbe Stunde, um wenigstens vorher einen Becher heißen Kaffees zu machen, und brachen dann, fortwährend dem Lauf des »Puente« folgend, dem flachen Lande zu, auf. Der Weg zeigte sich aber immer noch für Maulthiere sehr beschwerlich und oft kamen Schneestürze, in ungeheuern Massen von den Bergen heruntergeschossen, welche die ganze Thalseite an der wir uns befanden, ausfüllten, und uns zwangen zu Fuß, die Maulthiere am Zügel, einen Weg hinüber zu suchen. Doch was that das; der Schneeregion entzogen, drangen wir mit jedem Schritt tiefer in das sonnige Thal ein, und warme Frühlingsluft wehte uns schon aus den Gründen an, und erfüllte mir die Brust mit einem unbeschreiblichen Gefühl stiller, aber freudiger Genugtuung.

Ich war jetzt in Chile, dem Lande nach dem ich mich so lange gesehnt, dessen Erreichung mir so furchtbar gefährlich geschildert worden, und das zu erreichen ich auch wirklich Mühseligkeiten und Gefahren genug ausgestanden hatte, und wie an beiden Seiten die Berge so schroff und kühn emporstiegen, mit ihren zackigen, noch immer schneegedeckten Kuppen nach den Wolken hinaufstarrten, und der Bergbach, den ich als Kind gekannt, toll und lebendig dazwischen hinsprudelte, da kam es mir fast vor, als sey ich hier gar nicht mehr fremd, als sey das meine Heimath die ich betreten, und ich kenne die grünen Kuppen, die weit da vorne lagen, und die Quelle, die neben mir aus dem Felsen sprang, und die Thäler, denen das Wasser entgegenströmte, schon seit langen, langen Jahren, und hätte sie lieb gewonnen alle mit einander, Berg, Thal, Quelle und schneeigen Abgang.

Es war nur eine Täuschung, wenn auch eine freundliche, und der enge Maulthierpfad nahm bald meine ganze Aufmerksamkeit in Anspruch, daß mir nicht noch aus Unachtsamkeit zu guter Letzt ein Unglück zustieße. Das wärmere Klima der chilenischen Republik kündete sich jetzt aber schon in aufwuchernden Sträuchen und Bäumen an; hie und da zeigten sich kleine Dickichte, zwischen und unter denen die Thiere hinschritten, und Gras – ein lange nicht gesehener Gegenstand, sproßte am murmelnden Strom. Sonst blieb sich die Gegend gleich, ein noch ziemlich winterliches Bergthal, die tiefe, gähnende Schlucht in die riesigen Gebirgsmassen scharf hineinschneidend, und daneben hin, manchmal das Wasser hoch überragend, daß es unten, tief unten schäumte und dumpf heraufbrauste, manchmal dicht an seinem Ufer hin, daß die spritzende Welle die Hufe der Maulthiere berührte, lief der Pfad.

Gegen Abend rasteten wir ein wenig an einem freundlichen, von Bäumen überhangenen Plätzchen. Hier befanden wir uns schon wieder in einer, von Menschen bewohnten, belebten Gegend und wie ein Paradies kam mir das, nur spärlich von kleinen Bäumen überragte, von thürmenden Schneegebirgen umgebene Haus vor, dessen Herr dem kargen Boden hier vielleicht eine nur mühsame Existenz abgewann.

Dem kleinen Gebäude gegenüber, auf der andern Seite des Bergstroms, der rasch und schäumend vorübersprang und nur dicht unter dem Haus eine Furth gewährte, lagerten wir, und hier sollte ich auch zum erstenmal eine ächt chilenische Mahlzeit kosten.

Von meinen Peons war der älteste, der Bequemlichkeit halber, zurückgeblieben, und der jüngere, der mich begleiten mußte um den Brief abzuliefern, nach dem ich wieder Pferde empfing und mein Geld zu zahlen hatte, führte noch etwas von dem Charque oder getrockneten Fleisch mit sich, von dem er uns wieder eine seiner vortrefflichen Kraftsuppen in das alte noch nicht ein einzigesmal ausgespühlte Kuhhorn einbrockte. Der Bursche hatte noch keinen Tropfen Wasser an sich gebracht, so lange ich ihn kannte, und ich glaube wahrhaftig seine Mutter konnte dasselbe von ihm sagen, so sah er wenigstens aus. Ich dankte ihm aber jetzt herzlich für seine Mahlzeit und hielt mich an das, allerdings nicht so luxuriöse, aber reinlichere Gericht der Chilener, das einfach in rohem Mehl und Wasser bestand.

Das Mehl, grobes, aber sehr süßes und angenehm schmeckendes Weizenmehl, thaten sie in einen, ebenfalls aus einem Horn, aber sauber hergerichteten Becher, und goßen dann Wasser hinzu, bis es zu einem vollkommen dünnen Brei wurde. Dieses Gericht schien ihnen allen trefflich zu schmecken, und ich muß gestehen, daß ich selber im Anfang es ein wenig mißtrauisch betrachtete, es schien mir um eine Kleinigkeit zu primitiv und unschuldig; war aber der Hunger, oder mein in den Pampas total verdorbener Geschmack daran schuld, es schmeckte mir wirklich, und ich fand bald zu meinem eigenen Erstaunen, daß ich zwei solche große Becher voll sogar mit Vergnügen ausgetrunken oder vielmehr gegessen hatte. Eine gute Zwiebel, die in Chile vortrefflich wachsen, mit etwas spanischem Pfeffer vollendete die Mahlzeit, und ich legte mich, vollkommen gesättigt, an ein freundliches Plätzchen *in's Gras* unter einen *Baum*, einen Luxus, nach dem ich mich die letzte Woche nicht wenig gesehnt hatte.

Der Chilene ist weit civilisirter als der Argentiner, und schon die Nahrung zeigt das deutlich – nicht auf rein animalische Kost mehr angewiesen, die den Menschen stets roh erhält, gewinnt er seine eigenen Bedürfnisse dem Boden ab, und der Ackermann hat stets den Vorzug vor dem Viehzüchter.

Wir rasteten hier wohl drei Stunden, denn die Thiere hatten noch einen langen Marsch vor sich, und die Zeit über, da oben im Schnee, nur wenig zu fressen bekommen; mir selber aber war alles neu was mich umgab, und leicht und gern verträumte ich hier die wenigen Stunden. Noch befanden wir uns inmitten der wildesten Berge, denn wenn wir auch, gerade da wo wir eben lagerten, die Schneelinie verlassen und den keimenden grünenden Boden wieder erreicht hatten, so hingen doch noch dicht über uns, an den abschüssigen wilden Hängen mächtige und aufgethürmte Schneemassen, und selbst bis hierher hatten sie oft ihre Stürze gesandt, daß sie uns noch manchmal, wenn auch nur auf kurze Strecken, den Weg verdämmten. Die Scenerie gewann aber etwas besonders eigenthümliches durch die gewaltigen Cactus, die hier überall in den Bergen, wo sich nur die dünnste Fruchterde gesammelt hatte, wucherten, und von denen ich, gerade da wo ich lag, einige übersehen konnte, die wenigstens achtzehn Fuß Höhe und einen ziemlich beträchtlichen Umfang haben mußten.

Höchst interessant war es mir dabei, eine kleine Art wilder Enten oder Taucher, die hier in den Bergwassern der Cordilleren ihre Heimath haben, zu beobachten; kleine Dinger, die in den buntesten Farben ihres Gefieders prangten und mehrere verschiedene Arten zu zählen schienen, obgleich sie alle augenscheinlich zu einem und demselben Geschlecht gehörten.

Allerliebst sah es aus, wie sie auf den wilden stürmischen Bergwassern, oft über Fälle von vier bis fünf Fuß, keck und behaglich dahin schwammen – die Strömung war oft so stark, daß sie fast im Schaum und Sprudeln derselben verschwanden, aber der meist hochrothe oder grün und blau gefärbte Kopf des muntern Thiers blieb immer oben sichtbar und mitten in der Gewalt des Wassers, dem sie allerdings nicht widerstehen konnten, sondern von dem sie sich mußten mit fortführen lassen, steuerten sie bald hier bald da einem über die kochende und gährende Fluth vorschauenden Felsen zu, auf den sie, im Vorbeischießen hinaufzuklimmen wußten.

Hier saßen sie nun manchmal Viertelstunden lang und schauten ernsthaft und aufmerksam in die vorbeiquirlende Fluth, bis sie etwas entdeckten, das ihnen der Mühe werth schien nachzugehen – wie ein Blitz waren sie dann verschwunden, um bald nachher wieder, zwanzig oder dreißig Fuß weiter unten, aus dem weißen Schaum emporzutauchen, und so munter ihre rasche wilde Bahn zu verfolgen, wie bisher.

Erst mit Sonnenuntergang brachen wir wieder auf, so daß wir jetzt einen Weg, der mit Pferden sicherlich am hellen Tage lebensgefährlich gewesen wäre, in stockfinsterer Nacht – denn nicht einmal der Mond schien – zurücklegten. Im Anfang kam mir der Ritt auch selber fast unheimlich vor; in völliger Dunkelheit einen so schmalen Pfad hinzuschreiten, daß ich ihn, wenn ich mich vorn über den Sattel bog, mit der angestrengtesten Sehkraft nicht erkennen konnte, und dann nur das silberne Blitzen des tief, tief unten schäumenden Stromes gerade so zu sehen, als ob das Maulthier in freier Luft darüber schwebe, während das dumpfe Murmeln und Rauschen gar unheimlich zu uns herauftönte, ist gerade nichts angenehmes noch dazu, da ich gar nicht mehr darauf gerechnet hatte, solche Hänge passiren zu müssen – wir ritten diesen bösartigen Pfad aber so lange bergauf und ab, und ich war durch die in den letzten Tagen gehabten Anstrengungen so gleichgültig geworden und abgestumpft gegen alle dergleichen Eindrücke, die sonst mein ganzes Nervensystem in der lebendigsten Spannung erhalten haben würden, daß ich zuletzt förmlich im Sattel einschlief und im Halbtraum nur noch den Abgrund neben mir an der einen und die schroffen Felswände an der anderen Seite erblickte; – die erschöpfte schwache Menschennatur verlangte nach Ruhe, und als wir endlich, um elf Uhr etwa einen Platz erreichten, wo die Maulthiere etwas zu fressen bekommen konnten, glitt ich nur aus dem Sattel, breitete meine Decken an der Stelle wo ich stand, aus, und träumte im nächsten Augenblick schon »von daheim und Glück und Frieden.«

Am nächsten Morgen brachen wir wieder vor Tag auf – es war die Nacht recht kalt gewesen und es hatte mich gefroren; wir nahmen auch nicht einmal etwas zu uns – aus dem Sattel auf die Erde geworfen und von der Erde auf wieder in den Sattel – ein trauriges Leben – doch führte es mich meinem Ziele entgegen, und ich mußte zufrieden seyn.

Der Wind zog recht kältend die Schlucht herauf und ich wickelte mich fest, fest in meinen Poncho; der Traum, den ich die Nacht gehabt war auch gar zu lieb und freundlich gewesen, ich mochte ihn noch nicht aufgeben und suchte ihn fortzudenken, und wie die grauen dämmernden Morgennebel von den Halden herunter ins Thal glitten, und die Gegenstände um uns her nur erst langsam und schwach Form und Gestalt annahmen, während im Osten die Sterne erbleichten und den frischen Morgenhauch über die Bergkuppen sandten, da saß ich wieder mit halbgeschlossenen Augenliedern auf meinem Thier und suchte die Außenwelt so viel als möglich zu vergessen.

Hunde schlugen an und Kinderstimmen drangen an mein Ohr – ich hob den Kopf und schaute überrascht, erstaunt empor – wacht' ich denn, oder träumte ich noch fort? – kam ich denn wirklich erst eben aus eisigem Frost heraus, oder hatte mich ein neckendes Bild geäfft? – gestern Morgen noch bis am Gürtel im Schnee, bald an eisigen Hängen hinkletternd, wo weder Baum noch Strauch die monotone Oede von Schnee und starren Felsmassen unterbrach, und jetzt –?

Vor mir eine friedliche reinliche Hütte, fest in grüne laubige Büsche hineingeschmiegt, dicht daneben das dunkle Laub der Orangen und die Aepfel der Hesperiden in voller herbstlicher Pracht daraus hervorglühend – Monatsrosen in Knospen und aufgebrochene Blumen – Pfirsichbäume bis zur Spitze mit den weichen süßen Blüthen bedeckt, und um mich her überall blühende Sträuche und das saftige Grün der Wiesen und Hänge – ein Zauberschlag hatte den starren Winter zerstört, und Sommer war's geworden so rasch, wie sich die Nacht in Licht verwandelt, mir aber zog es wie Frühlingslust in die Seele, und mit dem erwärmenden Strahl der über die Berge emporsteigenden Sonne schüttelte ich Schwäche und Erschöpfung von mir, und fühlte mich wie neugeboren. Der Schnee der Gebirge lag hinter uns, und durch das sonnige Thal hin, wo bald grünende Weizenfelder und eingezäunte Weiden die geschäftige Hand des Menschen verriethen, trabten wir rascher als es die Thiere bis jetzt gethan, der Ebene zu, die sich vor uns in grüner herrlicher Pracht entfaltete und ausbreitete.

Ein weites Thal öffnete sich, in dem jede Handbreit fruchtbaren Bodens benutzt schien, und zahlreiche Maulthierzüge die uns begegneten, kündeten den lebendigen Verkehr dieser Gegend. Ueberall Orangen und blühende Pfirsiche und Aepfelbäume, die Häuser wohnlich und nett in deren Schatten, die Gärten und Felder mit sicheren Mauern oder Hecken umgeben, und von den Bergen nieder treffliche Wasserleitungen angelegt, den trockner gelegenen Ländereien die gehörige und nöthige Feuchtigkeit zuzuführen.

Zu Mittag erreichten wir endlich ein kleines Städtchen, Santa Rosa, und in diesem auch das Haus, in dem ich, wie mit dem in Mendoza genommenen Führer akkordirt worden, frische Pferde bis Valparaiso bekommen sollte.

Originell war die Ueberlieferung des, oben in den Cordilleren mit Brodteig zugeklebten Briefes, den zu entziffern die eine Hälfte der Familie verwandt wurde, während die andere dabei stand und mich auf das aufmerksamste von Kopf zu Füßen musterte.

Mit Hülfe der mündlichen Erklärung meines Peons bekamen sie endlich heraus, was sie eigentlich bei der ganzen Geschichte zu thun hätten, und der Sohn vom Haus – der Bruder meines früheren *vaquiano* erklärte sich auch bereit mich »am nächsten Morgen« nach Valparaiso zu begleiten. Damit war ich aber wieder nicht einverstanden – *gleich* mußten wir fort, denn mir ließ es keine Ruh und Rast mehr, bis ich wußte was aus meinem Schiffe geworden, und ich erklärte dem guten Mann ganz einfach daß ich, wenn er mir dem Contrakt nach kein Pferd *augenblicklich* zur Verfügung stelle, ich mir im Orte *selber* ein anderes miethen und nach Valparaiso *allein* reiten würde, nachher konnte er sehen wo er seine fünf Unzen bekam.

Der Grund war vollwichtig; hätte er das Geld schon gehabt, so würde es ihm sicher Vergnügen gemacht haben mich los zu werden, so aber hatte ich es noch und die Sache änderte sich – er machte ohne weitere Umstände Anstalten ein Pferd für mich zu bekommen, unterdessen wurde das Mittagessen hergerichtet – weiche Eier und eingekochte getrocknete Pfirsiche, an denen ich mich nicht wenig delektirte – und etwa zwei Uhr Nachmittags brachen wir wieder auf, mit dem Versprechen meines Führers, am nächsten Abend bei guter Zeit in Valparaiso zu seyn.

Noch an dem nämlichen Abend passirten wir die kleine freundliche Stadt San Felipe, mit ihren breiten regelmäßigen Straßen und mauerumgezogenen Gärten, mit ihren dichten fruchtbeladenen Orangenhainen und blumigen Hecken; ja vor der Thür des Regierungsgebäudes standen sogar, etwas das ich in Chile noch nicht gesehen und unter dieser Breite auch gar nicht erwartet hatte, zwei stattliche Palmen die der ganzen Gegend einen sonnigen tropischen Charakter gaben.

Auch das Volk hatte wieder sein Eigenthümliches und gar Verschiedenes von der Nachbarrepublik – dem argentinischen Reiche – den Poncho tragen sie ebenfalls – aber er ist kürzer, leichter und nicht von so blutigen Farben als der argentinische – die Leute galoppiren auch meistens mit ihren Pferden, wie es die Argentiner thun, aber es ist kein steter halsbrechender Carriere wie da drüben, der sich keinen Pfifferling drum schiert ob das Pferd in demselben Augenblick todt zusammenbricht, so es den Reiter nur erst zu dem bestimmten Ort geliefert hat. Die chilenischen Farmer *traben* auch sogar sehr häufig, was ich an der anderen Seite der Cordilleren nur in Buenos Ayres selber gesehen hatte, wo nicht galoppirt werden *durfte*.

Ebenso unterscheidet sich das Reitzeug auf das wesentlichste von einander, und wenn auch der Zaum selber große Aehnlichkeit hat, nur daß der argentinische schärfer ist, so kann man an Sattel und Steigbügel einen argentinischen Reiter von einem chilenischen so weit unterscheiden, wie man nur überhaupt Roß und Mann zu erkennen vermag.

Der Sattel des Argentiners ist gewöhnlich mit zwei, manchmal auch nur mit einem Schaffell, bei Vornehmeren mit einer reicheren Schabrake bedeckt, schließt aber dicht ans Pferd an. Besonders originell sind aber daran die Steigbügel. Der Argentiner der überhaupt Schuhwerk trägt, hat auch zugleich Steigbügel nach unserer Art am Sattel, wenn auch bedeutend kleiner, in die er nur eben die Spitze seiner Stiefel hineinbringen kann. Der ärmere oder wildere Argentiner mit seinen Pferdehautstiefeln (*botas*) aus denen der große Zeh und sein Nachbar vorschauen, benutzt diese Steigbügel ebenfalls hie und da; weiter in den Pampas hinein verschmäht er jedoch diesen Luxusartikel und es gibt dann Massen von Reitern die gar keine Steigbügel führen, wo das aber doch geschieht da benutzen sie eine andere Art, die aber auch eben nur in den Pampas anwendbar wäre. Diese bestehen nämlich in einem einfachen starken Riemen aus ungegerbter Haut, und in diesen an der Stelle wo der Steigbügel eigentlich seyn sollte, ein kleines Stückchen Holz oder einen kurzen Knochen hineingeknüpft. Zwischen die beiden, aus dem Bota vorschauenden Zehen fassen sie dann den Streifen ungegerbter Haut, unter denen das Holz oder der Knochen festsitzt, und der Steigbügel ist fertig.

Himmelweit von diesen verschieden sind die chilenischen Steigbügel, und zwar anscheinend so unbehülflich, wie die argentinischen dünne und mangelhaft sind. Die Chilener schnitzen sie förmlich aus einem Block Holz, groß und weit – fünf bis sechs Zoll breit, etwa vier Zoll hoch und bis drei Zoll dick – und lassen eine Wand an der äußeren Seite gegen welche die Fußspitze antritt, daß der Fuß nicht hindurchschlüpfen kann, und haben das Ganze noch gewöhnlich verziert und gepreßt.

Die Sporen der Chilener gleichen den argentinischen, doch sind sie ebenfalls nicht ganz so schwer und bösartig als jene, und die Stacheln daran dicht zusammenstehend und sonnenartig.

Wunderliche Caravanen begegneten mir dieser Art, die Pferde und Maulthiere mit ihren Wein und Mehl gefüllten, aus roher Thierhaut verfertigten Säcken beladen, die ihre Produkte dem nächsten Städtchen zuführten.

Den Abend übernachteten wir in einer kleinen Hütte dicht am Wege. Welch ein Unterschied zwischen den Leuten an der anderen Seite der Gebirge – die Hütte war allem Anschein nach ärmlich, aber nichtsdestoweniger sauber und gut erhalten, und die Bewohner freundlich, ja herzlich.

Am nächsten Morgen ritten wir vor Tagesanbruch aus – eine mir selber unbegreifliche Ungeduld hatte mich erfaßt – ich mußte nach Valparaiso. Gott weiß, wie vielmal wir in der Dunkelheit den Bergstrom kreuzten, der das Thal nach nur zu vielen Richtungen durchzieht und vieles Land, das sonst trefflich zu Weiden oder Feldern benutzt werden könnte, mit Steinen füllt. Toll und wild lagen hier förmliche Kieselblöcke durcheinandergewürfelt, und gaben Zeugniß, welcher Gewalt diese Bergströme fähig werden, wenn der Sommer erst einmal jene ungeheuren Schneemassen schmilzt und ein förmliches Meer von Bergwässern in das Thal hinunterschleudert.

Die jetzigen Biegungen des Stromes, die im Sommer aber alle überfluthet sind, waren mit Massen von herrlichen Blüthenbüschen bedeckt und wo nur ein höher gelegener Strich den geringsten Anbau gestattete, standen auch gewiß kleine Wohnungen, und irgend ein fleißiges Menschenkind hatte der gierigen Fluth einen kleinen Fleck zum Bau seiner Nahrung und Bedürfnisse abgewonnen.

Wieder erreichten wir eine Hügelreihe, an welcher eine Wasserleitung hingeht, deren Bahn wir später bis nach Valparaiso folgten, und gleich darauf betraten wir ein anderes Thal, das uns zugleich wieder ein gar nicht unbedeutendes Städtchen in Sicht brachte. Rings umher waren die Felder auf das sorgfältigste bestellt, die Straßen vortrefflich erhalten, und der kleine Ort selber, Guillota, schien belebt und geschäftig.

Wir hielten vor einer Pulperia, uns selber und die Thiere ein wenig zu erfrischen, und ich delektirte mich an köstlichen Oliven, wohlschmeckendem Brod und herrlichen Trauben und Orangen. Auch eine Art Most schenkten sie aus, er hatte aber schon ein trübes fatales Ansehen und schmeckte noch viel fataler – überhaupt kann sich der chilenische Wein mit dem Mendoziner nicht messen, und es wird auch viel von dort herübergeschafft.

Als ich fortging, wollte ich mir für einen halben Real (etwa 2 gute Groschen) Orangen und Trauben mitnehmen, konnte sie aber nicht alle transportiren und mußte die Hälfte zurücklassen, so viel bekam ich.

Nach etwa einer Stunde Rast, in der die Pferde gierig ein paar Bündel frisch geschnittenes Gras eingefressen hatten, brachen wir auf und suchten die Thiere wieder in Galopp zu bringen, aber sie fingen an nachzugeben, besonders das meinige, und wollten zuletzt kaum noch aus der Stelle – Peitsche wie Sporn blieben gleich erfolglos – die armen Bestien waren erschöpft. Der Geiz meines neuen Vaquianos hatte ihnen, wie ich leider erst zu spät merkte, das Futter nur karg zugemessen, und wir waren nur im Stande Schritt für Schritt mit ihnen vorwärts zu kommen. Mein Führer behauptete endlich, als die Sonne unterging, nicht mehr weiter zu können, und erklärte da, wo wir uns gerade befanden, übernachten zu wollen – ich aber erklärte ihm dagegen, dann ging ich noch an demselben Abend zu Fuß nach dem noch etwa fünf Leguas entfernten Hafen, und da der Accord lautete, daß er verpflichtet war mich zu Pferde hinzubringen, so fügte er sich endlich, wenn auch murrend.

Wieder, nach kurzer Rast im Sattel, und jetzt langsam mit den todtmüden Pferden bergauf, bergab, mehr nebenhergehend, als sie durch die Last des Reiters erschöpfend – gen Valparaiso – mich drängte es auch aus den Kleidern zu kommen, in denen ich nun in Staub und Thau, Tag und Nacht in den Pampas wie im Schnee gesteckt. Selbst die hohen Wasserstiefel waren an der Seite, vom scharfen Ritt durch die Steppe, aufgescheuert, das grauwollene Jagdhemd durch das darangeschnallte Gewehr und die Dornen zerrissen und meine Beinkleider natürlich total durchgeritten – der Poncho bedeckte Alles nur nothdürftig. Hatte der Talisman dann auch Valparaiso schon wirklich verlassen, so waren, genau getroffener Abrede nach, meine Sachen doch dort, im Geschäft der Hrn. Lampe, Müller und Fehrmann, zurückgeblieben, und ich konnte mit einem der nachfolgenden Schiffe von Heyborn und Compagnie weitergehen – also nur erst nach Valparaiso, in frische Wäsche, in ganze Kleider zu kommen. Aber der Weg wollte kein Ende nehmen – neun Uhr schon war's, und noch immer hatten wir die Stadt nicht erreicht.

Die Gegend wurde dabei monoton und öde genug, die Hügel waren kahl und baumleer, ja selbst das wenige Gras was darauf wuchs, schien kümmerlich und dürftig – das Land dehnte sich dabei wellenförmig vor uns aus – kein Berg, aber auch keine Ebene, wenn man auf *einen* langweiligen Hügel hinauf war, und hoffte nun eine Uebersicht weiter nach vorn über das andere Land zu gewinnen, so sah man sich wieder getäuscht – denn weiter vorn lag akkurat wieder ein solcher Hügel wie der, den wir eben zwei Stunden gebraucht hatten zu überwinden. Als es zuletzt dunkelte, wurde die Sache eben nicht anders, Hügel ab und auf – die Hügel hinunter that man es sich zu liebe daß man abstieg, und hügelauf dem Pferd, was blieb da. Endlich erreichten wir eine Windmühle, und es kam mir fast vor, als ob man hier einen Ueberblick über die See gewönne; lange hatte ich aber keine so dunkle Nacht gesehen als diese, und ich bin auch fest überzeugt, daß uns nur der Instinkt der Pferde im Wege selber hielt.

Ein helles strahlendes Licht wurde jetzt vor uns sichtbar – es war, wie mir mein Führer sagte, der Leuchtthurm des Hafens – wir mußten uns also ganz dicht am Meer befinden, aber vergebens strengte ich meine Augen an es zu sehen, nicht einmal die Lichter von Valparaiso ließen sich erkennen, und dennoch konnten wir nur noch eine sehr kurze Strecke davon entfernt seyn. Die ewigen wellenförmigen Hügel benahmen die Aussicht, und dichtes Gebüsch und Gärten – jetzt aber nur in ihrem noch dunkleren Schatten unterscheidbar, dämmten selbst später jeden Blick der Stadt zu ab, als wir die letzten Hügel hinabklommen und nun ein sandiges seichtes Flußbett erreichten, in dem hin wir uns eine Bahn suchen mußten, an's andere Ufer zu kommen.

Mein Begleiter schien hier selber die Furth nicht recht zu kennen, denn zweimal verfehlte er sie, und wir geriethen in tiefes Wasser, und das unheimliche Plätschern des Stromes, wie das nahe gewaltige Brausen der Brandung, die jetzt, so deutlich an unser Ohr schlug als ob wir sie dicht neben uns hätten, mit der Mattigkeit unserer Glieder und dem Ueberdruß des langen endlosen Marsches, diente wahrlich nicht dazu uns fröhlicher zu stimmen. Mürrisch und schweigend wateten und trieben wir vorwärts, einem Ziele zu, das uns Beiden fast vorkam als ob wir es im Leben nicht mehr erreichen sollten.

Endlich – endlich kamen wir an die Außengebäude, und zwar an die ersten Häuser der langen, am Strand hin, weit in die Hügel hineinlaufenden Straße, aber die meisten Thüren waren schon geschlossen – die Menschen gingen zu Bette, es war Nacht, und da unsere Thiere auch wirklich mit bestem Willen nicht mehr weiter konnten und ich an diesem Abend selber natürlich nicht im Stande war noch etwas auszurichten, gab ich endlich dem Drängen meines Begleiters nach, in einer »ihm bekannten Pulperia,« eine Art Schenke und Krämerstand, zu übernachten.

9. Valparaiso und Chile.

Mein erster Abend in Valparaiso versprach nichts weniger als angenehm zu werden. Die kleine Pulperia in der wir unser Nachtquartier genommen, lag ziemlich am östlichsten Ende der Stadt, und mußte der ärmlichsten Art dieser Klasse von Häusern angehören, denn ärmlich genug sah es wahrlich darin aus. Ich war aber auf meiner letzten Reise, weder durch die Pampas noch über die Berge, sehr verwöhnt worden, warf meinen Sattel deßhalb in eine Ecke und mich mit der Decke oben drauf und wartete ruhig bis »Donna Beatriz« – die ich mir beiläufig anders gedacht hatte – uns eine Mahlzeit bereitet haben würde, die hungrigen Mägen zu befriedigen. Vor allen Dingen ließ ich mir ein Glas Wein geben, bekam aber wieder diesen entsetzlichen sauren Most und gab es in Verzweiflung auf.

Die Pulperia war eine kleine Art Kramladen, wo die Nachbarn Talglichter und Zucker, Eier und Seife, Dochte und Kohlen in kleinster Quantität bekommen konnten; vorn stand aber auch ein Tisch mit einigen Bänken, und eine Reihe mit Flaschen, die das unterste und bequemste Real zierten, verkündeten mit ihren angeklebten Zetteln die verschiedensten Gattungen von *aqua ardiente.*

Woran mir übrigens jetzt, fast noch vor dem Essen, lag, war herauszubekommen ob der Talisman schon gesegelt sey, und meine erste Frage lautete nach einer Zeitung – leider schien keine im Haus zu seyn und zu solcher »nachtschlafender« Zeit konnte man die Nachbarn auch nicht wecken. – Ich richtete jetzt meine Fragen an den Hausherrn wie an mehre Gäste, keiner wußte mir aber Bescheid zu geben, und nur Einer meinte, den Namen hätte er gehört und das Schiff müsse im Hafen liegen, das war aber auch Alles.

Donna Beatriz wirthschaftete indessen am Kamin herum, und brachte erst eine ganze Portion Eier und dann eine Bratpfanne zum Vorschein und hielt die letztere dann gegen das Licht, zu sehen, in welchem Zustand sie sich eigentlich befände. Was ich davon erkennen konnte, so war dieß ein sehr trauriger, Donna Beatriz ließ aber den Lappen, mit dem sie wahrscheinlich im Anfang beabsichtigt hatte sie auszuwischen, wieder fallen und sagte, »das wäre schade – es ist noch Fett d'rin« – und schlug ruhig die für uns bestimmten Eier oben auf diese vorsündfluthliche Fettschicht in löblicher Sparsamkeit.

»Das ist mir aber lieb« dacht ich, doch hatt' ich einen Bärenhunger und nebenbei den festen Entschluß gefaßt, mich durch nichts mehr abschrecken zu lassen und hineinzuessen was mir vorgesetzt werden würde. Schlimmer wie die Kuhhornsuppe meines früheren Argentiners konnte es doch nicht seyn.

Am nächsten Morgen war ich noch vor Tag auf, und am Hafen – es lagen viele Schiffe dort, und keines hatte die Segel auf – außerdem rührte sich auch kein Luftzug, und befand sich der Talisman jetzt noch unter ihnen so konnte er mir nicht mehr entgehen. Es war aber noch zu früh am Tag und noch dazu an einem Sonntag Morgen, irgend einen Menschen zu treffen der mir hätte genauen Bescheid geben können, deßhalb blieb mir nichts übrig als indessen am Landungsplatz ein wenig auf-und abzugehen.

Wie mir zu Muthe dabei war wird sich der Leser unmöglich denken können, ich müßte ihm denn eine ganz genaue Beschreibung meines eigenen äußerlichen Selbst liefern, und sogar das kann ich nicht, denn ihnen nur einen *deutlichen Begriff* meiner unteren Kleidungsstücke zu geben wäre unanständig – ich darf ihn nur, wie es die Redaktionen der politischen Zeitschriften mit Rußland, Oestreich und Preußen machen, ihren Zustand *ahnen* lassen.

Der Leser mag übrigens bedenken daß ich fast einen vollen Monat im Sattel gehangen hatte, daß selbst meine langen Wasserstiefeln, von dem ewigen Galoppiren, an der Seite *durchgeritten*, und fertige Kleidungsstücke unterwegs nicht zu bekommen waren, ich auch nichts weiter, Wäsche ausgenommen, mitgeführt hatte, als was ich am Körper trug – mit einer einfachen Kettenrechnung läßt sich da leicht ein Facit herausbekommen. Ein ziemlich langer argentinischer Poncho, mit sehr vorherrschender rother Farbe verdeckte übrigens meine meisten Mängel, aber auch der sah wild genug aus. Das rothe Tuch dabei um den Hals, wie's die Argentiner tragen, den Staub abzuhalten – den alten breitrandigen, verwitterten Filzhut dessen Krempe vom fortwährenden Auf- und Niederschlagen an einigen Stellen nur scheinbar noch aus besonderer Gefälligkeit für mich zusammenhielt, das sonnverbrannte Gesicht und Bart und Haar natürlich auch seit geraumer Zeit keinen Friseur gesehen – was Wunder da, daß die wenigen Leute, die sich nach und nach auf der Straße blicken ließen, etwas überrascht die wunderliche abenteuerliche Gestalt anschauten, die sich an dem anbrechenden freundlichen Sonntagmorgen bestaubt und übernächtig auf der Straße blicken ließ.

Da ich aber glücklicher Weise nicht selber hinter mir hergehen konnte, vergaß ich auch bald mein eigenes Aussehen in dem Drang Näheres über »mein Schiff« zu hören. Im Anfang konnte ich jedoch von keinem der Vorbeipassirenden etwas genaueres erfahren; einige sagten, er sey da, andere sie hätten ihn noch gar nicht gesehen – Einer meinte, er wäre gestern Abend fort – was wußte der Mann mit dem blauen Rock vom Talisman. Endlich traf ich zufällig den Wirth des »Star Hotel« in dem die meisten der Talismanpassagiere gewohnt hatten – »und wann ist er fort?« frug ich den Mann gespannt.

»Gestern Nachmittag um 5 Uhr hätten Sie noch an Bord kommen können,« lautete die Antwort und der Mann betrachtete mich dabei von Kopf zu Füßen, während es ihm ordentlich auf der Zunge lag – »aber wo um Gotteswillen kommst Du denn eigentlich her?«

Also fort – aber das ließ sich nicht ändern – und nur um wenige *Stunden* bei einer solchen Reise von *Monaten* verfehlt – eigentlich hätt' ich mich ärgern müssen – und ordentlich geahnt hatt' ich's in den letzten Tagen, in meiner inneren Unruhe die Reise zu beenden. Das sollte dabei noch ein Trost seyn, daß ich zu gleicher Zeit erfuhr, *beinah* hätt' er noch einmal Anker geworfen, denn er habe sich, bis 5 Uhr Nachmittags eben, gegen einen leichten Nordwind abquälen und fortwährend dagegen ankreuzen müssen, aus dem Hafen zu kommen.

Aber was schadete es? – dagegen thun ließ sich doch nichts und es blieb mir jetzt nur das Einzige übrig, augenblicklich meine Sachen abzuholen.

Hier aber lag eine andere Schwierigkeit – es war Sonntag Morgen – es gibt wirklich nichts Verzweifelteres in der Welt, als an einem Sonntag Morgen in einer fremden Stadt anzukommen – kein Geschäft eröffnet, kein Mensch zu finden, die Leute alle nur in ihrem Sonntagsputz auf den Straßen, und Alle vollkommen müßig den Fremden Viertelstunden lang anzustieren – und dabei ein Hunger – das etwa waren meine Gedanken.

Die Herren des Firma, bei der meine Sachen niedergesetzt waren, mußte ich also jetzt in ihrer eigenen Wohnung aufsuchen, und konnte ich so hingehen wie ich da ging und stand? – nun konnte ich etwa *anders* hingehen?

Als ich in einem solchen geringen Anfall von Verzweiflung in der Straße stand, und eben, mit Hülfe einiger gefälligen Vorübergehenden eine Anzahl von dort in Massen herumlaufenden Hunden abgewehrt hatte, denen wahrscheinlich das viele roth an mir aufgefallen war, denn einer hatte mich zuerst angebellt, und damit ein halbes Dutzend anderer Kameraden herbeigerufen, fiel mein Auge zufällig auf ein kleines Schild das über einer, eben halb geöffneten Thüre hing, und auf dem, unter den spanischen Eigenschaftsnamen mit *deutschen* Buchstaben ein unverkennbares »Deutscher Schuhmacher« prangte.

Das war ein Lichtblick, denn um diese frühe Tageszeit konnte ich noch keine *Visite* machen und der deutsche Schuster wußte hier jedenfalls genug Bescheid, mir erstlich die Adresse des Lampe, Müller und Fehrmann'schen Geschäfts und vorher einem Ort zuzuweisen, wo ich eine menschliche Mahlzeit bekommen konnte.

Mein kleiner Schuhmacher, der eben keine Schuhe aber wohl seine Toilette zu dem heutigen Festtag machte, war auch wirklich gleich zum guten Anfang ein kleines Original, empfing mich aber, wenn auch erst mit einem etwas mißtrauischen Blick über meinen ganzen äußeren Menschen, vorzüglich aber über mein Schuhwerk, freundlich, bot mir sein Dreibein zum Sitz an, und band sich, während ich mich darauf, mir zugleich den Rücken deckend, niederließ, oder schnürte sich vielmehr, denn er kriegte einen ganz dicken rothen Kopf dabei, seine Cravatte vor dem kleinen Spiegel um, der die eine Ecke seiner »Werkstatt« zierte. Ich mußte ihm dabei meine Geschichte erzählen, und er sprang mit beiden Beinen zugleich herum, als er hörte daß ich direkt über die Cordilleren käme. Ich gewann dadurch sein Herz und er bedauerte nur, indem er meine Stiefel noch einmal eines genaueren Blickes würdigte, daß er wahrscheinlich kein passendes Schuhzeug fertig für mich haben würde.

»Wenn Sie nur erst ein paar anständige Stiefeln an den Füßen haben,« sagte er dabei beruhigend, »auf das andere kommt es weniger an – *die* sehen aber bös aus –« das *andere* hatte er nämlich noch nicht gesehen.

Ich sah ihn im Anfang erstaunt an, denn bis dahin hatte ich viel zu viel Zartgefühl gezeigt, meine Garderobe auch nur mit einem Wort zu erwähnen, aber ich vergaß daß heute Sonntag war, und mein kleiner Schuster, wenn er mit mir zum Frühstück über die Straße gehen mußte, sich wahrscheinlich schämte, in solcher Gesellschaft gesehen zu werden. Hatte er mich aber in gutem Schuhwerk, so ging ihn das andere nichts weiter an.

Mein neugewonnener Freund erzählte mir jetzt nun auch *seine* Lebensgeschichte – denn nach seiner kleinen, dicken, silbernen Uhr hatten wir noch wenigstens eine halbe Stunde Zeit, ehe wir zu essen bekamen. – Er war vor einigen Jahren schon nach Chile gekommen und befand sich hier vortrefflich – bis dahin hatte er immer nicht gewußt, weßhalb die Stadt Valparaiso – »paradiesisches Thal« genannt werde – denn das Paradies hätte er sich eigentlich anders gedacht, nun aber wisse er es, denn für die Schuhmacher sey es ein wirkliches Valparaiso. Er, der als armer Schuhmachergeselle hierherkam, wurde augenblicklich Meister, ohne ein Meisterstück machen zu dürfen, und lieferte nicht allein vortreffliche Arbeit, sondern hielt sich auch noch, er der arme Schustergeselle, einen »Wichsier«, einen ächten Spanier, der ihm dabei nicht allein das Flickwerk besorgte, sondern sogar bestellte und für ihn zugeschnittene Arbeit recht leidlich ausführte. Das war aber das wenigste – außerdem konnte er arbeiten, wenn er gerade Lust hätte, Feierabend ebenso machen wie er wollte, und Sonntags hatte er nicht etwa seine gewöhnlichen »paar Groschen,« sondern eine Handvoll spanischer Dollar in der Tasche und trug sich »so fein wie nur irgend ein anderer Señor.«

Ich beneidete ihn in dem Augenblick wirklich um *ein* Kleidungsstück, er fuhr aber fort mir zu erzählen, wie er sich einmal habe verleiten lassen – denn der Mensch verlange es immer besser zu kriegen auf der Welt, so lange er lebe – von Valparaiso fort und nach Valdivia zu gehen, um »Landwirthschaft« zu treiben – »ich und Landwirthschaft« setzte er dabei verächtlich hinzu, dazu passen nur rohe Naturen, die zu nichts weiter gemacht sind, als unvernünftig dicke Bäume zu fällen und Erdboden aufzukratzen – es ist ebenso mit dem Vieh – *sie* liefern die Rohprodukte, und wir müssens dann verarbeiten.«

In Valdivia schien es ihm bitterbös gefallen zu haben – Sonntags keine Vergnügungen, kein baar Geld zu verdienen, denn wie er wirklich angefangen hatte, in seinem Handwerk zu arbeiten, konnten ihm die Leute kein *baar Geld* dafür geben, sondern er sollte Leder, noch im *Urzustand* nehmen, und da hörte doch wahrhaftig Alles auf.

Unter diesen Gesprächen war er endlich fertig geworden, die Zeit des Frühstücks rückte auch heran, und wir gingen dann zusammen in ein amerikanisches »Boardinghouse,« wo man für einen mäßigen Preis ein recht gutes Frühstück bekam. Mir wenigstens, der ich so etwas lange nicht gekostet, schien es ein lukullisches Mahl und die einzige Fatalität dabei war, daß ich erstlich meinen Poncho nicht ablegen durfte, und mich zweitens noch, nicht so recht daran gewöhnen konnte, mit Messer und Gabeln, besonders mit den letzteren, zu essen. Fast unwillkürlich kamen mir noch immer die Finger der linken Hand dazwischen, und mein Schuster schüttelte mehrmals sehr bedenklich mit dem Kopf.

Nach dem Essen war es nun auch spät genug geworden Herrn Fehrmann, dessen Wohnung mein kleiner Schuster nämlich wußte, und zu dem er sich sehr freundlich erbot mich hinzuführen, aufzusuchen.

Glücklicherweise war er noch zu Hause, denn ich fand ihn eben im Begriff auszugehen, und so erstaunt er mich im Anfang betrachtete – denn er hatte bei meinem ersten in Sicht kommen wohl kaum geglaubt, daß ich ihn *deutsch* anreden würde, so erstaunt blieb er, als ich ihm von meinem Koffer sagte, der hier für mich stehen solle. Er rief augenblicklich einen seiner jungen Leute, ob der »Talisman« irgend etwas für einen der Passagiere im Geschäft oder Zollhaus zurückgelassen. Keiner wußte von etwas, und im Augenblick war mir klar, daß der Talisman –

gegen die mit Capitän und Cargadeur getroffene Abrede – meine sämmtlichen Sachen mitgenommen habe; Wäsche, Kleider, Bett, Bücher, kurz alles, was ich überhaupt jetzt auf der Welt mein nannte und nothwendig brauchte, nicht allein um in Valparaiso anständig zu erscheinen, sondern auch eine weitere Seereise, mit den dringendsten Bequemlichkeiten versehen fortsetzen zu können, befand sich auf dem Weg nach Californien und ich saß hier so blank und schön auf der wohlriechenden Haide, wie es sich ein Mensch nur wünschen konnte.

Allerdings war die Sache, für mich wenigstens, auch nichts weniger als spaßhaft, dennoch mußte ich im ersten Moment laut auflachen. Niemand kannte meine »inneren« wie »äußeren« Verhältnisse besser, als ich selber, und so plötzlich und total in einer wirklichen Urpatsche zu sitzen, hatte jedenfalls etwas poetisch-komisches.

Herr Fehrmann, dem ich meinen Namen nannte und mit ein paar Worten die Umrisse meines Unfalls gab, während er durch den Cargadeur schon von meiner beabsichtigten Fahrt unterrichtet war, lachte im ersten Augenblick allerdings mit über meine Lage – und der Henker hätte da ernsthaft bleiben mögen, bot mir aber zu gleicher Zeit mit der größten Gastfreundschaft sein Haus zum Aufenthaltsort an, bis das nächste Schiff desselben Rheders, die »Reform,« das täglich erwartet wurde, eintreffen sollte. Ich nahm das Anerbieten so gern an, wie es mir geboten wurde, und fand mich bald darauf nicht allein in das Haus, sondern selbst in die Familie des Herrn Fehrmann mit einer Herzlichkeit aufgenommen, die ich den guten Menschen nie vergessen werde.

So abgerissen war ich übrigens, daß ich mir sogar Kleider borgen mußte, um nur in der Stadt herumgehen und neue einkaufen zu können; das aber, was mir im Anfang ein Mißgeschick geschienen, wurde jetzt für mich zum Glück. Unter den freundlichsten Verhältnissen war ich nicht allein im Stande, mich von wirklich fast zu harten Strapazen und Mühseligkeiten auszuruhen, sondern auch Valparaiso selbst, das ich doch im anderen Falle nur zu flüchtig hätte sehen, und ganz und gar nicht näher kennen lernen können, länger zu durchstreifen und auch mehr über das Land selber zu hören.

Valparaiso, einer der bedeutendsten Handelsplätze der Westküste Amerika's, ist wohl schon oft genug geschildert worden, und ich will mich deßhalb auch auf keine lange, den Leser vielleicht ermüdende Beschreibung des Ortes einlassen, sondern ihm nur kurz den Eindruck geben, den die Stadt beim ersten Betreten und bei einem mehrwöchentlichen Aufenthalt auf mich machte.

Valparaiso gleicht keineswegs den übrigen südamerikanischen, im altspanischen Geschmack gebauten Städten, sondern mehr als selbst Rio Janeiro und Buenos Ayres, einem europäischen Handelsplatz. Daran tragen aber nicht allein die jetzigen Bewohner, sondern auch ein früheres Erdbeben und eine spätere, sehr starke Feuersbrunst die Schuld, denn die zerstörten Stadttheile wurden alle im neueren Geschmack errichtet, ja die an der Bay hinlaufende Hauptstraße besteht sogar, in gänzlicher Verachtung kommender Erdbeben, aus großentheils zweistöckigen Häusern, und diese, wie die kleineren an dem der Bai zugewandten Hang der Küstenhügel stehenden Gebäude, haben alle hohe und nicht flache spanische Dächer.

Der Hafen ist geräumig und sicher und nur den Nordwinden preisgegeben, die allerdings hier nur sehr selten wehen, aber *wenn* sie kommen, gewöhnlich stark und furchtbar einsetzen und großen Schaden unter den Schiffen anrichten. Befestigt ist der Hafen sonst fast gar nicht, denn die paar Kanonen, die hie und da hinter nur unbedeutenden niederen Mauern stehen, können sicher nicht als Vertheidigungswerke gelten. Chile lebt aber mit den übrigen Nationen in Frieden, deren eigener Nutzen schon sie nöthigt, Handel und Hafen der blühenden Republik eher zu schützen als anzugreifen.

Chile ist jedenfalls ein blühendes herrliches Land, obgleich erst in seiner Entwicklungsperiode; seinem Berg-wie Ackerbau, besonders dem ersteren, kann man wohl eine glänzende Zukunft prophezeien. Die Silber-und Kupferminen sind unglaublich reich, und die Regierung begünstigt vorzüglich den Bergbau, zu dessen Schutz die umfassendsten Gesetze gegeben sind und mit eiserner Strenge gehandhabt werden.

So wird zum Beispiel dem Entdecker einer Mine, sie mag sich befinden auf wessen Land sie will, das Eigenthumsrecht derselben unbedingt zugesprochen. Der Eigenthümer des Landes aber ist nicht allein verpflichtet, ihm den Grund und Boden zu einem von der Regierung festgesetzten und nicht nach dem Werth der Mine, sondern nach dem Werth des Bodens bestimmten Preis abzulassen, sondern muß ihm auch noch Holz und Wasser, was er zu der Bebauung seiner Mine bedarf, ebenfalls zu einem von der Regierung zu bestimmenden und sich den örtlichen Verhältnissen anpassenden Preis herbeischaffen.

Getreide, wie alle Arten von Früchten, bringt das Land in großer Menge und Güte hervor; nur an Händen fehlt es noch, den Boden zu bearbeiten, und da dieß die Regierung recht gut einsteht, so thut sie auch alles Mögliche die Einwanderung fleißiger Arbeiter, besonders deutscher, zu befördern. Sowohl in Valdivia wie Concepcion beginnen Ansiedlungen, die später die erfreulichsten Früchte tragen können.

In Concepcion besitzt der Präsident selber bedeutende Strecken Land als Privateigenthum, und bot schon damals deutschen Einwanderern, die sich dorthin ziehen wollten, vortreffliche Bedingungen, und Valdivia, die südlichste Provinz des Landes, scheint von Deutschen stark besiedelt werden zu wollen.

Die deutsche Einwanderung wird auch natürlich auf das eifrigste von den deutschen Kaufleuten Valparaisos unterstützt, die ganz richtig schließen, daß durch eine bedeutende Anzahl von deutschen Ackerbauern und Handwerkern in Chile, deutsche Bedürfnisse auch ihre eigenen Geschäfte soviel mehr beleben müssen und der deutsche Einwanderer kann sich ziemlich fest darauf verlassen, daß er in Valparaiso selber jeden nur möglichen und billiger Weise zu erwartenden Vorschub genießen wird.

So lagen gerade, als ich mich in Valparaiso befand, mehrere deutsche Familien hier, die nach Valdivia auszuwandern beabsichtigten und keine Gelegenheit dorthin finden konnten. Herr Fehrmann reichte endlich ein Gesuch an die Regierung ein, den Leuten womöglich an den Ort ihrer Bestimmung zu helfen, und ungesäumt wurde das kleine Kriegsschiff Condor, was gerade segelfertig im Hafen lag, angewiesen, sie *passagefrei* nach Valdivia zu führen. Nur ihre Provisionen hatten sie sich selber zu stellen.

Unter diesen befand sich eine Frankfurter Familie, die ich kennen und achten lernte, und der alte Herr, der schon mit greisen Haaren, aber noch jungem Muth und erwachsenen Söhnen und Töchtern einen neuen Welttheil hatte aufsuchen müssen, sich eine Heimath zu gründen, schien praktische Erfahrung genug zu besitzen, ihm, mit einiger Ausdauer, ein günstiges Loos zu versprechen. Der Erfolg hat das auch bewährt, und seine neueren Briefe zeigen, daß er sich vollkommen wohl im Süden von Chile fühlt.

Für die Fruchtbarkeit des ganzen Landes braucht man überhaupt wohl kaum eine andere Bürgschaft, als daß es bis jetzt nicht allein die Kornkammer Californiens, sondern in letzter Zeit auch Australiens gewesen und das alles bei einer Bevölkerung, die auch nicht die mindeste Anstrengung machte eben mehr zu ziehen, als sie mit größter Bequemlichkeit gewinnen konnte. Der Chilene überarbeitet sich gewiß nicht und wo ein chilenischer Landmann sich nur wohl befindet, bin ich überzeugt daß ein Deutscher, wenn er seinen deutschen Fleiß, seine deutsche Ausdauer ebenfalls mit dorthin bringt, reich wird.

Das chilenische Klima sagt dabei dem Europäer vollkommen gut zu, denn nach Allem was ich von den verschiedensten Personen darüber gehört habe, soll selbst im heißesten Sommer die Temperatur dem deutschen Körper nicht unerträglich werden. Wir haben in Deutschland auch heiße Tage, und überhaupt unterscheidet der höhere Wärmegrad selbst die heiße Zone weniger von der gemäßigten als die in den, unter den Tropen liegenden Ländern *anhaltende ununterbrochene* Wärme, die den Körper erschlafft und aufreibt. Ein Land das seinen Winter oder selbst kalte Nächte hat, wird deßhalb nie so schädlich auf die Gesundheit des Nordländers wirken.

Was die Scenerie betrifft, so läßt darin Valparaise – wo doch gerade der Name etwas derartiges vermuthen ließe, allerdings sehr viel zu wünschen übrig, die Hügel die es einschließen sind vollkommen kahl, und nur hie und da mit einzelnen dürftigen Cactus bewachsen, doch zeigt das

Land Spuren einer früheren stärkeren Vegetation, und einzelne der Thäler, mit ihren gepflegten Orangen, Feigen und schattigen Tamarindenbäumen bieten ein desto freundlicheres Bild.

Die Stadt selbst ist übrigens für den Fremden so interessant, und öffnet seinen Blicken so viel des Neuen und Ungewohnten daß mir die wenigen Wochen die ich dort verweilte, wirklich wie im Sturm verflogen, – es war ein fortdauernder Genuß, und Chile hat deßhalb auch wohl im Ganzen einen so sehr freundlichen und günstigen Eindruck auf mich gemacht.

Die Stadt selbst theilt sich in zwei sehr bestimmte Theile, der eine ist vollkommen europäisch und hierher gehört besonders der neuere Theil derselben wie die sämmtlichen am Hafen hingebauten Häuser und Waarenlager der Kaufleute die theils in durchaus europäischem, theils in südlichem Geschmack, mit Verandahs und luftigen Räumen errichtet sind. Je weiter sich diese aber von dem Geschäftstheile der Stadt entfernen, desto mehr laufen sie wieder in die kleinen einstockigen Häuser der früheren Bewohner aus, die einem doch einmal wieder eintreffenden Erdbeben nicht so keck die Stirne bieten wollten, wie der Fremde, der zwei und drei Stockwerke aufeinander und sich dadurch der Gefahr aussetzt, daß ihm beim nächsten »Schütteln« Dach und Stockwerke über dem Kopf zusammenpoltern.

Die Landung in Valparaiso ist von allen Stadttheilen jedenfalls nicht allein der belebteste und wichtigste, nein auch interessanteste Punkt. Die Landung für die Boote selber bestand damals freilich nur noch aus einem hölzernen, mit Brettern eben überlegten Ausbau, um den die Boote anlegen konnten, und von dem eine hölzerne Treppe niederführte, die gerade so aussah, als ob sie der erste tüchtige Norder mit hinwegschwemmen müßte; ein größeres Werk war aber im Bau und die Regierung beabsichtigte überhaupt, wie ich hörte, eine Art Damm in den Hafen hinein aufzuwerfen damit wenigstens ein Theil der Schiffe – denn alle zu schirmen wäre nicht möglich – gegen die besonders im Winter manchmal eintretenden Norder geschützt läge.

Nur eine Stelle ist bis jetzt im Hafen wo eine Anzahl Klippen eine Art natürlichen Damm gegen die eintretende Dünnung bildete, der Raum den diese aber schützen ist verhältnißmäßig sehr klein, und fremden Schiffen nicht erlaubt dort zu ankern.

An der Hauptlandung wimmelt es den ganzen Tag, von frühster Morgenstunde an, in dem lebendigsten Treiben dieser thätigen Stadt – es ist der Mittelpunkt des ganzen Geschäfts, zu dem sich hier alles drängt und um den sich Land- wie Seeleute den Tag über sammeln müssen, da Zollgebäude, Börse und Markt ihn in einem Halbmond umgeben.

Die Börse ist fast ebensoviel ein Leseclub als ein Versammlungsort für die Kaufleute Valparaisos – chilenische und argentinische Zeitungen liegen mit englischen und französischen Blättern in ziemlicher Anzahl aus, trotzdem aber daß sehr viel deutsche Kaufleute in Valparaiso leben und Mitglieder der »Börse« sind, sah ich dort oben nicht eine einzige deutsche Zeitung, die Deutschen halten sich diese lieber selber – sie haben ja keine *Nation* zu vertreten.

Mit der Börse in Verbindung steht der Telegraph der von dem westlich gelegenen Hügel aus, von dem man einen weiten Fernblick über das stille Meer hat, herübermeldet von welcher Richtung her ein Schiff sichtbar wird, und wenn es näher kommt, welcher Art es ist – Schiff, Barque, Brigg etc., und welche Flagge es führt. Dicht vor den Fenstern der Börse, die den Hafen überschauen und an denen mehrere vortreffliche Telescope aufgestellt sind, steht ein kleinerer Telegraph, die Meldung des ersteren augenblicklich wiederzugeben, und in einem oben ausliegenden Buch werden die gemeldeten Fahrzeuge dann sogleich eingetragen.

Mich interessirten natürlich gerade in jener Zeit die einlaufenden Schiffe ganz besonders, und ich verbrachte manche Stunde oben in dem freundlichen lichten Local, in das Fremde durch die Mitglieder der Börse eingeführt werden können und dieselbe, einen gewissen Zeitraum hindurch, unentgeltlich benutzen dürfen.

An der anderen Seite des Platzes ist der Markt, oder eigentlich besser gesagt die Marktstraße, da Valparaiso ein eigentliches und allgemeines Marktgebäude nicht hat und die Stände meist alle in dieser Gegend in die unteren Räumlichkeiten der Häuser hineingebaut sind.

Früchte und Gemüse spielen da eine sehr bedeutende Rolle, und die auslaufenden Schiffe finden hier einen sehr günstigen Platz Erfrischungen einzunehmen. Orangen sind besonders in ungeheuren Quantitäten aufgehäuft, ebenso zu dieser Jahreszeit viele Feigen und Trauben vorräthig – Pfirsiche waren noch nicht reif, oder vielmehr erst in Blüthe. Für tropische Gewächse und Früchte ist Valparaiso aber keinesfalls der Platz, denn wenn man auch hie und da Bananen auf dem Markt sieht, so kamen diese fast stets von Peru herunter, und für eine Annanas wurden mir zwei Thaler abgefordert. Viele leben überhaupt in dem irrigen Glauben, Chile sey ein tropisches Land, wie sich Manche auch Amerika überhaupt gar nicht anders als mit Palmen bewachsen denken können, sey das nun Kanada oder Brasilien, ja ich habe sogar in einem älteren Conversationslexicon unter *Valparaiso* gefunden, daß die Küste dort mit Cocospalmen dicht bewachsen wäre – wer aber eine Cocospalme an der Küste in der Nähe von Valparaiso, oder überhaupt am ganzen chilenischen Ufer finden wollte, sollte schwere Arbeit bekommen.

Chile liegt auch gar nicht in den Tropen, denn es erstreckt sich vom 45. Grad etwa, auf dem die Insel Chiloe liegt, hinauf, bis zum 26. oder 27. südliche Breite, also vollständig noch der gemäßigten Zone gehörend. Der obere oder nördliche Theil des Landes wie der südliche von Peru, ist eine unfruchtbare Sand-und Salzwüste.

Gemüse spielen auf dem Markt eine Hauptrolle, und mit Recht, denn die chilenischen Bohnen, Kartoffeln und Zwiebeln sind berühmt, und das chilenische Mehl wurde besonders in Californien ungemein gern gekauft.

Californien übte aber auch damals auf die Preise einen wirklich californischen Einfluß aus, denn jene fabelhaften dorthin verschifften Massen von Mehl und Vegetabilien hätten ein weniger fruchtbares Land förmlich ausgesogen, und mußten natürlich, selbst wo genug Nahrungsmittel vorhanden waren, ihren Werth um ein Bedeutendes steigern. Chile hatte für den Transport dorthin auch, gleich nach den Sandwichsinseln, die günstigste Lage, und die ersten Sendungen machten enormen Profit, später gab es aber auch wieder, wie sich das gar nicht anders erwarten ließ, manchen Rückschlag, und gerade während ich mich dort befand lauteten die Nachrichten für Waarentransporte dorthin so entmuthigend, daß die Kaufleute anfingen ängstlich zu werden, ja es kamen sogar schon Vorräthe besonders an fertigen Kleidungsstücken, wieder zurück und auch Lebensmittel fingen deßhalb wieder an etwas im Preise zu fallen. Die nächsten günstigen Nachrichten steigern das aber auch eben wieder so schnell, und der Ackerbauer kann sich noch lange eines guten Nutzens seiner Produkte erfreuen.

Auch der Verkehr nach Californien ist noch eben so stark, ja vielleicht stärker als je; es laufen täglich dorthin bestimmte Schiffe ein, und die Kaufleute hier, besonders solche die mit dem Seehandel zu thun haben, machen glänzende Geschäfte. Die Wechsler discontiren dabei nur mit 15 Procent, und Vermögen werden nicht selten – wie im Eldorado selber – in wenigen Monaten erworben.

Der Hafen, schon früher wohl das ganze Jahr hindurch von zahlreichen Schiffen besucht, bietet in Folge dieses neuen Verkehrs gerade jetzt ein besonders reges Bild geschäftigen Lebens. Die meisten der nach Californien bestimmten Schiffe von allen Häfen des atlantischen Oceans laufen hier ein, Wasser und Erfrischungen an Bord zu nehmen, und die Landung wimmelt fortwährend von Amerikanern, Franzosen und Engländern. Speculirende Yankees aber haben vorzüglich hier ihre Angeln ausgeworfen Vortheil aus den eben eintreffenden Fremden zu ziehen, ehe die Chilenen selbst dazu kommen. Den landenden Booten sticht schon von fern ein großes Schild »*California chophouse*« in die Augen, und der eigenthümliche, den Amerikanern aber bekannte Name des Gasthauses »*The hole in the wall*»(das Loch in der Mauer)« zieht besonders diese an. Es ist jedoch wie »*The golden lion*« der ebenfalls sein Schild auf dem Hintergebäude dem Wasser zukehrt, von geringerer Gattung. Das beste *englische* Gasthaus ist jedenfalls das »*Star hotel*«, dicht an der Landung; doch sucht ihm jetzt ein von einem jungen Belgier neu errichtetes, das »*Ship hotel*,« den Rang abzulaufen, und die Fremden die dort einkehren, sind sicherlich sehr zufrieden mit Kost wie Wohnung. Der Preis ist in beiden 1 ½ Dollar täglich für Kost und Wohnung. Das Victoriahotel (1 ¼ Dollar per Tag) von einem Italiener gehalten, stand in einem etwas schlechten Ruf, seiner Reinlichkeit wegen. Einen sehr guten Namen hatte dagegen das *Hotel de Chile* und ein französisches Kost-und Logishaus.

Auch mehrere französische Kaffeehäuser sind hier errichtet, die Deutschen aber haben, um doch etwas wenigstens zu ihrer Vereinigung zu thun und nicht ganz zu vergessen, daß sie eben Deutsche sind, einen *deutschen Club* gegründet. Dieser Club ist besonders für die Abendstunden bestimmt, obgleich die Mitglieder auch über Tag jede Stunde Zutritt haben, und befindet sich in einem sehr eleganten freundlichen Local, in dem die deutsche Flagge aufgepflanzt ist und die mit schwarzroth-goldverzierte Namensliste der Mitglieder hängt. Hier werden nur *deutsche* Zeitungen gehalten, und ich sah auf dem Tisch die Allg. Zeitung, das Ausland, Morgenblatt wie viele andere. Die Sendung dieser Zeitungen schien aber leider nicht regelmäßig betrieben zu werden, denn trotzdem, daß in letzter Zeit mehrere Schiffe direkt von Hamburg und Bremen gekommen waren und das europäische Dampfboot regelmäßig alle vier Wochen eintrifft, waren die *neuesten* Nachrichten, die ich dort fand, vom December 1848, während in der Börse schon englische Zeitungen vom 17. Mai 1849 auslagen. Die Schuld davon tragen wohl jedenfalls die lässigen Absender in den Seestädten.

Der Zweck dieses deutschen Clubs ist, was ich davon erfahren konnte, die Deutschen in Valparaiso soviel als möglich zu vereinigen und sich gegenseitig Gelegenheit zu geben, einander kennen, zu lernen – jedenfalls ein wackeres Unternehmen, dem man den besten Erfolg wünschen muß. Im Uebrigen darf uns aber die schwarzrothgoldene Fahne, die im deutschen Club aufgesteckt ist, nicht über die Gesinnung der Deutschen selbst täuschen. Ich bin zwar fest davon überzeugt, daß sie die deutsche Einheit, falls ihr der Sieg im Anfang gleich gelungen wäre, mit Freude, ja mit Jubel begrüßt hätten; sie leben hier in einer Republik und haben keine Sympathien für die deutsche Vielstaaterei, aber sie sind auch fast Alle – ja ich glaube, ich kann sogar sagen, Alle – Kaufleute, denen das eigene Geschäft und Fortkommen näher am Herzen liegt als der politische Zustand des fernen Vaterlandes, in dessen nähere Verhältnisse sie eben der großen Entfernung wegen nicht sehr eingeweiht seyn können. Kommt z. B. heute ein Dampfboot an und bringt Zeitungen bis zu einem gewissen Datum, so werden die mitgetheilten Neuigkeiten nicht selten schon wieder durch »Privatnachrichten,« die mit ebendemselben Fahrzeug kommen und etwas später datirt sind, widerlegt oder durch Gerüchte in den Hintergrund gedrängt. Dadurch kommt man hier nie zu einem wirklich klaren Bewußtseyn der dortigen Verhältnisse, und das schon müßte das Interesse am »Fremden« lähmen, selbst wenn nicht das Eigene so bedeutende Rechte geltend machte. Die deutschen Kaufleute aber, die hier wohnen (denn die deutschen in Valparaiso lebenden Handwerker sind von diesem Club, wahrscheinlich die deutsche Einigkeit recht treu darzustellen, ausgeschlossen, scheeren sich übrigens auch den Henker um deutsche Politik), stehen mit nur wenigen Ausnahmen mit dem deutschen Handel in sehr enger Verbindung, und diese können durch längere Unruhen in Deutschland nur Schaden leiden, nie aber einen Nutzen daraus ziehen. Die natürliche Folge ist, daß sie – was man in Deutschland »Fanatiker der Ruhe« nennen würde, sind, und unter jeder Bedingung ein rasches Wiedereintreten der Ordnung und dadurch ungestörte Handelsfreiheit wünschen. Die Republik scheint ihnen, nach einem gewissen Instinkt, nicht der beste Weg zu jenem Ziel. Die meisten springen also zum Extrem über, und die natürliche Folge ist, daß sie – zuerst auf die Landsleute in Deutschland schimpfen, weil diese nicht gleich von Anfang an durchgegriffen hätten; dann wünschen sie, »zur Strafe« möchte jetzt die Militärgewalt siegen und endlich einmal dem zwecklosen Krawall ein Ende machen. Ueber diesem Wunsch hängt die schwarzrothgoldene Fahne, und darunter sitzen die Leute und lesen die deutschen Zeitungen vom December 1848.

Doch lassen wir die Politik, Jeder hat da seine Ansichten und mag die auch vertreten; im Uebrigen sind die Deutschen Valparaisos gar wackere Leute und stehen hier in Südamerika (sehr verschieden von Nordamerika) in großer Achtung. Nicht allein die Regierung begünstigt sie vor anderen Nationen und wünscht ihre Einwanderung, sondern die Chilenen selber sind freundlich gegen die deutschen Nachbarn und führen sie mit vieler Herzlichkeit in ihre Familien ein.

Ich selber bin von den hiesigen Deutschen ebenfalls, und zwar ohne Ausnahme, auf das freundlichste aufgenommen worden. Herr Fehrmann besonders öffnete mir in so herzlicher Weise Haus und Familie, daß ich es ihm sicherlich nie vergessen werde, und Valparaiso kann mir nur ein liebes Andenken froh verlebter Stunden bleiben.

10. Wanderung durch die Straßen der Stadt.

In dem belebteren Stadttheil Valparaisos sowohl, wie in den wunderlich gebauten und gelegenen Vorstädten Valparaisos fällt dem Fremden gar Manches auf, das er im alten Vaterlande nicht gesehen hat, und das ihm durch die ganze eigentümliche Umgebung oder Einfassung des Bildes um so viel anziehender, fesselnder erscheint. Hat der Leser Lust, so folgt er mir einmal einen Tag, und wenn ich ihn führe, auch wohl bis spät in die Nacht hinein – ich hoffe ihn nicht zu ermüden.

Morgens mit Tagesanbruch beginnt schon das Leben in den Straßen – die Leute kommen zu Markt – theils mit ziemlich schwerfälligen Ochsen bespannten Karren, theils ihre Pferde und Maulthiere mit Packen und Körben beladen.

Selbst die Tracht des Landmanns fesselt hier das Auge des Fremden: der kurze, meist blaue Poncho mit gemustertem Rand und der breitrandige, an den Seiten etwas aufgebogene, niedere Strohhut, das hohe, von oft fünf bis sechs Schaffellen aufgestapelte Sattelzeug, die großen niederhängenden Sporen und unförmlichen Holzblöcken gleichenden Steigbügel, schaut eigenthümlich genug aus, und der in Fellschläuchen gefüllte Wein, der hinter ihnen auf den Hüften des Thieres liegt, wie die riesigen Trinkhörner, die an beiden Seiten niederhängen, geben ihm einen noch wunderlicheren Anstrich.

Ungestört wandert man durch die stillen Straßen, es ist noch kühl und schattig, und über die Gartenmauern schauen schweigend die fruchtbeladenen Orangenzweige und schütteln den Thau auf das Pflaster – Pflaster? – was ist das für eine eigenthümliche Verzierung hier mit kleinen Pflastersteinen und Knochen, statt den Trottoirs – Kreuze und Steine bilden sie, und das Weiß der letzteren sticht freundlich gegen das Grau der Steine ab – welch sonderbare Idee, mit *Knochen* zu pflastern – ja, lieber Leser, Du hast recht, noch dazu mit *Menschen*knochen. Diese Sterne und Kreuze sind die Hand-und Fußwurzeln der damals, als sich Chile vom spanischen Joche freikämpfte, erschlagenen Tyrannen und Feinde, und so weit ging damals der Haß gegen die früheren zu strengen Herren, daß die Sieger sich nicht einmal damit begnügten, sie von der Erde zu vertilgen, nein, sie wollten auch noch etwas von ihnen *über* der Erde behalten, das sie mit Füßen treten konnten – wenn sich doch alle *zu* strengen Herren daran ein Beispiel nehmen wollten.

Die Erbitterung gegen diese soll damals wahrhaft furchtbar gewesen seyn, und noch jetzt mag der Südamerikaner nichts von dem *Spanier* wißen; »wir sprechen nicht *spanisch*,« sagen sie selber, wir sprechen castilianisch. –

Aber vorbei – wir tragen keine Schuld, daß unser Fuß die Reliquien der Erschlagenen schändet, der Fanatismus that es, und Mephisto, der nun einmal seinen Spaß daran hat Glauben und Unglauben in der Welt durcheinander zu schütteln, läßt in der einen Ecke unseres kleinen Ameisenhaufens, den wir die Erde nennen, verehren, was an der anderen in den Staub getreten wird.

Wir fangen schon an, die äußeren Gärten zu erreichen, – was für ein wunderlicher zierlicher Weihnachtsbaum, der über die Mauer schaut – geradablaufend, so egal, als ob sie mit Zirkel und Horizontalwage gesetzt wären, stehen die Zweige daran hinaus, und die Krone steigt fein und scharf abgeschnitten aus den breiten federartigen Armen empor. Das ist eine Norfolktanne, wie sie hier genannt werden, denn der Baum kommt von einer kleinen Insel unfern der australischen Küste, einer jetzigen Verbrechercolonie, und wird hier, seiner ungemeinen Zierlichkeit wegen, gern in den Gärten angepflanzt und enorm bezahlt. Ein junger Baum von zehn bis zwölf Fuß Höhe soll oft mit acht und mehr Unzen gekauft werden.

Ein Wanderer, bei uns in Treibhäusern ziemlich häufig gezogener Stock, die Camelia scheint hier ebenfalls förmliche Summen zu kosten; die Damen tragen die Blumen zum Schmuck im Haar, und zahlen für eine einzelne zwei bis drei Dollar, während ein schöner Camelienstock voll Blüthen und Blumen ebenfalls mit fünf bis sechs Unzen 80-90 Dollar verkauft wird – eine enorme Summe für einen Blumenstock.

An uns vorbei gehen ein paar in groben schwarzen Wollenstoff gekleidete Frauen, eine eben solche Kaputze oder ein Tuch, über den Kopf geworfen, daß kaum die dunkeln feurigen Augen darunter sichtbar werden, aber die Hand die den groben wollenen Stoff vorn unter dem Kinn zusammenhält, ist von blendender Weiße und mit edlen Steinen besetzte Ringe funkeln daran. – Und könnten das Büßerinnen seyn.

Nein, das ist die Kirchentracht der *señoras* und *señoritas* der Stadt, die noch vor einigen Jahren einen solchen Schmuck und Schauputz mit riesigen Kämmen und kostbaren Schleiern und Spitzen zur Kirche trugen, daß sich die frommen Väter bewogen fühlten sie zu einer bescheidenen Tracht zu nöthigen, und wenn ich irgend etwas in der Welt nachahmungswerth gefunden habe, so ist es dieß. Weßhalb geht jetzt, nicht allein in einem, nein in allen Theilen der Erde, das schöne Geschlecht nur zu häufig in die Kirche? – seinen Schmuck – seine Kleider zu zeigen und – gesehen zu werden – behauptet so viel Ihr wollt das Gegentheil die Sache bleibt doch wahr und kann nicht abgestritten werden – das schwarze Tuch aber verbirgt Alles – wie die Seelen die vor Gott gebeugt liegen und vor ihm gleich sind, so knieen die Körper, von gleichem schwarzem Stoff umhüllt, in der Kirche – wer dann nicht der Andacht wegen die heilige Schwelle betritt, hat seinen Zweck verfehlt, und kann daheim bleiben.

Meinst Du, lieber Leser? – aber Du irrst – denn manches Rendezvous wird noch, selbst unter der schwarzen Hülle, in der Kirche gegeben, doch das ändert auch die Tracht nicht – und wenn sie in Sackleinwand gingen, das Herz schlägt ja doch darunter.

Wir nähern uns hier einem kleinen Bergwasser, das die Stadt, wenigstens den oberen Theil derselben durchströmt und hier in einem gemauerten Canal seinem Ausfluß, der See, zugeführt wurde. Kleine niedere Hütten fassen die eine Uferseite ein, und die Familien sitzen draußen vor der Thür und trinken ihren Kaffee. – Doch die Familien nicht allein setzen sich hier zu Tisch, sondern dieß sind auch, wie es scheint, Kaffeestände für die in die Stadt kommenden Guassos und Farmer. Mit den Pferden halten sie an dabei, und lassen sich die Tasse hinaufreichen oder steigen ab und rücken den schmalen Sessel, den Zügel dabei nicht aus der Hand lassend, zum niederen mit bunten dampfenden Kannen und Tassen besetzten Tisch. Und selbst diese ärmlichsten Stände verrathen mehr Reinlichkeit als jene Hütten der Pampas mit ihrer wohl gastlichen aber für den Fremden entsetzlichen Bombilla.

Noch ein kleines Stück weiter hinaus hören die Häuser auf und einzelne Gärten begrenzen die Stadt – ein Schwarm von *Kettengefangenen* beginnt hier die Straßen zu fegen – sie sind an Hand und Fuß mit einer dünnen Kette geschlossen, und von Soldaten bewacht; auch findet man unter ihnen hie und da wohl eine richtige Galgenphysiognomie der man es, ohne langes Studieren ansieht, wie sie *unter* der Kette, schon wieder auf neue Unthaten brütet. – Zwischen diesen aber schreitet auch stolz und verächtlich *unter* der Kette, ein wohlhabender Guasso, dessen Hand in heftigem Zank mit dem Nachbar, der alten Sitte gedenkend, und der neuen vergessend, nach dem Messer zuckte, und der sein schlechtes Gedächtniß mit vierzehn Tagen Kettenstrafe büßen mußte. Das Gesetz kannte keinen Unterschied und jetzt sticht das rauhe Eisen gar traurig gegen den feinen blauen Poncho, die weiße Wäsche und den gestickten Unterärmel des Gefangenen ab, dessen Hand nun den Besen führt, die Straßen der Stadt rein zu halten, durch die er sonst auf schäumendem muthigem Thier dahingesprengt wäre. – Trotzig begegnet er dabei dem Blick des Vorübergehenden und er lacht wenn sein Blick auf die Kette fällt – er weiß die Stunde seiner Erlösung schlägt bald wieder, und er ist dann so geachtet als früher, denn die Kettenstrafe schändete ihn nicht.

Das Gesetz scheint mit dieser Strafe ziemlich flink bei der Hand zu seyn, und selbst Ausländer finden sich gar nicht selten unter diesen »Sträflingen« unter denen schon Franzosen, Engländer und Amerikaner den Handschmuck trugen, nur die Deutschen sind bis jetzt stolz darauf, daß von ihren Landsleuten noch keiner diesem Gesetz verfallen gewesen.

Nur noch wenige hundert Schritt weiter oben, gerade an jenem freundlichen Gärtchen vorbei, in dem die Pfirsiche so reizend blühen, kommt der Bach aus den Bergen und springt schäumend über Felsgestein und Kiesel fort. Das klare Wasser blitzt und funkelt aber wirklich über eine Masse goldschimmernden Glimmer hin, der hier mit dem schwereren Sande aufgewaschen, diesen an manchen Stellen oft schichtenweis bedeckt.

Man erzählt sich hier daß von einem nach Kalifornien bestimmten Schiff mehre Golddurstige in die Berge gewandert seyen, die Gegend um Valparaiso kennen zu lernen, und an diesen
Glimmer gekommen wären, den sie augenblicklich für wirkliches Gold gehalten und in ihren
Taschentüchern eine ganze Quantität – in Todesangst dabei entdeckt zu werden, an Bord geschleppt hätten. Die Leute waren kaum zu überzeugen daß sie eben nur Glimmer gefunden,
und wollten schon Californien aufgeben und in Chile bleiben, bis sie später ihren Irrthum
doch wirklich einsahen.

Chile ist übrigens ebenfalls goldreich und selbst die nächsten Hügel müssen das edle Metall enthalten, da nach heftigem Regen die armen Leute sogar in den Straßen, nächst zu den
Hügeln, Gold waschen und etwa einen halben Dollar Tagelohn dabei verdienen sollen. In den
Cordilleren liegen noch reiche Schätze begraben, deren Enthüllung späteren Generationen vorbehalten bleibt. Die Minenspekulation bildet aber auch schon jetzt einen Hauptzweig des hiesigen Geschäfts und Mancher ist durch einen glücklichen Wurf über Nacht zum reichen Mann
geworden, während Andere mühsam und unermüdlich Dollar nach Dollar in Schachte und
Stollen warfen und endlich sehen mußten wie die unerbittlichen Schlünde auch das Letzte
erbarmungslos verschlangen.

Doch wir kehren zurück. – In den Straßen ist es jetzt schon lebhafter geworden, und dort
drüben, über dem Canal scheint sogar ein Wettrennen zu seyn – nein, nur die Pferde werden
geübt zu dem, den Chilenen eigenen Ansprung beim Rennen, und eine Masse von Zuschauern
hat sich darum versammelt, mit anzusehen was für Fortschritte die gelehrigen Thiere machen
werden.

Dieser Ansprung beim Wettrennen der Pferde ist hier besonders wichtig, da bei sehr kurzen
Distancen die hier gebräuchlich sind oft der ganze Vortheil allein vom ersten Sprunge abhängt –
die Chilenen gewöhnen deßhalb ihre Pferde zu diesem Zweck schon in die Stellung des Sprungs,
die Vorderhufe dicht vor die Hinterhufe, wie eine Ziege fast, die oben auf einem Steine steht,
und mit dem gegebenen Wort, dem üblichen Zeichen zum Ablauf ist schon der ganze Körper
der Thiere, wie die gespannte Sehne des Bogens, zum Vorschnellen bereit und gerichtet.

Die chilenischen Pferde sind eine nicht sehr große, aber kräftige und lebendige Race und
besonders zäh im Aushalten. Der Chilene galoppirt fast stets, doch nicht in einem so wilden
Carriere wie der Argentiner, und er scheint auch seine Thiere mehr zu schonen und besser zu
füttern, als jener.

Der Lasso fehlt aber auch hier selten am Sattel eines Guasso, wie die Landleute genannt
werden, und schon die kleinsten Kinder fangen an, sich im Gebrauch desselben zu üben. Jungen von kaum vier und fünf Jahren laufen in den Straßen mit kleinen, aus Bindfaden selber
angefertigten Lassos herum, und werfen und fangen damit Hühner und kleine Hunde, bis sie
es einmal einem größeren um den Hals schleudern und dieser, der kaum eine Schlinge am
Nacken fühlt, erschreckt mit dem Lasso und manchmal auch noch eine Strecke mit dem Jungen daran, fortläuft.

Wie alle Thiere nämlich in den Ländern, in denen der Lasso im Gebrauch ist, diese für
sie so furchtbare Waffe kennen und fürchten, so haben auch hier vorzüglich die Hunde, die
besonders von ihm bedroht sind, eine sehr heilsame Angst, wenn sie nur ein Seil geschwungen,
ja nur die Bewegung des Arms sehen, und ich mußte dabei immer wieder des ersten Morgens
gedenken, den ich in Valparaiso mit meinem rothen, oder doch reich mit roth durchwirkten
Poncho spazieren ging. Nirgend in einer Stadt der Welt, gibt es aber, glaub' ich, mehr Hunde
in den Straßen als in Valparaiso, und Hunde von so toll und bunt durcheinander gemischten
Racen, daß man den ganzen Tag zwischen ihnen herumlaufen kann, und nicht zwei ähnliche
findet. Einer von diesen hatte kaum, in dem ungewohnten Roth etwas besonderes entdeckend,
den Alarm gegeben, als sie auch von allen Seiten herbeiströmten und ich mich in kaum einer
halben Minute von mehreren Dutzend großer und kleiner Kläffer bedroht sah, die am Ende
auch mehr gethan hätten, als nur zu bellen, da noch dazu ihre Zahl in jedem Augenblick zu
wachsen schien, als nur einfach einer der nächsten Peons zwischen sie trat und den rechten Arm
ein paarmal um seinen Kopf schwang. Er hatte ihn aber noch nicht zum drittenmal herum, als

es wie ein panischer Schrecken zwischen die ganze Schaar kam, und den Schwanz zwischen die Beine nehmen und die Straße hinunter pirschen, als ob der böse Feind hinter ihnen sey, war eins. Ja die Hunde sogar, die ihnen unterwegs begegneten, schienen genau zu wissen, was vorgegangen wäre, und folgten, augenblicklich mit umkehrend, dem Beispiel der Flüchtigen, ohne sich auch nur einmal nach der Ursache solcher Eile zu erkundigen.

Heute sollte mir die Lösung des damaligen Räthsels werden, denn ich sah einen etwas ruppig ausschauenden Gesellen, in einem abgetragenen Poncho, der langsam in so früher Morgenstunde durch die Straßen ritt, und den in der Hand bereit gehaltenen Lasso vorsichtig, so viel das gehen wollte, mit dem Poncho zu decken suchte. Er sah sich weder rechts noch links um, und selbst das Pferd schien seine Gleichgültigkeit zu theilen, und ließ den Kopf, nur dann und wann einmal eine Fliege abschüttelnd, lässig hängen. Mehrere Hunde waren in der Nähe, sie mußten den Mann mit dem alten blauen Poncho aber kennen, denn sie ließen plötzlich das, woran sie genagt, im Stich, und gingen langsam, mit hängendem Schwanz, um die nächste Ecke, kaum aber aus Sicht war es plötzlich, als ob sie neues Leben gewännen, und wäre der grimmigste Feind hinter ihnen gewesen, sie hätten nicht schärfer laufen können.

Der Mann mit dem alten Poncho sah sich aber gar nicht nach ihnen um, auch das Pferd nahm nicht die mindeste Notiz von ihnen, und ein fremder Hund, der zum Besuch heut Morgen wahrscheinlich in die Stadt gekommen war, blickte mißtrauisch erst hinter den davon gelaufenen Kameraden her, und dann dem Mann entgegen, der mitten in der Straße herauffritt. Dieser war etwa noch dreißig Schritte entfernt, und schien in der That im Sattel eingeschlafen zu seyn; nur das Pferd spitzte, als es dem Hunde näher und näher kam, langsam das linke Ohr – aber nur das linke, denn der Hund stand an der rechten Seite.

Jetzt waren beide bis in etwa zehn Schritte herangekommen, und befanden sich dem Hund beinahe gegenüber in der Straße – dieser, der wohl nirgends etwas verdächtiges entdecken konnte, dem aber doch die ganze Stille in der Straße und auch vielleicht das fast zu friedliche Aussehen des Mannes nicht gefallen haben mochte, hatte eben den Knochen wieder aufgehoben und wollte ihn lieber mit sich fort, nach einem besser bekannten Orte nehmen, als die erste Bewegung des Reiters seine Aufmerksamkeit blitzesschnell anzog. Diese Bewegung des erst so lässigen Mannes zu Pferd war aber nichts geringeres als das Emporfahren des rechten Armes, und im nächsten Moment wirbelte schon die gefürchtete Schlinge in der Luft. Den Knochen fallen lassen und fliehen; war natürlich der erste Gedanke, aber das arme bestürzte Thier rannte im ersten Ansturz erschreckt gegen die Häuser an, und es war auch überhaupt zu spät – das erst so schläfrige Pferd sprang mit gespitzten Ohren nach vorne, der Reiter bog sich im Sattel vor – der Lasso flog – in derselben Secunde fast warf sich das Pferd auf den Hinterbeinen herum, und gleich darauf sprengte der Reiter, den armen, nur zu sicher geworfenen Hund in dem Lasso hängend, hinter sich her schleifend, die Straße nieder.

Galoppiren darf aber nur die Polizei oder ein Arzt in den Straßen der Stadt. Jeder Andere, der es dennoch versuchen sollte, wird augenblicklich von den fast an allen Ecken zu Pferd haltenden Dienern der Gerechtigkeit angehalten und abgeführt, seine Strafe zu zahlen.

Dieß Gesetz hat übrigens besonders eine Menschenklasse in Valparaiso schon schwer geärgert, und das sind die »Californier« – jene Massen von Auswanderern, die mit ihren Schiffen hier auf zwei oder drei Wochen anlegen, Erfrischungen einzunehmen, und nun, um einmal die an Bord eingeschrumpften Glieder wieder ordentlich zu strecken, augenblicklich Pferde nehmen und in die Berge wollen. Aber langsam dabei reiten fällt ihnen gar nicht ein, »drei und vier Knoten loggen« das haben sie an Bord gehabt, neun und zehn muß es gehen und ein paar von den großen chilenischen Sporen müssen sie ebenfalls haben, das Pferd ordentlich in Gang zu bringen. Diese liegen nun mit den Polizeidienern fortwährend in Hader, wobei sie stets den kürzern ziehen, und müssen nicht selten noch obendrein Strafen und jedesmal wenigstens die Kosten bezahlen.

Die Amerikaner besonders sind rein toll auf das Galoppiren und Gestalten kommen dabei manchmal an, die zu komisch aussehen. So war auch in diesen Tagen ein Schiff von Baltimore eingelaufen und vier von den Passagieren hatten natürlich nichts Eiligeres zu thun als einen

»Livery stable.« wie sie überall in den Straßen angezeigt sind, aufzusuchen und die gemietheten Thiere zu besteigen. Der Vermiether sagte ihnen nun dabei allerdings, daß sie durch die Stadt nicht galoppiren dürften, sie hielten das aber für eine von seinen Finten, die Thiere so viel als möglich zu schonen, und setzten, gleich vom Stalle ab, im Galopp an. Sie waren noch nicht die zweite Ecke passirt, als schon der Ruf der Polizeibeamten an ihre Ohren drang, und bei dreien von ihnen schienen diesen auch die Pferde selber so gut zu kennen, daß sie trotz Sporn und Peitsche anhielten und nicht weiter wollten; der vierte aber, der ein ziemlich munteres und noch frisches Pferd ritt und daheim in den »grünen Bergen« wohl manchen Sonnabend Abend sein Pferd abgehetzt hatte, glaubte auch hier von diesen »Spanjolen« nichts zu fürchten zu brauchen, sah sich nur einmal verächtlich nach ihnen um, gebrauchte Sporen und Peitsche, und flog mehr als er ritt die Straße hinunter. Ihm auf dem Fuße folgte aber der Polizeimann und versuchte erst ihn mit dem eignen Thier zu überholen, da er jedoch bald fand, daß er, obgleich nur kurze Strecke von dem Flüchtigen entfernt, doch nichts an ihn gewinnen konnte, ja eher noch verlor und näher und näher zu den Grenzen des Weichbildes kam, löste er ruhig den Lasso von seinem Sattel, schwang ihn zweimal um den Kopf und im nächsten Augenblick lag der auf's Aeußerste erstaunte Yankee mit zusammengeschnürten Armen und betäubt von dem raschen Sturz, im Staub der Straße, indem er nur wieder zu sich kam, einige Dollar und so und so viele Reale Strafe zu zahlen.

Außer den Pferden hat man übrigens auch noch in der Stadt die Bequemlichkeit der Droschken. Nur ihre Bespannung ist eigenthümlich – sie fahren zwei Pferde – eines und zwar das Handpferd auf unsere gewöhnliche Art angeschirrt, das Sattelpferd aber, das der Kutscher auch reitet, nur am breiten Sattelgurt angehangen, und selbst dieses gewöhnlich mit dem Lasso hinten befestigt.

So früh es auch am Tage seyn mag, wenn man durch die Straßen Valparaisos geht, hört man doch schon Musik – die Töne der Guitarre schallen bald hier bald da aus einem Haus heraus, und Gesang begleitet sie fast stets. Der Chilene ist überhaupt fröhlich und gesellig, und möchte ich mir je ein fremdes Land zu einer neuen Heimath wählen, so wäre es, besonders aus diesem Grunde, Chile.

Die Amerikaner wie Engländer – so gastlich und gutmüthig in sich selber sie auch seyn mögen, sind kalt und abgeschlossen, der *Fremde* muß ihnen vor allen Dingen erst *vorgestellt* seyn und nachher hält es noch unendlich schwer, ja scheint in manchen Fällen sogar gänzlich unmöglich, daß er sich freundlich an ihn anschlöße – er bleibt auf seine eigene Familie beschränkt und was wir daheim unter Geselligkeit verstehen, ist ihm – er mag so viele *Besuche* bei den Nachbarn machen, wie er will, fremd. Der Chilene dagegen kommt gerade dem Fremden stets zuerst freundlich entgegen, und unter sich selber gibt es wohl kaum, wenigstens was ich davon gesehen habe, ein gemüthlicheres und fröhlicheres Völkchen.

So blieb von der Reform, wie ich schon erwähnt habe, ein Passagier, der *Dr.* von Bibra, in Valparaiso und miethete sich in einem der kleinen Häuser der Stadt, bei einer chilenischen Familie ein, kaum war er aber zwei Tage in seinem Logis, und die Nachbarn hatten erfahren, daß er ein Fremder hier in der Stadt und ein ordentlicher Mann sey, als er auch schon von einer benachbarten Familie eine Einladung bekam, sie zu besuchen und bei ihnen zu thun, »als ob er zu Hause wäre.« In welchem anderen Lande der Welt wäre das in einer *Stadt* den Nachbarn eingefallen.

Mit diesem ganz correspondirend ist ihre Leidenschaft für Musik – ich glaube nicht, daß es ein Haus in Chile gibt, in dem nicht wenigstens eine Guitarre gespielt würde und Gesang und Tanz gehören zu ihren Hauptbelustigungen. Bei etwas Neuem sind sie dann gerade so, wie wir anderen Sterblichen und so fiel denn hier einmal vor mehren Jahren ein armer deutscher Leierkastenmann in eine wahre Goldgrube hinein. Es war der erste Leierkasten, der nach Valparaiso und sehr wahrscheinlicherweise auch an das Ufer des stillen Meeres (das von diesem Augenblick an nicht mehr den Namen des *stillen* verdiente) gekommen war, und als er am ersten Morgen in alter Weise durch die Straßen zog, seine sechs Lieder abzuorgeln, fand er sich höchst angenehm überrascht gleich in das erste Haus und in eine sehr wohlhabende Familie gerufen zu werden, wo er seine Lieder abspielen mußte und statt eines erwarteten Real drei oder vier spanische Dollars bekam. Der Mann glaubte er träumte, oder hätte einen Zauberbann entdeckt, mit dem er Schätze aus der Erde heraufbannen könnte; das aber war nur der Anfang dessen, was ihn erwartete. Wo er seine Orgel nur hören ließ wurde nach ihm geschickt, und er kehrte den ersten Abend mit einer Last Dollare nach Hause zurück, wie er sie noch nie zusammen auf einem Fleck gesehen hatte. Der zweite Tag erwies sich als noch besser, wie der erste – die Drehorgel bildete das Stadtgespräch und der *Künstler* war der gesuchteste Mann, der sich in einigen Monaten ein förmliches Vermögen erorgelt hatte. Nun fing sein Instrument allerdings an etwas gewöhnliches zu werden, mit dem Reiz der Neuheit sank auch sein Honorar, die Leute fingen an einzusehen daß man das Ding eben nur zu drehen brauche, aber *er* hatte sein Schäfchen im Trockenen, und überließ bald darauf die Orgel einem Landsmann, um selber in sein Vaterland als »reicher Mann« zurückzukehren.

Die Zeit der Drehorgeln ist aber in Valparaiso vorüber – d. h. sie hat ordentlich angefangen, denn Orgeln sieht man genug, nur die Dreher bekommen keine Dollare mehr dafür – ihr Stern ist gesunken.

Wir sind jetzt wieder im Herzen der Stadt, der Landung gerade gegenüber.

Wie das da von Menschen wimmelt und herüber und hinüber drängt – eben sind aber auch wieder zwei Auswandererschiffe für Californien eingetroffen und die Passagiere haben zum erstenmal das feste Land betreten, während von jenem englischen Kriegsschiff, an dessen Heck der Pennant flattert, ebenfalls zwei Boote an Land kamen, Kohlen herüber zu schaffen und die Mannschaft nur noch des Officiers harrt, wieder an Bord zurückzukehren. Die Leute haben sich aber »Grog« zu verschaffen gewußt, und von einer dicht gedrängten Masse von Peons und Fremden umstanden, fangen sie an sich untereinander zu prügeln und zu boxen – zwei liegen schon mit blutigen Nasen und geschwollenen Augen am Boden, als militärische Musik die Straße herabtönte und die Unruhstifter, die doch nicht wissen, wie ihnen der hier am Strande begonnene Skandal angerechnet werden möchte – rasch ihr Boot zu gewinnen suchen.

Die Bewußtlosen wurden aufgegriffen und die Mannschaft suchte aus dem sie umdrängenden Knäul von Menschen hinauszukommen, die Chilenen aber, denen das Komische solcher Flucht bald in die Augen fiel, lachten in ihrer gemüthlichen Weise über die schnell verträglichen Matrosen, die in diesem Augenblick an keine Feindseligkeit untereinander mehr zu denken schienen. Jack aber, leicht, beleidigt, nahm das übel, und wenn er jetzt auch gerade keine Zeit hatte, verschob ers auf ein andermal. Am Bord des Bootes wartete übrigens schon ein kleiner winziger Midshipman auf die Leute, und trieb sie an hinunter zu kommen, die von Rum und Schlägen noch Betäubten wurden also, ohne viel Umstände, die Treppe hinunter gerollt und unter die Thwarts ins Boot geworfen, die Mannschaft sprang rasch nach und stieß, unter dem Hohngelächter der Chilenen und auch wohl eines Theils der fremden Passagiere, vom Land ab.

Das Boot hatte aber, wie schon erwähnt, Steinkohlen ans Ufer gebracht, und von diesen waren noch eine Menge Stücken zurück im Boden desselben liegen geblieben, die von den Seeleuten jetzt als einzige und vortreffliche Waffe aufgegriffen und rasch und mit vortrefflicher Wirkung gegen den an der Landung dicht gedrängt stehenden Menschenschwarm, der sich solchen Angriffs gar nicht versehen, gebraucht wurden. Im Nu stob Alles auseinander, denn die schweren eckigen Kohlen fielen hageldicht, und die Matrosen gaben in allem Uebermuth schon, nach ihrer gewöhnlichen Art, drei *cheers* oder Hurrahs. Das Blatt sollte sich aber rasch wenden, denn ihre Munition mußte bald erschöpft seyn, während die Peons, Gleiches mit Gleichem zu vergelten, nach benachbarten Steinhaufen eilten und jetzt nach dem kaum zwanzig Schritt entfernten Boot, in dem die Matrosen, nun freilich aber doch etwas zu spät, zu den Rudern griffen, hinüber warfen.

Der kleine Midshipman hatte sich im Anfang, als nur vom Boot aus mit Kohlen bombardirt wurde, ungemein über das bestürzte Zurückdrängen der »Landlubbers« amüsirt, als sich aber die Sache umgekehrt gestaltete, und die Steine ihm ein paarmal dicht am Kopf vorbeisurrten, fing er doch an um seine eigene Haut besorgt zu werden, und drückte sich jetzt vorsichtig hinter einen breitschulterigen Bootsmann, der hochaufgerichtet und trotzig, die niedere mit krausem hartem Haar begrenzte Stirn dem Feinde zukehrend, vorn im Boote stand, und mit Wort, Blick und drohender Geberde die fortwährend lachenden, aber nichts destoweniger scharf dabei herüber werfenden Gegner herauszufordern schien.

Das Boot begann indessen dem Wasser Widerstand zu bieten und eine halbe Minute später wäre es den Würfen entrückt gewesen, hätte nicht ein Ruf des Bootsmanns selber, die Ruder eingehalten, denn durch die Peons an der Landung drängte sich in diesem Augenblick einer ihrer Leute, der, ziemlich angetrunken, in der Verwirrung des ersten Moments zurückgelassen war und jetzt, als er kaum sah, wie sich das Boot schon wohl vierzig Schritt von der Landung entfernt befand, ohne weiteres von den Balken des Landungsgerüstes ab, in See sprang. Zuerst unterbrach das nun zwar das Werfen der Peons nicht im mindesten, denn sie merkten, daß sie das Boot dadurch desto länger in Wurfsnähe behielten, und den trotzigen und kecken Bootsmann hatte noch keiner von ihnen ordentlich getroffen, gleich darauf sahen sie aber auch, daß der Schwimmende dem, was er unternommen, nicht gewachsen sey und wahrscheinlich von Rum oder *Agua ardiente* betäubt, nicht einmal mehr die Richtung des Bootes hielt und sich im Kreise herumdrehte. Zuerst lachten sie darüber, aber der Mann fing an zu sinken, und bewegte nur noch mechanisch Arm und Beine – das Wasser schlug ihm schon über dem Kopf zusammen, und er mußte, wenn er nicht Hülfe bekam, rettungslos sinken.

Die im Boot bemerkten jetzt ebenfalls die Gefahr des Kameraden und suchten, so rasch sie konnten, dasselbe wieder zurückzubringen, während zwei der gutmüthigen Chilenen gleichfalls in ein Boot sprangen und dem Ertrinkenden zuruderten. Es war die höchste Zeit, denn eben, als beide Fahrzeuge zusammentrafen und nach dem schon Bewußtlosen griffen, sank er zum drittenmale und wäre nicht mehr nach oben gekommen, so aber erfaßten sie noch sein wollenes Hemd, hoben ihn an die Oberfläche und über den Rand der Barkasse, und während die Leute des *man of war* sich jetzt ernstlich in die Riemen legten, zu ihrem Schiff zu rudern, kehrten die Chilenen an's Land zurück und der Kampf war aufgehoben.

Die Leute am Land hatten jetzt aber auch in der That mehr zu thun, als sich um trunkene Matrosen zu kümmern, denn die Militärmusik war indessen den Platz passirt und zog sich die Straße hinunter dem Leuchtthurm zu, wo heute eine Art Vorfeier, gewissermaßen eine Hebung zu den Festlichkeiten des Septembers, dem Befreiungstag vom spanischen Joche, stattfinden sollte. Alles drängte dorthin, und die eben angekommenen Fremden hatten natürlich nichts Besseres zu thun, als dem allgemeinen Zuge zu folgen.

Die blau, roth und weiße chilenische Flagge mit den beiden aufstehenden Guanakas flatterte lustig im Wind, und die weißgekleideten Bürgersoldaten marschirten, nach einer guten Militärmusik, mit ihrem Geschütz, von einer zahlreichen Masse Neugieriger theils begleitet, theils gefolgt, die schlängelnden Gänge des Berges hinauf. Oben auf dem Berg waren aber schon, in Erwartung der vielen Gäste, Buden und Zelte aufgeschlagen und Bier und Wein, *agua ardiente* und Limonade wurde ausgeschenkt und Früchte, Eßwaaren und »*dulces*« standen, überall zum Verkauf aus. Das Bürgermilitär manövrirte indessen unter klingendem Spiel, und die Schaaren der Zuschauer sammelten sich theilweise um den Zelten, nach dem warmen Marsch bergauf, die trockenen Kehlen zu erfrischen, oder lagerte in einzelnen bunten Gruppen an den wohl kahlen, aber grünen Hängen umher, theils ihre Aufmerksamkeit dem Militär, theils auch dem Meere zuwendend, das sich hier nach Süden, Westen und Norden hin frei ihren Blicken ausbreitete, und hie und da weißblitzende, dem Hafen zustrebende oder die weite See suchende Segel erkennen ließ.

Zwischen diesen herum, in die dichtesten Gruppen, ja in die Zelte und Gebäude hinein, als ob ihre Thiere sorgfältig gepolsterte Hufe und nicht eisenhartes Horn trügen, sprengten die *guassos*, hier mit einem gefundenen Freunde lachend und erzählend, dort von einem Anderen das Glas nehmend und galant auf das Wohl der nächsten Damen trinkend, die Pferde selber aber, schon gewohnt des Umgangs mit Menschen, schoben die klugen Köpfe, oft wie spielend, zwischen die dichtesten Menschenknäuel hinein, aus denen sich ihr Herr einen Bekannten herausholen wollte, und hüteten sich wohl Jemanden dabei auf die Füße zu treten.

Förmliche Züge von Herren und Damen, die letzteren fast sämmtlich in eleganten englischen Reitcostümen, oft aber auch in der Tracht der *guasso señoritas* mit den gewöhnlichen Röcken und einem kurzen gestickten Poncho übergeworfen, sehr häufig von englischen Seeofficieren begleitet, sprengen jetzt den Berg hinauf und galoppiren die breite, glattgetretene Straße dem Leuchtthurm zu, oder halten der exercierenden Artillerie gegenüber, deren Manöver, die Geschütze nur von Menschen gezogen, mit ziemlicher Schnelligkeit und Genauigkeit ausgeführt werden.

Mitten in diesem Leben und Treiben gibt es aber auch wieder eine ziemlich bedeutende Anzahl von Menschen, die weder die See mit ihren Segeln und blitzenden Wellen, noch die schwankenden Colonnen, noch die drängenden Massen der Zuschauer, noch die funkelnden Augen der schönen Mädchen Valparaiso's – und ich glaube fast Valparaiso hat seinen Namen nach ihnen bekommen – sehen, noch das sie umschwirrende Toben, Lachen und Drängen der Menschenmasse hören oder fühlen – das sind die *Spieler*, die hier in freier Luft um einen auf bloßer Erde einfach ausgebreiteten Poncho her kauern und stehen. Theils Würfel, meist aber die spanischen Karten, fesseln sie hier in der wunderschönen Natur, in Allem, was ihnen ihre Umgebung Reizendes und Interessantes zu bieten vermag, an einen traurigen Fleck, und Gold und Silber liegt da, bunt und wild durcheinander gehäuft und die viereckigen, oft inhaltschweren Würfel rollen dazwischen herum und lassen das Metall von einer Ecke des Tuches zur anderen wandern.

Manchmal kommt auch ein lustiger *guasso*, dem die letzten Gläser Wein, die er bald hier bald da getrunken, auch die letzten Sorgen und trüben Gedanken verscheucht haben, mitten hineingesprengt zwischen die Spieler, und während sein Pferd, das sich erst Bahn geschoben, die beiden Vorderfüße auf den Poncho stellt und sich die Spielenden wieder unter und neben ihm zusammenschließen, wirft er eine Viertel-oder eine halbe Unze auf eine Karte hinunter, und schaut, den linken Ellbogen auf seinen Sattelknopf, die rechte Hand auf sein Knie gestützt, halb pfiffig halb schmunzelnd zu dem Bankhaltenden nieder.

Aber fort – wir versäumen hier oben zu viel Zeit, und unser Weg liegt wieder in die Stadt hinunter. Wir wollen auch den Hauptweg dießmal vermeiden und dort die kleine Schlucht bergabsteigen, die, wie, all ihre Schwestern, von den Hügeln nach der Hafenbucht niederlaufend in der Stadt selber mündet. Diese *quebradas* oder Schluchten bilden deßhalb auch einen großen Theil der Stadt und fast alle die ärmeren Hütten der Einwohner Valparaiso's hängen hier oft an den förmlich steilen Wänden der Ravinen. Die Front des Hauses ruht häufig nur mit dem vorderen Ende ihrer Tragbalken auf festem Grund und Boden, während schon zwölf Schritte dahinter ein Stamm von zehn bis zwölf Fuß Höhe nöthig ist, den entgegengesetzten Theil desselben wagrecht zu halten.

Ein Erdbeben, das diese Stützen schüttelte, oder ein Feuer, das vom günstigen Wind getrieben, hinaufleckte an den schroffen Schluchten, und überall prasselnde dürre Nahrung fände für die gierige Zunge, müßte von furchtbar verheerender Wirkung seyn, und soll auch wirklich in den letzten Jahren da wieder einmal gewüthet haben.

Ein tüchtiges Erdbeben scheint hier überhaupt lange nicht da gewesen zu seyn, und nur einzelne kleine Stöße geschehen manchmal, die Bewohner zu mahnen, daß die da unten gährende Kraft nicht etwa ausgetobt habe und machtlos geworden sey, sondern nur schlafe und zu Zeiten im Traume die riesigen Glieder strecke.

Wunderlich genug sieht dieser Theil Valparaisos aus, hier hängen die Häuser an der *einen* Seite der Schlucht, so daß es dem Beschauer oft vorkommt, als ob sie nur mit eisernen Klammern an die Wände gefestigt wären, während an der anderen ein kaum vor dem Abgrund geschützter schmaler Steg hinführt – dort, wo die Berge an beiden Seiten emporlaufen, drängen sich auch die Häuser mit ihnen hinan, wo es der Raum gestattet, das Hinterhaus über das Vordergebäude vorschauend (obgleich in diesem Theil der Stadt die Vorderhäuser überhaupt alle wie Hinterhäuser aussehen), und hier einmal, wo die Hänge zu steil waren auch nur ein Taubenhaus daran zu bauen, eine kurze Strecke weit die nackten gelben Felsen zeigend, hinter der die Wohnsitze der Menschen wieder beginnen.

Hier liegen auch die meisten, von den Matrosen am häufigsten besuchten Schenk-und Tanz-häuser, von denen zwei auf den Hauptkuppen thronen und von den Seeleuten den bezeichnen-den Namen der Vor-und Maintops erhalten haben. Nach Dunkelwerden hüte man sich aber zu lange in dieser Gegend zu weilen, oder man könnte in den Fall kommen, das *wilde* Leben in der Stadt näher kennen zu lernen, als wenige die Absicht hatten. Trunkene Seeleute und Landlubbers, denn der Unterschied ist hier eben nicht groß, zwingen oft die Vorübergehenden in einer rauhen Gutmüthigkeit mit ihnen zu trinken, und Zank und Eifersucht haben dabei schon manches Messer entblößt und in warmem Herzblut getränkt. Fiel ein Mensch, dann schlossen sich rasch die Thüren und die draußen Herumstreifenden flüchteten die steilen dunk-len Schluchten hinauf, dem Gesetz und seinen Unbequemlichkeiten zu entgehen, der Mörder aber glitt, während die Polizeidiener die Leiche aufhoben und dahin trugen, wo sie Hülfe für noch etwaiges Leben bekommen konnten, durch die dunklen Straßen der äußeren Vorstadt hinaus, aus der Stadt fort an das Ufer des Meeres und wusch den Stahl und seine Kleider vom Blute rein – selten, daß er der Gerechtigkeit ein Opfer wurde.

Die Chilenen sind nicht so blutdürstig wie die Argentiner, aber dennoch mit ihren Messern rasch genug bei der Hand, und nur zu geneigt eine wirkliche Beleidigung oder vielleicht auch eigene Schuld in Blut auszuwaschen.

So stand eines Abends, gerade in der kurzen Dämmerung dieser südlichen Länder ein junger Mann in der gewöhnlichen Tracht der Landleute auf der Plaza, dicht vor der Hauptkirche der Stadt und etwa vierzig Schritte von ihr entfernt, mit einer jungen Frau im eifrigen Gespräch. Die Straße war sehr belebt, und eine Menge Leute gingen, ritten und fuhren an ihnen vorüber, als die Frau plötzlich einen lauten Schrei ausstieß und zu Boden sank, während der Mann an der Kirche hin eine kleine Beistraße annahm und darin verschwand. In demselben Moment fast hielt eine Droschke neben der Unglücklichen – ein Herr und eine Dame saßen darin, und der Herr sprang hinaus, wo möglich noch Hülfe zu bringen; als er aber das quellende Blut sah, hob er die Verwundete rasch zu sich in die Droschke, mit ihr dem nächsten Arzte zuzueilen. – Es war nutzlos, sie starb, ehe er den Weg halb zurückgelegt, aber der Mörder, obgleich man vielleicht auf den richtigen Mann Verdacht hatte, wurde nie entdeckt.

So ist auch der Foretop und seine Umgebung schon gar oft Zeuge blutiger Scenen gewesen, doch die nächste Stunde wäscht die Erinnerung, der nächste Regen das Blut fort, und die alte Fröhlichkeit mit Tanz, Gesang und Guitarrenspiel, wie die stets wechselnden Gäste lassen keinen Gedanken an Ernst und Trübsinn aufkommen in diesen Räumen.

Es dunkelt schon – was für ein Heidenlärm schallt dort drüben, wenige Häuser unter dem Foretop und diesem schräg gegenüber, aus dem erleuchteten, nach der Straße zu offenen Zim-mer? – Guitarren und Harfentöne, die dröhnenden Laute eines Tamburins und ein Hämmern und Klopfen, als ob Bank und Tisch Solo und Duetten hätten – und die Melodie – eigenes Spiel des Schicksals – ein Bremer Cigarrenmacherlied in Chile »höcher op, höcher op« von so wun-derlichen Instrumenten aufgeführt. Ich drängte mich in den schon von Menschen gefüllten Raum, in dem sich außer den Musicirenden zwei Parteien gebildet hatten. Jedenfalls mußte hier ganz vor kurzer Zeit, vielleicht gerade jetzt eine Prügelei stattgefunden haben, denn auf der linken Bank lag ein englischer Matrose mit total zerschlagenem Gesicht, und seine Kameraden leerten ihm eben die Taschen von Uhr und Geld, damit er nicht im Gedränge bestohlen würde, während die andere, diesen wahrscheinlich feindliche Partei schon wieder mit den Matrosen eines chilenischen Kriegsschiffs und den hier hausenden Mädchen angetreten war. Wild und toll flogen die Paare nach der fremden Weise im Kreise herum und stellten sich dann wieder, kaum in Ordnung, doch immer im Takte, zu einer Art Contretanz auf, der aber bald darauf in einen wilden Lärm und das jubelnde Singen und Schreien der Zuschauer ausartete. Da stieß ein hoher sonngebräunter schwarzlockiger Geselle einen eigenthümlichen wilden Schrei aus, und warf Hut und Poncho von den breiten Schultern, während zu gleicher Zeit die Guitarren mit der Harfe in eine andere Melodie, die tragende schwellende Weise des chilenischen Nationaltanzes, überging und die bisherigen Tänzer zurücktraten an die Wände.

Der Chilene war das prachtvolle Exemplar eines kräftigen Südamerikaners und seine dunkeln Augen blitzten und funkelten, als ihm gegenüber ein wunderschönes schlankes *blondes* Mädchen aus den Reihen trat und mit dem wehenden Tuch in der Hand ihm begegnete und gewissermaßen zum Tanz begrüßte.

Die Bewegungen der beiden jungen Leute waren ungemein graciös und die Art des Tanzes ein menuetartiges Begegnen und Zurückweichen, wobei sie die Tücher, die Dame besonders, ein wenig kokett hoben und schwenkten, und von der Seite und wieder zurückschritten und im Begegnen, ohne sich zu berühren, dicht an einander vorüberglitten. Aber jetzt fiel die Harfe ein und die Trommel – die Schritte wurden lebendiger, leidenschaftlicher, die Mädchen klatschten in die Hände und sangen die Melodie in immer wilderen, schrilleren Tönen, und eine von ihnen, der das Taktschlagen nicht laut und lärmend genug seyn mochte, sprang von dem Kasten, auf dem sie bis jetzt, des besseren Zuschauens wegen, gestanden hatte, und schlug mit den geballten Fäusten die Melodie – der Kamm fiel ihr aus dem Haar und dieses glitt ihr unordentlich über ihre Schultern nieder, ihr Halstuch löste sich und ihre Wangen brannten ihr wie in Fiebergluth, aber toller und schneller schlug sie ihr neues Instrument, und zwang dadurch auch die Guitarren und die Harfe ihrem Takte zu folgen. Mehr und mehr Paare sprangen nun in die Reihen, aus allen Ecken tönten ihnen die Stimmen der Zuschauer entgegen und ein anderes Mädchen, dem der Lärm noch immer nicht groß genug war, trat zu dem einen Guitarrenspieler und schlug mit den Knöcheln der beiden Hände auch den Takt auf derselben Guitarre, die er spielte, ohne ihn dadurch irgend außer Fassung zu bringen. Heftiger und übermüthiger wirbelten und flogen bald Paare, bald einzelne Gruppen durch den Saal und quer über, und kein einziger befand sich, wie es schien, in dem ganzen Raum, der nicht mit Füßen, Händen, Ellbogen oder wenigstens seiner Stimme Theil an dem bacchantischen Tanz zu nehmen schien. Nur der blutig geschlagene Matrose lag bleich und still auf der Bank – eine traurige Illustration zu dem rauschenden Feste.

Mir wurde der Lärm zu toll, und da ich mich dicht an der Thüre gehalten hatte, konnte ich leicht wieder in's Freie gelangen. Ueberdieß hatte ich nicht viel Zeit zu verlieren, denn ich wünschte heute Abend noch das Theater zu besuchen, in dem ein besonders für die französische Bevölkerung der Stadt interessantes Stück gegeben werden sollte.

Vor kurzer Zeit war das, ebenfalls nach Kalifornien bestimmte große französische Schiff *Eduard*, ich glaube von Havre kommend, hier eingelaufen, und unterwegs ausgebrochene Streitigkeiten zwischen Passagieren und Capitän schienen einen sehr verlängerten Aufenthalt der Passagiere in Valparaiso zur Folge haben zu sollen. Unter den letzteren befand sich aber auch der greise blinde Dichter Arago, und zwar ebenfalls auf seinem Wege nach Californien, wo die Franzosen gemeinschaftlich eine Art von Compagnie zu gründen beabsichtigten, und dieser hatte ein kleines Vaudeville geschrieben, das an dem Abend zur Aufführung kommen sollte. Es spielte in Valparaiso, und zwar in den jetzigen Verhältnissen französischer, nach Kalifornien bestimmter Auswanderer. Mit dem Eduard selber waren einige Schauspieler gekommen, die darin debütiren wollten.

Dabei stellte sich aber *ein* Uebelstand heraus – *diese* sprachen nicht spanisch, und die übrigen chilenischen Schauspieler nicht französisch und so kam man denn auf den wunderlichen Einfall jeden seine eigene Sprache reden zu lassen, und das kleine Stück halb spanisch, halb französisch zu geben. Da beide Theile ihre Rollen vorher gelernt hatten, verstanden sie auch genau was sie einander sagten, und mir selber war es interessant genug etwas derartiges einmal mit anzusehen. Die Franzosen, von denen erstlich eine ziemliche Anzahl in Valparaiso leben, und dann auch mehrere hundert mit dem Eduard und noch einigen andern französischen Auswandererschiffen gekommen waren, schienen, indem sie die Sache als eine Art nationalen Triumph betrachteten, wirklich Feuer und Flammen – Gott weiß wie viel Paare Glacéhandschuh an diesem Abend zerschlagen wurden, und der greise blinde Dichter ward beim Schluß des kleinen einaktigen und in seiner Handlung allerdings *sehr* einfachen Vaudevilles stürmisch gerufen.

Er saß in der linken hellerleuchteten Proscenimsloge des ersten Ranges, zwischen zwei weißgekleideten jungen Damen, erhob sich, bei dem stürmischen Herausruf, mit diesen von seinem Sitz, und hielt aus der Loge eine kurze Anrede an das Publikum, worin er ihm, natürlich französisch, für die herzliche Aufnahme, die sie ihm bewiesen, ein paar freundliche Worte sagte. Das Ganze machte sich recht gut, war aber doch nur ein Bischen Theaterspielen beim Theaterspielen.

Das Theater Valparaisos ist ein geräumiges anständiges Gebäude; das Orchester war vortrefflich und einige Opern, die ich dort sah, befriedigten mich vollkommen. Der erste Tenorist besonders hatte eine wohlklingende schöne Stimme und gefiel sehr, auch das Spiel der chilenischen Herren und Damen war leicht und natürlich.

Nach dem Theater wanderte ich noch mit ein paar Schiffscapitänen, die an Bord zurückfahren wollten, der Landung zu, als uns schon von fern bekannte Töne grüßten – es war Musik und zwar deutsche Musik aus der Flotow'schen Oper Martha, die von Blasinstrumenten irgendwo in der Straße gespielt wurde. In die nächste Querstraße einbiegend, fanden wir uns bald dem Schauplatz des »Ständchens« gerade gegenüber, das von dem Musikchor der Bürgergarde mit militärischer Begleitung und einer Masse bunter Laternen, einem ihrer Officiere gebracht wurde. Eine Menge Menschen hatte sich dabei in den Straßen versammelt, und zog mit dem Chor, als dieser zu der Wohnung eines anderen ihrer Vorgesetzten weiter ging.

Das Boot lag und wartete auf die Capitäne, und wie es abgestoßen und in der Dunkelheit verschwunden war, wollte ich allein zurückgehen, als ein Stück die Straße hinauf, in der am Tage der Markt gehalten wurde, wieder laute fröhliche Musik an mein Ohr traf und ich dem Orte, doch einmal im Umherschlendern, zuschritt, zu sehen was es dort noch so spät gebe. Die Thür war aber verschlossen, vor den Fenstern hingen Gardinen, die Festlichkeit fand jedenfalls in einer Privatwohnung statt, und ich mußte meine Neugierde schon bezähmen. Nur wenige Minuten hatte ich den lauten Tönen der Guitarren, den lustigen Sängen und dem raschen Tanz der Jubelnden gelauscht, und wollte mich eben wieder die Straße hinabwenden, als die Thür aufging und zwei Männer den hellerleuchteten Raum verließen, während ein dritter, der ihnen das Geleite gegeben hatte, wieder die Thür schließen wollte, als er mich erblickte und zugleich auf das freundlichste nöthigte einzutreten. Keine Weigerung half, ich mußte ihm folgen und fand mich gleich darauf in einem niederen, aber durch eine Masse Lichter hellerleuchteten Raum, über den ich, eben von der dunkeln Straße kommend, nicht gleich einen Ueberblick gewinnen konnte, bis sich das Auge erst an den unerwarteten Glanz in etwas gewöhnt hatte.

Es war im Ganzen ein ziemlich ärmliches Gemach, die Wände weiß getüncht und nur an vielen Stellen mit kleinen bunten Heiligenbildern geschmückt – die Tische und Stühle von rohem Holz und ein großes Himmelbett, das in der einen Ecke stand und in der That fast den vierten Theil des Ganzen ausfüllte, trug grobcattunene Vorhänge. – Diese hingen aber zurückgeschlagen, das Bett zugleich als Sitz den Gästen anzubieten, und überhaupt schien jedes Winkelchen benutzt, Zuschauern und Tanzenden Raum zu halten. Die Ersteren saßen auf den Fensterbänken, Tischen und Stühlen herum, jede Ecke ausfüllend und für die Letzteren war nur ein sehr kleiner, beschränkter Raum geblieben, in dem sie ihren chilenischen Nationaltanz, so lange ich wenigstens im Zimmer war, ausführten. *Agua ardiente* und *Dulces* wurden fortwährend herumgereicht, und Männer und Frauen tranken den ersteren, während alle fast ohne Ausnahme, nur die Tänzer nicht, ihre Cigarillos rauchten.

Die erste Ueberraschung einmal vorüber, und nachdem ich dem gastlichen Angebot von Essen und Trinken genügt, und meine Papiercigarre angezündet, fiel auch mein Blick auf einen Gegenstand, den ich bis dahin allerdings schon gesehen, aber in dem allgemeinen Lärm und dem vielen Neuen was sich mir ringsum bot, nicht so beobachtet hatte, wie er es eigentlich verdiente.

Es war dieß ein etwa sieben Fuß hohes Gerüst, um das die Musici herumsaßen und standen, und das mit Blumen, Lichtern und Heiligenbildern von oben bis unten bedeckt schien. Der wunderlichste Zierrath darauf war aber eine vortrefflich gearbeitete Wachspuppe – ein kleines Kind vorstellend, das in einem schneeweißen Kleidchen, mit geschlossenen Augen, die zarten bleichen Wangen von einem leisen Rosenschein überhaucht, und von Blumen förmlich umgeben, auf einem kleinen Kinderstuhl saß. So täuschend war die Puppe gemacht, daß ich das

Kind im Anfang für ein wirkliches hielt, und die Augen nicht abwenden konnte davon, noch dazu, da gerade darunter eine schöne, bleiche, junge Frau mit Thränen in den Augen stand, die recht gut hätte als dessen Mutter gelten können. Darin hatte ich mich aber auch geirrt, denn gerade jetzt trat Einer der Männer lachend auf sie zu, sie zum Tanze abzuholen, und sie folgte ihm nicht allein, sondern war auch in wenigen Augenblicken mit die fröhlichste der Schaar.

Aber es *mußte* ein wirkliches Kind seyn – so täuschend konnte kein Künstler die Formen nachbilden – und jetzt verlöschte das eine Licht, dicht neben seinem Köpfchen, und die kleine ihm zugedrehte Wange verlor dadurch den rosigen Schein. – Meine Nachbarn mußten endlich merken, mit welcher Aufmerksamkeit ich jenes Kind oder jene Figur, was es nun auch seyn mochte, beschaute, und der mir Nächste erzählte mir, soviel ich von seiner Rede verstehen konnte, es sey das jüngste Kind jener jungen Frau mit dem bleichen Gesicht, die da so fröhlich tanze, und die ganze Feierlichkeit in der That nur jenes kleinen *gestorbenen Engelchens* wegen.

Ich schüttelte ungläubig mit dem Kopf, mein Nachbar aber, um mich zu überzeugen, nahm mich am Arm, und führte mich zu dem Gestell, neben dem ich auf einen Stuhl und Tisch treten mußte, die kleinen Händchen des Kindes, zu berühren.

Es war eine Leiche – und die Mutter, als sie sah, daß ich daran gezweifelt hatte und mich jetzt überzeugt mußte, trat von ihrem Tänzer ab auf mich zu und lächelte mich an – sie sagte mir, das sey *ihr* Kind gewesen, und jetzt ein Engelchen im Himmel und die Guitarren fielen wild ein – sie mußte zum Tanze zurück.

Ich verließ das Haus wie betäubt, denn ich wußte wahrhaftig nicht, ob sich das Alles, was ich da eben gesehen, auch wirklich vor meinen eigenen Augen zugetragen habe, später aber bekam ich die Lösung.

Wenn in Chile ein kleines Kind, ich glaube bis zu vier Jahr, oder noch jünger, stirbt, so glauben die Leute daß es direkt zum Himmel eingehe und ein Engelchen werde – und die Mutter ist stolzer darauf, als ob sie es zu kräftigem Alter frisch und fröhlich herangezogen hätte. Die kleine Leiche wird dann, wie ich es gesehen, ausgestellt, und oft so lange davor getanzt und getrunken bis der kleine Körper Spuren der Verwesung zeigt. Die Mutter aber, so weh ihr auch immer ums Herz seyn mag, muß lachen und fröhlich seyn und tanzen und singen – sie darf nicht egoistisch an sich selber denken, gilt es ja doch das Glück ihres eigenen Blutes – arme Mutter.

Als ich wieder auf die Straße trat und langsam die jetzt öde und menschenleere Straße hinab schritt, passirte ich etwa zwanzig Schritt von dem Haus, die dunkle Gestalt eines Mannes, der auf der Schwelle eines der dort stehenden Gebäude saß. Ich achtete seiner nicht, denn die Straßen sind vollkommen sicher in Valparaiso, als ich aber sechs oder acht Schritt an ihm vorüber war, stieß er einen langgezogenen, gellenden Pfiff aus, daß ich überrascht stehen blieb und mich umsah. Die Gestalt rührte sich jedoch nicht – es war jedenfalls ein Nachtwächter, der hier die Stunde pfiff. An der nächsten Ecke stand ein Pferd angebunden, doch sah ich keinen Mann dabei, und als ich das Pferd passirt war, schallte dicht hinter mir wieder derselbe gellende Pfiff.

Sonderbar, dachte ich, und wanderte langsam weiter – bald sah ich wieder eine Gestalt an einem der Häuser lehnen, die nicht im mindesten auf mich zu achten schien, kaum aber war ich vorüber, so hörte ich auch wieder denselben Pfiff, was mir in der einen Straße sechsmal begegnete, und ich mußte nun wohl merken, daß ich solcher Art gewissermaßen durch die ganze Stadt gepfiffen wurde.

Die Polizei in Valparaiso ist jetzt berühmt, und diese Art, nächtliche Wanderer dem »Collegen« zu bezeichnen, hat mir ungemein gefallen. Geht ein Mensch auf der Straße und ist nur das erste Zeichen gegeben, so mag er sich hinwenden wohin er will, überall wissen die Nachtwächter daß irgend Jemand, der eigentlich um diese Zeit der Nacht schon in seinem Bett liegen sollte, noch draußen herumwandelt. Hat der Mann dann weiter nichts Böses im Sinn, so wird er nur bis an seine eigene Hausthür gepfiffen, und damit ist die Sache gut, wäre aber das Gegentheil der Fall gewesen, so müßte er das ruhig aufgeben, denn die Nachtwächter, denen er angemeldet ist, und die nichts mehr von ihm gesehen haben, passen nun auf wie die Heftelmacher und es würde ihm schwer werden ihre Aufmerksamkeit zu betrügen.

Da ich übrigens gerade von Polizei spreche, fällt mir auch die chilenische Calebouse oder das öffentliche Gefängniß ein, die ich Gelegenheit hatte zu besuchen. Ein Bekannter von mir, ein deutscher Schiffscapitän, hatte seine ganze Mannschaft dort sitzen, und forderte mich eines Morgens auf, mit ihm dorthin zu fahren.

Die Einrichtung derselben war so eigentümlich wie praktisch – die verschiedenen Gefangenen saßen in keinem *festen* Gefängniß sondern in einer Art großer Menageriewägen, wie wir sie zur Meßzeit bei uns mit Löwen und Tigern zu sehen bekommen. Rings in dem geräumigen Hof standen solche Fuhrwerke mit großen langen eisenbeschlagenen und vorn und hinten mit starken eisernen Gittern versehenen Kasten, und die wunderlichsten Gruppen saßen, lagen und kauerten darin, alle »zu Tage.«

Der Capitän hatte seine ganze Mannschaft »zehn Stück« wie er sagte, in einem solchen »Omnibus« – die Leute sollten sich geweigert haben mit ihm weiter nach Californien zu gehen, weil sie sich mit dem ersten Steuermann nicht vertragen konnten. Er frug sie ob sie sich nun anders besonnen hätten und mit ihm segeln wollten; sie beriethen sich aber kurze Zeit mit einander und antworteten dann einfach nein. Er machte ihnen hierauf begreiflich daß sie mit ihm segeln *müßten*, sie möchten wollen oder nicht, und daß der einzige Unterschied wäre, ob sie freiwillig mit ihm gehen, oder durch die Polizei zum Schiff hinunter gefahren werden wollten; die einzige Antwort die sie hierauf gaben war, daß fahren bequemer sey als gehen, und sie deßhalb das letztere vorzögen.

Sie wurden auch wirklich später in dem Kasten bis hinunter an die Landung geführt und dort mit Polizei, als das Schiff segelfertig war, an Bord gebracht. Allerdings liefen sie in San Francisco augenblicklich davon, das wußte der Capitän aber vorher, und hatte wenigstens seinen Willen gehabt.

11. Eine Macht auf dem Kirchhof zu Valparaiso

»Waren Sie schon oben im Pavillon des Kirchhofs?« frug mich Einer meiner in Valparaiso neuge-
wonnenen Freunde, als wir zusammen eines Morgens an der Landung auf-und abgingen, und
ich eben der reizenden Aussicht erwähnt hatte, die wir selbst von dem niederen Strand aus
genossen.

»Noch nicht?« erwiederte er lebhaft auf meine verneinende Antwort – »ei das dürfen Sie nicht
versäumen – es sind auch einige in Italien und vortrefflich aus carrarischem Marmor gearbeitete
Monumente oben.«

Ich bin gern zwischen Gräbern – es hat etwas unbeschreiblich Rührendes für mich die niederen Hügel zu durchwandern, unter denen die stillen Todten, so ruhig und friedlich mit ge-
falteten Händen in enger freundlicher Nachbarschaft – wie Blätter in einem Stammbuch – liegen, jeder in seinem Stübchen und die kurze Inschrift zu Häupten nennt Namen und Datum
des Blattes. Dort freue ich mich auch jeder Blume, die eine treusorgende Hand für die letzte
Ruhestätte der Entschlafenen gepflückt und den kleinen Hügel mit den duftenden Blüthen
geschmückt hat.

»Wandle zwischen Gräbern, dort wohnt die Liebe – auch aus der Ferne weht ihr warmer
Athem Dir entgegen.«

»Wir wollen gleich einmal hinaufgehen,« sagte mein Freund, der sich nach einem eben erst
eingenommenen bedeutenden Frühstück etwas Bewegung zu machen wünschte – »die Aussicht
vom Pavillon ist wahrhaft entzückend – Sie haben dort oben einen vollkommenen Ueberblick
über Stadt und Hafen, und die Monumente sind allein das Bergsteigen werth.«

Die Monumente lockten mich nicht – mir haben die großen massiven Marmorblöcke auf
den stillen Wohnungen der Todten etwas Unheimliches, Erdrückendes. Zu schwer lastet ihr
Gewicht auf den armen Dahingeschiedenen, zu undurchdringlich lagern sie sich zwischen ihn
und die Blumen, die den Stein wohl umschmiegen, aber ihren Thau nicht auf das Grab schütteln
und süße liebe Worte hinunterflüstern können, anders wünsche ich mir selber einmal die eigene
stille Ruhestätte – im Wald möcht ich begraben werden, im lieben grünen rauschenden Wald
und der Baum, dessen Wurzeln sich dann um mich schlängen, sollte mir auch den Hügel mit
seinem Thau begießen und den Vögeln Schutz und Schirm gewähren, die ihre leise Todtenklage
über mich sängen. Nur keinen kalten unbeweglichen Steinblock oben darauf – die Erde drückt
schwer genug wenn wir Abschied von ihr und alle dem nehmen mußten, was uns auf ihr, ach
so unendlich lieb und theuer war.

Wir kletterten langsam den steilen, zickzack laufenden Bergpfad hinan, und erreichten endlich ein langes schmales, aber freundliches Gebäude das des Todtengräbers Wohnung, wie Ca-
pelle und Betsäle enthielt.

Als wir durch den Corridor gingen warf ich den Blick links in ein offenstehendes Gemach,
und sah darin einen behäbigen Mönch in weißer Kutte (Franziskaner glaub' ich) der die dicken
fetten Hände auf dem Bauch gefaltet hielt und seine Daumen, in Mangel besserer Beschäftigung, umeinander herumjagte. Hatte er Messen für die Todten gelesen? – es sah schwül und
dumpfig in dem Zimmer aus und die weiße Gestalt diente nicht dazu, den Raum freundlicher
zu machen. – Mir bleibt es stets ein unheimliches Gefühl, diese Gebete für und über die Dahingeschiedenen, und ich ging rasch vorüber.

Erst als wir auf den offenen freundlichen Platz hinaustraten, der hier, auf der Kuppe des Kü-
stenhügels die Gräber der in Valparaiso gestorbenen Katholiken umschloß, athmete ich wieder
frei auf. Rechts und links von uns lag ein schmales, mit niederem Staket umschlossenes Gärtchen, voll schattiger Orangen und Cypressenbäume, voll Blumen und Blüthen, und dicht dahinter der Gottesacker mit seinen Stein-und Marmorplatten und einfachen prunklosen Gräbern,
während hie und da, aus ihnen heraus, das prachtvolle, von hohem Eisengitter umschlossene
Monument eines »Großen der Stadt« emporragte, und noch jetzt sogar *für* den Todten – denn
er selber lag so tief und still wie die Anderen – über die Nachbargräber hinwegschaute und die
Blicke des Wanderers auf sich lenkte. Der aber fand auch hier nur Staub, so gut wie bei dem

Nachbar, und die Bewunderung, die er dem herrlich gemeißelten Steine zollen mußte – galt auch eben nur dem Stein und dem Künstler, der dem Marmor solches Leben einzuhauchen wußte – nicht dem, der darunter den langen Todesschlaf schlief und der Auferstehung entgegenträumte.

Mein Führer hatte aber wirklich recht – nur das eine Monument der Familie Waddington wäre es werth, den Ort zu besuchen. Es ist ein einfacher Würfel aus cararischem Marmor, mit einem eben solchen Sarkophag darauf, und auf diesem liegt in leichten, die schlanken jugendlichen Glieder umfließenden Gewande, eine trauernde Mädchengestalt; aber diese schmerzdurchzuckte Brust scheint zu athmen und der Wind in den zarten Falten des Kleides zu spielen, so kunstvoll ist der Stein gemeißelt. Es sind noch einige reichere Monumente auf dem Gottesacker, mit ebenfalls kunstreich ausgeführten Figuren und von trefflicher Arbeit, ich kehrte aber immer und immer wieder zu der trauernden Frauengestalt zurück und konnte mich kaum satt sehen an dem lieblichen rührenden Bilde.

Gerade hinter dem prachtvollen Monument der Familie Gonzales erhob sich ein wunderliches thurmähnliches Gebäu – oben darauf mit eisernem Gitterwerk, fast wie ein Vogelbauer, weitläufig überspannt, das Ganze jedoch hoch, und weder mit Eingang noch Treppe.

Mein Führer erklärte mir, das sey ein *Beinhaus*, in welches die »alten Knochen« hineingeworfen würden. – »Räumt man denn die Gräber wieder aus?« – »Die Gräber sowohl als jene *Kuhle* dort« – lautete die Antwort, »doch *die* wollen wir nachher besuchen, jetzt müssen Sie erst einmal die Aussicht des Pavillons bewundern.«

Wir schritten rechts an dem Knochenkäfig vorüber, gingen durch ein kleines Zimmer, in welchem einige »Sargkasten,« deren Gebrauch ich mir aber beim ersten Anblick nicht gleich erklären konnte, standen, und betraten dann den Balkon des Pavillons, der, dicht an den Hang gebaut, den ganzen Hafen bis hinaus in das stille Meer, wie weit weit nach den schneegedeckten Cordilleren hinüber, überschaute.

Der Anblick war, gerade von diesem Punkt aus, entzückend, und ich konnte das Auge nicht abwenden von dem reizenden Panorama. Tief tief unter mir die von Menschen bewegte, lebendige Stadt – Maulthiertrupps, die dicht am Strande zusammengeschaart standen und geduldig des Führers harrten, hin- und hersprengende Reiter, schwerbeladene Wägen, welche die Produkte des inneren Landes zum Markte oder zum Hafenplatz schafften, daneben das rege Treiben der Bai – die zahlreichen dort liegenden Schiffe mit ihren bunten Flaggen und Pennants, die hin- und herschießenden Boote –, einsegelnde Fahrzeuge, von denen der vor der Börse stehende Telegraph schon lange die Meldung gebracht – selbst die Möven und blitzschnellen Taucher der Bai, die auf der stillen, spiegelglatten Wasserfläche umherschwammen, die scharfgeschnittenen Köpfe vorsichtig nach allen Richtungen hindrehten und bei dem geringsten Anzeichen von Gefahr rasch in die Tiefe fuhren, und nur in den ausschwellenden Wasserkreisen ihre Spur zurückließen – dann darüber der heiter und blau ausgespannte Himmel, der weit im Osten drüben auf den zackigen, schneeglühenden Kuppen der Cordilleren zu ruhen schien – das Alles breitete sich in *einem* reizenden, nie vergessenen Bilde vor dem entzückten Auge aus, und nicht satt schauen konnte dieses an all dem Herrlichen, was ihm hier in solcher Fülle geboten wurde.

Die Umgegend von Valparaiso hat gewiß, da ihr der Baumwuchs gänzlich fehlt, wenig Anziehendes, von da oben aus vergißt man aber fast diesen Mangel, und während die belebte reizende Bai den Mittelpunkt des schönen Panorama's bildet, ist der Eindruck des großartigen Hintergrundes vom Ocean und Cordilleren zu gewaltig, sich der einzelnen Mängel zu erinnern.

Ich weiß nicht wie lange ich da gestanden haben würde, hätte mich nicht mein Führer darauf aufmerksam gemacht, daß wir eigentlich noch etwas auf dem Kirchhof ansehen müßten, was ich nicht versäumen dürfe – die Kuhle. –

Die *Kuhle*? ich wußte gar nicht, was er mit dem Worte Kuhle eigentlich meinte – Kuhle, Grube, was für eine Grube – ein neugemachtes Grab? –

»Nein, die Kuhle, wohinein die Armen von Valparaiso kommen,« lautete die Antwort, und er ging mir voran durch das Sargkastenzimmer wieder durch und rechts einem hochaufgeworfenen Erdhaufen zu. Ich folgte ihm, und stand bald darauf am Rande einer wohl 10 Fuß tiefen, 16-18

Fuß langen und auch vielleicht 10 Fuß breiten Grube, die mir beim ersten flüchtig hineinge-
worfenen Blick leer schien.

»Hier hinein kommen die Armen,« sagte mein Freund.

»Also werden die Särge hier wahrscheinlich schichtenweis beigesetzt?« frug ich – »aber da
ist's doch nicht recht, daß sie nicht wenigstens ein Dach gegen den Regen darüber machen –
das Wasser muß sich ja da unten sammeln.«

»Ich weiß nicht einmal, ob sie Särge haben,« lautete die Antwort; »mir ist nur gesagt daß
man sie in den Kasten, die da drinne stehen, hier herausträgt, und da geht doch keinenfalls
ein Sarg hinein.«

»Nun, ohne Särge wird man sie doch nicht hier in das offene Loch legen,« erwiederte ich
ihm ungläubig, »so begraben ja die Wilden nicht einmal ihre Todten – sehen Sie das Schwarze
da unten, von dem der Sand heruntergerutscht ist, das muß jedenfalls ein Sarg seyn.«

»Ein Sarg? wohl schwerlich, es ist rund und unegeal – wahrhaftig, das ist eine Leiche-sehen
Sie die Feuchtigkeit, die da an der Seite herauskommt? – da unten liegt auch ein Kinderschuh.« –

»Ein Schuh?« – erwiederte ich schaudernd, denn der einmal geweckte Verdacht überschaute
jetzt schärfer und aufmerksamer die früher nicht beachteten Erhöhungen und Vertiefungen der
Grube – der Schuh stand aufrecht auf dem Hacken, der Sand, der von ihm ausging, lag gerade
da, nach der Ecke hinauf, höher als anderswo – auch das war eine Leiche.

»Sie bewundern wohl hier die Katacomben, Gentlemen,« näselte in diesem Augenblick ein
Amerikaner, der ganz unbemerkt zu uns getreten war, »ja, sie haben hier in Valparaiso eine
ganz freundliche Art, ihre Todten unter, oder eigentlich genau genommen, nur in die Erde zu
bringen, denn *unter* die Erde kann man das doch eigentlich nicht gut nennen, wenn Einem
nachher noch Arme und Beine herausstrecken.«

»Also sind das wirklich *Leichen*, die dort unten ohne Sarg und kaum mit einer Handvoll
Erde bedeckt liegen?« frug ich, und konnte mich dabei eines unwillkürlichen Grausens nicht
erwehren.

»Treten Sie einmal dort unter den Wind,« sagte der Amerikaner lachend, »dann können Sie
mir die Antwort ersparen; man braucht kein Indianer zu seyn, um da *Menschen* zu wittern. Beu-
gen Sie sich übrigens einmal ein wenig vornüber – sehen Sie den Ellbogen hier in der Ecke? –
das ist eine Frau, die sie gestern hinuntergeworfen haben.«

»Hinunter *geworfen*?« rief ich fast unwillkürlich – »von oben hinunter?«

»Ha ha ha! Fremder, *you're green yet*,« amüsirte sich der Yankee, »hier werden mit den abgetragenen »Seelfutteralen« nicht viel Umstände gemacht. Es ist dieß übrigens das beste Mittel
gegen das »lebendig begraben werden« – vor dem ich, beiläufig gesagt, allen möglichen Respekt
habe, das wohl je erfunden wurde. – Ist man noch nicht todt, so bricht man ziemlich sicher beim
»Beisetzen« den Hals, und wäre selbst der zäh genug, einen solchen Sprung auszuhalten, und
käme man später da unten wieder zur Besinnung, ei, so braucht man nur einfach aufzustehen,
sich das Bischen Erde abzuschütteln und an der hier lehnenden Leiter hinauszusteigen – hat
man sich nachher den Sand etwas aus den Haaren gekämmt, so sind alle Spuren der Beerdi-
gung verschwunden.«

»Aber hinunter *geworfen* werden die Leichen doch nicht,« entgegnete ich dem Mann, und
zwar keineswegs in einer Stimmung auf seine Scherze einzugehen – »die Leiter ist doch jedenfalls dazu da sie hinunter zu *tragen*.«

»Wenn Ihnen das so unglaublich scheint,« entgegnete der Amerikaner, »so seyn Sie so gut
und sehen Sie einmal jene Ecke dort an – dort, wo die verschiedenen Fetzen von alten Kleidern
hängen – denken Sie denn daß mit einem armen Teufel, mit dem nur eben Leute genug gehen ihn herauszuschleppen, große Umstände gemacht, und etwa gar noch Leute herbeigeholt
werden ihn sanft und bequem hinunter zu *legen*? Gott bewahre, die Träger kommen in einem
halb Trott, und immer dabei ihr Santa Maria ec brummend, an die Grube hier – die Leiche
liegt offen, gewöhnlich in ihrer Alltagstracht, manchmal wenn die Verwandten es daran wenden
können, in ein schwarzes Tuch eingeschlagen, in diesem ebenfalls offenen Kasten, von denen
sie ein paar da drinnen sehen können, und am Rande dieses freundlichen Plätzchens sendet ein

plötzlicher Ruck und Wurf den Cadaver zum Ort seiner Bestimmung nieder. Nachher steigt einer von ihnen hinunter die Leiche gerade zu ziehen – nicht etwa der Leiche wegen, sondern nur damit sie nicht mehr Platz wegnimmt, als unumgänglich nöthig ist. Von oben hinunter werden dann ein paar Schaufeln voll Erde geworfen; auch wieder nicht der Leiche, sondern nur des Geruches wegen, und das Begräbniß ist beendet. Sind ihrer mehre dabei, so fassen sie den Körper wohl bei Armen und Beinen an und reichen ihn sich hinunter, sonst aber nicht – ich bin schon, wie manchmal, dabei gewesen. Sehen Sie dort drüben, in der einen Ecke, wo das halbe Gerippe noch in seinen alten Lumpen aus der Erde vorschaut, dort werden sie gewöhnlich »abgeladen.« Die Knochen da bröckeln sich bei der Gelegenheit auch langsam mit los und jeder neue Leichnam nimmt sich ein paar mit zum Andenken in die Tiefe.«

»Doch Gentlemen,« unterbrach er sich plötzlich, »der Aufenthalt hier ist nichts weniger als angenehm, der Wind kommt bald von der, bald von jener Seite und so sehr ich auch die Todten *achte*, so *rieche* ich sie doch nicht gern.« Mit diesen Worten wandte er sich ab und schlenderte pfeifend an dem Gebeinkäfig vorüber, dem Ausgang zu.

»Nun wollen wir auch noch den protestantischen Kirchhof besuchen«, sagte mein Freund, »er liegt hier gerade gegenüber und ist zwar einfach, denn von einer hohen Mauer rings umgeben fehlt ihm die schöne Aussicht, fehlen ihm die prachtvollen Monumente, ihm fehlt aber auch Gott sey Dank dafür eine solche Leichenkuhle – mich ekelts hier bei den Todten.«

Fast willenlos folgte ich ihm, denn ich muß aufrichtig gestehen, das Widerliche des eben gesehenen Grabes hatte, vielleicht auch weil es so ganz unerwartet gekommen, einen solchen Eindruck auf mich gemacht, daß ich den gar nicht so schnell wieder abzuschütteln vermochte. Wir schritten langsam zwischen den Gräbern hin, dem kleinen Gärtchen wieder zu, aber ich hatte keine Augen mehr, weder für die Monumente noch die Blumen – immer und immer wieder kehrte mein Blick von ihnen nach jenem Erdhaufen zurück und gerade sie mit dem blau und freundlich darüber ausgespannten Himmel machten den Gegensatz nur noch furchtbarer. Ich war ordentlich froh, als wir den Platz verlassen hatten.

Dicht neben dem katholischen Kirchhof, und von diesem nur durch einen Fahrweg getrennt, ebenso wie dieser aber von einer hohen Mauer eingeschlossen, liegt der protestantische Gottesacker von Valparaiso – eine gewiß lobenswerthe Toleranz der jetzigen Regierung, wenn man bedenkt, wie noch vor gar nicht so langen Jahren die Inquisition an den Ufern des stillen Meeres gewüthet hatte. Ihm fehlte allerdings die prachtvolle Aussicht des katholischen Kirchhofs, ihm fehlten die kostbaren Monumente, ja ich weiß nicht einmal ob ein protestantischer Geistlicher die Aufsicht über den »geweihten Grund« hatte – aber dafür lag Arm wie Reich in seinen stillen Gräbern friedlich nebeneinander. Einfache Steine oder Kreuze standen zu Häupten der Geschiedenen; die Zurückgebliebenen konnten Blumen auf die Gräber ihrer Lieben pflanzen und den Ort besuchen, ohne mit Schaudern vor ihrer letzten Ruhestätte zurückzubeben.

Besonders viel Matrosen schienen hier, den verschiedenen Inschriften nach, beigesetzt zu seyn, auf deren Denkplatte oder noch häufiger auf den einfach hölzernen Kreuzen ein paar Verse die Trauer der Kameraden oder eine kurze Betrachtung ausdrückten. Ja ich fand sogar hie und da einen gewissen seemännischen Humor, der sich bis auf das Grab hinaus erstreckt hatte.

So lautete die eine Grabschrift Isaak Tickell's von Ihrer Majestät Schiff Präsident:

Shipmates, all my cruise is up
My body's moor'd at rest
My soul is – where?? – aloft of course,
Rejoicing with the blest.

Kameraden, meine Fahrt ist aus,
Mein Körper liegt ruhig vor Anker,
Meine Seele ist – wo? – nun natürlich noch oben,
Und jubelt mit den Seligen.

Eine andere:

The commodore short warning gave
For me, to anchor ship

My moorings hard and fast are laid
Till signal's made to trip.

Der Commodore gab kurze Ordre
Mein Schiff vor Anker zu legen,
So lieg ich denn hier hart und fest
Bis das Signal zum Lichten gegeben wird.

Wir fanden noch mehre ähnliche Inschriften und verließen endlich den Kirchhof, wieder in die Stadt hinunter zu steigen. Mir kam aber die Grube nicht aus dem Gedächtniß – nicht vergessen könnt' ich die Leichen die dort oben, wild und bunt durch und übereinander geworfen, und kaum mit einer Hand voll Staub bedeckt, in Sonne und Regen lagen, und am nächsten Morgen wanderte ich, trotz dem Schauder den ich beim ersten Anblick empfunden, doch wieder hinauf, den Gottesacker zu besuchen.

Gottes Acker das Wort klang mir, wenn ich neben der schauerlichen Grube stand, wie die fürchterlichste Ironie. Ein Acker Gottes sollte das seyn? – eine Düngergrube war's in die man menschliche Wesen, oft noch warm – denn der Südamerikaner läßt die Leichen, besonders die der Aermeren manchmal kaum acht oder zehn Stunden über der Erde – hinabgeworfen. – Aber selbst der Schauder den ich empfand, hatte eine Art schwer zu beschreibenden Reizes für mich. So eiskalt es mir jedesmal über Herz und Seele lief, wenn ich später die Nähe des Schreckensortes betrat, so konnte ich doch auch – ich glaube wenn ich selbst gewollt hätte, den Platz nicht mehr meiden. So muß, jenem naturhistorischen Märchen nach, dem Vogel zu Muthe seyn, der von den fest auf ihn gerichteten Blicken der Schlange wie betäubt, den Ort der Gefahr meiden will, und statt ihn zu fliehen, nur näher und näher dahin gezogen wird.

Tag für Tag ging ich hinauf, manchmal sogar zweimal, und die Leichen in der Grube kamen mir zuletzt vor wie alte Bekannte, auf deren Gesichter ich mich nur nicht mehr recht besinnen konnte. Der Knabe in der Ecke mit dem vorgestreckten Bein und der schwarze Leichnam an der Seite – der braune Todtenkopf, der dort so stier und ernst nach dem blauen Himmel – halt – am zweiten Tag hatten die da unten Besuch bekommen. Dort lagen ein paar Füße die ich noch nicht kannte – die Schuhe waren oben aufgeschnitten – den Mann drückten seine Hühneraugen nicht mehr – und rothe Fußlappen schauten durch.

Das Frauenkleid, was am andern Morgen unter dem Sand vorschimmerte, mußte auch über Nacht eingeführt seyn – ich war noch spät, am Abend vorher, oben gewesen, und hatte nichts von ihr gesehen, und mein alter Freund, das Gerippe – wie rauh sie mit dem umgegangen – die Hälfte der Rippen lag unten; das hatte jedenfalls der Mann mit den rothen Fußlappen gethan.

Eins that mir weh – so kalt und öde lagen die Leichen da unten in ihrer Gruft, keine einzige Blume war ihnen mitgegeben in das traurige Grab – kein Zeichen der Liebe, keines, der Trauer um die Hingeschiedenen, und da draußen blühten so viele Blumen.

Am nächsten Tage war ich Morgens, unterhalb des Leuchtthurms, am Seegestade, um nach ankommenden Schiffen auszuschauen und Massen von Blumen wucherten dort, wohinaus die Brandung mit ihren peitschenden Salzarmen nicht langen konnte, zwischen den Steinen und Klippen. Sternblümchen besonders viel, und eine andere Art, die genau wie unsere Maiblumen dufteten, und rothe glockenartige Blüthen. Von den allen pflückte ich einen großen mächtigen Strauß – das ganze Taschentuch hatt' ich voll, trug sie geraden Wegs auf den Kirchhof hinauf, und streute sie dort über die armen Verlassenen – Vergessenen – in die Grube. Auch das Gerippe bekam sein Theil, es sah aber gar so wunderlich aus, wie die Blüthen in den gräßlichen Ueberbleibseln eines *Menschen* hingen.

Ich bekam jetzt eine ordentliche Sehnsucht darnach ein Begräbniß mit anzusehen – so oft ich das Grab besuchte war fast stets ein neuer Gast eingekehrt, und keiner mir vorher vorgestellt worden – ich wollte auch einmal bei der Einführung seyn. Dieß Verlangen wurde noch gesteigert als ich erfuhr, daß man in Valparaiso die Todten alle um Mitternacht begrabe. Mit dem Glockenschlag zwölf verlassen die Träger mit der Leiche das Haus oder Schiff, und ziehen mit Laternen, deren Anzahl sich natürlich nach dem Reichthum des Verstorbenen richtet, dem Kirchhof zu; mir wurde auch gesagt, ich brauche mich nur eine einzige Nacht gerade vor zwölf

Uhr vor dem Gottesacker einzufinden, und ich würde nicht vergeblich warten, denn es verginge selten eine Nacht, in der nicht wenigstens *eine* Leiche begraben würde.

In der ersten Nacht traf ich es aber doch so, und saß fast bis um ein Uhr an dem steilen Hügel, dicht unter der Mauer und harrte umsonst – es kam keine Leiche. In der zweiten Nacht war ich glücklicher; gleich nach drei Viertel auf zwölf saß ich schon auf meinem Posten, und der Mond schien hell und klar auf die mir gegenüberliegende zerrissene Schlucht, deren einen Abhang der Gottesacker deckt und auf die an der anderen Seite darüber hingestreuten kleinen Gebäude nieder. Da pfiffen in der Stadt die Wächter und schrieen Stunde und Wetter ab, und von einem der Schiffe in der dunkeln Bai löste sich fast in demselben Moment ein Boot ab, und sechs kleine, aber scharf abgezeichnete Lichter blitzten auf der fast schwarzen Fläche und glitten rasch dem Ufer zu. Kaum konnten sie dieß berührt haben, als auch die Lichter schon in der Straße sichtbar wurden und sich jetzt die schmale düstere Straße heraufzogen, die vom Strande ab gleich nach dem Gottesacker hinaufführte und die Kirchhofsgasse genannt wurde.

Deutlich konnte ich ihnen folgen, als sie in die verschiedenen Biegungen des Schlangen-und Zickzackpfades einlenkten – nicht viel später waren sie oben bei mir, denn der Berg ist nur wenige hundert Fuß hoch, und ich konnte jetzt den schmalen Sarg erkennen, den vier und viere abwechselnden zwei Riemen (Ruder) hängend seiner letzten Ruhestätte zutrugen.

Die Thür des protestantischen Kirchhofs war aber noch verschlossen und ein Midshipman, der die Leiche begleitete, klopfte erst leise, dann immer stärker an die verschlossene Thür. Das Getöse schallte unheimlich durch die stille Nacht, doch trieb es den schläfrigen Todtengräber von seinem Lager auf – er öffnete die Pforte, und die Matrosen betraten den protestantischen Kirchhof, durch den hin sie langsam zur Kapelle schritten, dort ein kurzes Gebet über die Leiche sprachen und dann den Kameraden in sein stilles, schon für ihn bereitetes Kämmerlein ernst und ruhig beisetzten.

Meine Aufmerksamkeit wurde aber hiervon bald abgelenkt, denn von unten herauf vernahm ich ein dumpfes wunderliches Geräusch, und als ich an den Rand des Hügels, vor den Kirchhof trat, sah ich einen langen Zug blitzender Laternen, wohl mehre hundert Stück, und eine Masse sich rasch den Berg herauf bewegender Männer, die unter einem ununterbrochenen monotonen Gemurmel näher kamen. Ich konnte übrigens nur die Worte Santa Maria José verstehen; die Leute hatten schon fast den Athem verloren, als sie die Kuppe des Berges erreichten, und das Gemurmel, wenn es ein Gebet seyn sollte, wurde zum unverständlichen Stöhnen.

Drei Särge folgten sich, mitten in diesem Menschenschwarm und einem wahren Lichtstrom dicht hinter einander, später fand ich aber, daß alle diese Lichter nur einem, und zwar dem zweiten Sarge galten; die andern beiden waren nur Sargkasten und hatten sich zu diesem feierlichen Geleit gewissermaßen eingeschwärzt.

Die Träger schienen ihre Last übrigens ungemein gern loswerden zu wollen, und nicht zu verdenken war's ihnen, denn der Berg ist steil, und den ersten und dritten Sarg warfen sie auch mehr von den Schultern, als daß sie ihn, endlich die Kirchhofsthüre erreicht, niedersetzten.

Ein Mönch in weißer Kutte trat hier vor die Thür und sprach einen kurzen Segen über die Leichen, wonach sie der geweihten Erde zugelassen werden konnten.

Einer der gewöhnlichsten und ordinärsten Sargkasten war im Zug, jedenfalls seiner kürzeren Entfernung vom Hause wegen, der erste gewesen, dieser mußte aber jetzt, auf einen strengen Wink des Todtengräbers, der recht gut wußte, was sich hier oben unter den Tobten schicke, warten, bis der *bessere* Sarg voran über die Schwelle getragen worden. Dieser enthielt den Leichnam eines hochgestellten Mannes und kam gleich in die Kapelle, wo er so lange beigesetzt blieb, bis am andern Morgen das Hochamt, oder eine andere Todtenfeier über ihn gehalten werden konnte. Die Bekannten und Freunde dieses Mannes kehrten auch, gleich oben am Hügel, nachdem sie den Sarg nur den Händen des Priesters überliefert hatten, wieder um; die Peons aber, die Diener, welche die Laternen trugen, oder dem Zug sonst, theils aus Anhänglichkeit, theils aus Neugierde gefolgt waren, begleiteten auch die beiden andern Leichen zu dem Ort ihrer Bestimmung – der *Kuhle*.

Um einen »guten Platz« zu bekommen, war ich schon ein paar Minuten vorangegangen, und hatte meine Stellung am äußersten Rande der Grube genommen, wo ich den nahenden Zug und den Ort selbst vollkommen gut überschauen konnte. O wie still und unheimlich lagen sie da unten in ihrem kalten trostlosen Grab – wie schien der Mond – der liebe reine Mond – so schauerlich auf Moder und Verwesung hernieder, und gab sich vergebene Mühe den entsetzlichen Anblick des geschwärzten Leichnams zu mildern, oder einen Schatten über die sonst unbedeckten und vorragenden Gliedmaßen der hier *Begrabenen* zu werfen.

Indessen war oben der Segen fertig gesprochen worden, und die Laternen näherten sich der Gruft. Die beiden Sargkasten, der eine mit schwarzem Tuch überspannt, voran, der andere ganz offen, wurden bis dicht zum Rand getragen, und dann von dem ersten die obere Hülle abgenommen.

Ein in ein schwarzes Leichentuch gehüllter Körper lag darin; drei der umstehenden Peons nahmen ihn heraus, zwei andere stiegen an der Leiter die Grube hinab, und bereiteten sich, sie unten in Empfang zu nehmen; es waren Menschen genug da, und sie brauchten die Körper nicht gerade hinunter zu *werfen*. – Aber wie rücksichtslos die Lebenden da unten auf den Todten herumschritten – wie sie sich gar nicht ein wenig in Acht nahmen, und doch unter ihren Füßen die, Köpfe und Glieder der kaum mit Erde Bedeckten fühlen mußten. Sie schonten gar nichts, selbst nicht die ehrwürdige schwarze Leiche und dort – wahrhaftig, der eine Schuft hatte mit dem einen Fuß gerad' hineingetreten, und zog ihn jetzt, selber erschreckt, rasch wieder zurück. Sie verdarben mir den ganzen Platz, und stampften auch meine armen kleinen Blumen unerbittlich in den weichen, leichengeschwellten Boden hinein.

Den einen Körper hoben sie jetzt hinunter – er hatte die Arme auf der Brust gekreuzt und war schon starr und steif. Die beiden die unten standen legten ihn ordentlich und lang ausgestreckt dicht an die steile und scharf abgestochene Wand der Grube an und nahmen ihm dann, wie es Gebrauch und Sitte ist, das schwarze Grabtuch von dem bleichen Antlitz. Es war ein edles, bärtiges Gesicht und der Mond schien hell und klar in die stillen, von keinem Schmerz mehr gefurchten bleichen Züge.

Der eine Peon, der oben stand, stieß seine Schaufel in den Boden und wollte mit der ausgehobenen Erde den unten Ausgestreckten bewerfen, der ihm Nächste griff aber seinen Arm und sagte – »erst den Anderen noch« – und in der That stand auch schon der zweite Sarg dicht neben dem ersten, der Deckel wurde abgenommen und wie ich aus einigen Worten meiner Nachbarn verstehen konnte, war es die Leiche eines Mannes, den man in einem der wilden Stadtviertel noch an demselben Abend ermordet gefunden hatte. Der Körper hatte noch seine volle Gelenkigkeit, ja wahrscheinlich auch Wärme und es schien schwierig ihn aus dem Sargkasten zu nehmen, auch faßten bei diesem nur zweie an, und setzten dann die Leiche, daß die Füße über den Rand hinunterhingen, auf die Erde nieder. Die beiden Untenstehenden traten indessen näher hinan; der Eine stemmte sich mit dem rechten Fuß gegen die dort verscharrte Kinderleiche, einen festeren Stand zu bekommen, und der Andere hob die Arme, den Herunterkommenden aufzufangen. Als aber die am Sarg postirten Männer gerade unter die schlaff niederfallenden Arme griffen, fiel der bis dahin über den Kopf der Leiche geschlagene Zipfel des alten Poncho herunter, und wie ein Stich zuckte es mir durch die Seele, als mein Blick dem stieren Glanz in des *Todten* noch weit geöffneten Augen begegnete. Die bleichen, mit Blut befleckten Züge waren wie in Angst und Zorn verzerrt, und das ungewisse Licht des Mondes verlieh ihnen in dem wechselnden Schatten eines dünnen, über den Berghang streichenden Nebels ein eigenes, entsetzliches Leben. Gleichzeitig glitt der schwere Körper von der so schon losgebröckelten Erde ab und mit vorgestreckten Armen, als ob er sich selber noch vor dem Sturz bewahren wolle, fiel er gegen den, auf so etwas nicht gefaßten und sich rasch unter ihm fortbückenden Peon, nahm dabei einen Theil des Gerippes und *alle* meine Blumen mit hinunter, und lag im nächsten Augenblick still und regungslos auf dem Kameraden mit den rothen Fußlappen. Die beiden Männer rückten ihn aber rasch wieder zurecht, so daß er dicht neben den zuletzt Hineingebetteten zu liegen kam, und als das geschehen war, stiegen sie wieder nach oben und warfen von dort einige Spaten voll Erde auf die beiden Leichen nieder.

Die Körper erzitterten dabei jedesmal wenn das Gewicht der Erde auf sie stürzte und der Mond schien jetzt voll und klar in die beiden Menschenantlitze – bis endlich der Sand die Züge verdeckte. Lange noch konnte ich aber die Stirn des Ermordeten erkennen – wie ein weißer Punkt leuchtete sie aus dem dunkleren Erdreich vor, bis eine Schaufel voll Erde auch dieß verwischte und das letzte sichtbare Zeichen der Hingeschiedenen blieb nur noch etwa die ungefähre Form der Körper unter dem trockenen Sande.

Das Begräbniß war beendet – die Leute stellten die Spaten und Sargkasten wieder in das kleine Eckzimmer des Pavillons und ich selber folgte ihnen dorthin, und trat auf den Balkon hinaus. – Mir war das Ganze wie ein fürchterlicher Traum, der Kopf brannte mir fieberhaft, und ich zitterte an allen Gliedern. Sonst habe ich selber gewiß keine außergewöhnlich schwache Nerven, und dem Tod schon manchmal in's Auge geschaut, dieß ganze Treiben aber hier, das *Beseitigen* der Leichen, denn Begraben konnte man das ja doch wahrlich nicht nennen, die entsetzliche Gleichgültigkeit der Leute dabei, ihr Lachen und Erzählen selbst noch in *Gegenwart* der Todten und das monotone Abplärren der Gebetsformeln, fast wie zum Spott und Hohn der Hingeschiedenen, hatte etwas unbeschreiblich Fürchterliches für mich.

Und wie still und friedlich lag dabei dicht unter mir die freundliche Bai, die ruhig schlummernde Stadt – leise plätschernd schlug in einem weißen, von den Mondesstrahlen mit Silberglanz übergossenen Schaumstreifen die Brandung an den Strand, und von den Schiffen in der Bai, die wie müde Wasservögel auf dem unbewegten Spiegel der See ruhten, blitzte nur hie und da ein einzelnes Nachtlicht herüber, während ein Boot, dasselbe wahrscheinlich das die Leiche des Matrosen zu Lande geschafft, mit regelmäßigen, in den Mondstrahlen jedesmal aufblitzenden Ruderschlägen, zwischen die dunklen Fahrzeuge hineinglitt und in ihrem Schatten verschwand. Die Straßen der tief unter mir liegenden Stadt schimmerten ebenfalls hell und weiß in des Mondes Licht, da und dort bogen einzelne Wanderer, die Rückkehrenden von ihrem Leichengang, in die stillen Straßen ein und verschwanden bald hier bald da, die Plätze und Gassen wieder so öde lassend als vorher – und nur noch der schrille Pfiff der Nachtwächter, oder das einzelne Anschlagen eines Hundes tönte zu mir herauf – und *hinter* mir?

Unwillkürlich fast zog es mich zu der offenen Gruft zurück – der Kirchhof lag still und öde da, denn die letzten der Männer hatten den unheimlichen Platz verlassen und ich setzte mich leise, als ob ich die da unten Schlummernden zu stören fürchte, auf den ausgeworfenen Erdhaufen nieder, von wo aus ich die Uebersicht über den ganzen Kirchhof hatte.

Ich weiß nicht wie lange ich da gesessen habe – ein so eigenthümliches wildschauerliches Gefühl hielt mir aber Herz und Sinne befangen, daß es mir fast vorkam, als ob ich mit zu denen da unten gehöre und nicht mehr fort von ihnen dürfe, sondern nun Wachthalten müsse auf dem Schreckensplatz.

Der Mond war schon tief auf die Bai hinabgesunken, und nur noch auf die Ueberreste des schmutzigweißen Gerippes in der einen oberen Ecke der Grube fiel sein bleicher Strahl, als ich mich endlich gewaltsam losriß von allen Gedanken und Bildern die mich hier fast wie gebannt hielten mit ihren Geisterarmen. Es konnte auch nicht mehr weit von Morgen seyn, und ich fürchtete schon die Thür verschlossen zu finden. Bei der Leiche des »reichen Mannes« mochten aber wohl noch Messen gelesen werden – es brannte Licht in der Kapelle wie in dem Wohnzimmer des Todtengräbers, und die Thür stand ebenfalls nur eingeklinkt.

Langsam stieg ich in die Stadt hinab und träumte die Nacht ich läge in der Grube, und könnte nicht warm werden bei den kalten Nachbarn und Schlafkameraden.

12. Die Reform und Weiterreise nach Californien

Drei volle Wochen hatte ich jetzt, und nach und nach mit einem gewissen ängstlichen Gefühl, den Telegraphen beobachtet, der mir täglich die Meldung machen sollte daß die *Reform* in Sicht sey, aber er that es nicht, und telegraphirte er wirklich einmal eine Brigg, so war es fast immer eine englische oder amerikanische, und nie die erwartete; ich bekam zuletzt einen ordentlichen Zorn auf die »falschen Farben.«

Im Leben hatte ich dabei nicht geglaubt, daß ich mich je so nach einer *russischen* Flagge sehnen würde, und doch war es so, denn viele unserer deutschen Schiffe segelten damals, den Unannehmlichkeiten der dänischen Blokade zu entgehen unter fremden Flaggen, von denen Rußland besonders gefällig gewesen zu seyn scheint, gegen »ein billiges Honorar« deutschen Handelsschiffen Schutz gegen die dänischen Kreuzer zu gewähren.

Es ist schmählich deutsche *Thaler* bezahlen zu müssen, um Schutz gegen dänische *Kreuzer* zu haben.

Hier erfuhr ich auch etwas, das mir bis dahin noch fremd gewesen war; Rußland führt nämlich ebenfalls blau roth und weiß, die Tricolore, in seinen Farben, die Streifen lang wie die der holländischen Flagge, nur mit dem weiß *oben*.

Einen Leidensgefährten bekam ich dabei in einem jungen Bremer, der ebenfalls ein vaterländisches Schiff, nur unter *natürlicher* Flagge erwartete, und wir beiden wanderten manchen langen Morgen hinaus nach dem Leuchtthurm und schauten weit hin über das stille blaue Meer, den ankommenden Segeln entgegenharrend, bis sie sich entweder als andere Fahrzeuge wie wir sie erhofften, auswiesen, oder fremde Flaggen zeigten – wenn die Sache noch lange gedauert hätte wären wir ein paar wirkliche Toggenburger geworden.

Ich sollte endlich zuerst erlöst werden, obgleich mein Leidensgefährte schon drei Wochen länger gewartet hatte. Am 12. August flatterte die weiß blau und rothe Flagge von der Gaffel einer einlaufenden Brigg herab und ich ließ mich ohne weiteres an Bord fahren, meine neu eingetroffenen Landsleute zu begrüßen, wie mich auch dem Capitän, als neuen Passagier, vorzustellen. Egoistisch aber, wie der Mensch überhaupt ist, vergaß ich von dem Tage an total meinen bisherigen regelmäßigen Begleiter nach dem Leuchtthurm, und ging nicht ein einzigesmal mehr hinaus.

Von Capitän wie Passagieren wurde ich übrigens auf das freundlichste aufgenommen – mir war es fast, als ob ich zu alten Bekannten käme; es ist das ein Liebeszins, den mir die Schriftstellerei abwirft, und wahrlich nicht der schlechteste, denn ich kenne kaum ein wohlthuenderes Gefühl als weit in der Fremde, da wo man Fremde zu finden erwartet, Freunde zu treffen, die uns mit herzlichem Willkomm die Hände bieten.

Auf der Reform sah es übrigens etwas kriegerisch aus; das Verhältniß zwischen Capitän und Passagieren schien nicht ganz so zu seyn wie es eigentlich seyn sollte, und eine Spannung herrschte zwischen beiden Parteien, die auf einer Seereise um so fataler ist, da sich die feindlich Gesinnten nicht ausweichen können, sondern, sie mögen wollen oder nicht, in engster und nächster Verbindung mit einander bleiben müssen.

Die Passagierfahrt ist überhaupt eine gar schwierige Sache und nicht so ganz leicht, wie sich mancher Schiffsrheder und Capitän wohl gern einreden möchte. Ein Capitän kann z. B. ein ganz ausgezeichneter Seemann seyn, sein Geschäft aus dem Grunde verstehen, und unermüdlich seinen Pflichten obliegen, das Schiff macht dadurch eine vortreffliche Reise, er verliert weder Stengen noch Segel, er bringt Fracht und Passagiere in möglichst kurzer Zeit und wohlbehalten an den Ort ihrer Bestimmung, aber – er weiß nicht mit den Passagieren selber umzugehen, er verwechselt diese zu leicht mit der Fracht selber die er führt, und hat leider nur zu oft »zu viel Zeit auf seine Seemannskunde verwandt,« um auch noch außerdem zu wissen wie man eine zusammengewürfelte Masse gebildeter und ungebildeter Leute, wie sie ja doch auf jedem Schiff vorkommen, behandeln muß. Er glaubt sich etwas von seinem Recht und Ansehen zu vergeben, wenn er freundlich mit ihnen ist, läßt sie so viel als möglich fühlen, daß er der Erste an Bord sey und deßhalb unbedingten Gehorsam von ihnen zu fordern habe – ja ist vielleicht unklug genug ihnen das mit dürren Worten zu sagen.

Der Capitän muß allerdings den Oberbefehl eines Schiffes haben und darauf unbeschränkter Herrscher seyn, aber er darf das, will er nicht unnützerweise ein fatales Verhältniß zwischen sich und den Passagieren herbeiführen, nicht selber aussprechen, sondern es muß als eine Sache angesehen werden die sich von selbst versteht, die jeder Vernünftige auch einsehen wird und einsieht, und die sich schon aus dem ganzen Gang des Schiffslebens in den ersten Tagen von selber ergibt.

Der Capitän sollte dagegen aber auch wieder, besonders in der ersten Zeit vorsichtig seyn, wie er sich, ehe er seine Leute etwas genauer kennt, zu viel und zu freundschaftlich, oder vielmehr familiär mit ihnen einläßt. Wird das nachher von diesen gemißbraucht, so vergibt er sich entweder wirklich von der Achtung die er auf seinem Schiffe zu fordern hat, oder er muß der erste seyn, der durch unfreundliche Worte, diejenigen welche er vorher selbst dazu aufgemuntert hat, wieder in die gehörigen Schranken zurückweist. Beides ein paar höchst unangenehme Fälle.

Ueberhaupt haben sich durch die Fortschritte unserer Cultur sowohl, wie durch die bedeutendere Auswanderung, die jetzt in einem ganz anderen Kreis unserer Gesellschaft Verbreitung gefunden, die Anforderungen die an den Führer eines Schiffes gestellt werden geändert, das heißt vergrößert.

In früherer Zeit *genügte* es, wenn ein Mann, der von der Pike auf gedient hatte, und im strengsten Sinn des Wortes »ein guter Matrose« war, sein Schifffahrtsexamen ordentlich machte; irgend ein Rheder setzte ihn dann auf ein Schiff, gab ihm seine Frachtbriefe und Empfehlungen an ein anderes bestimmtes Haus mit, und wie ein Fuhrmann, der nur darauf zu sehen hat daß seine Ladung vor Wasser und Feuer und überhaupt vor Schaden bewahrt wird, ging er in See, machte seine Reise so schnell und gut er konnte, nahm dort wieder ein was er von dem Haus, an das er adressirt war, bekam, und fuhr heimwärts wie er gekommen war.

Die Auswanderung beschränkte sich in jener Zeit auf den Handwerker und Ackerbauer, die Concurrenz zwischen den Schiffen war unbedeutend, die Verbindung zwischen den Ländern langsam.

Das hat sich jetzt alles geändert.

Erstlich wandert jetzt, wie schon gesagt eine ganz andere Klasse von Menschen aus, mit denen der Capitän in nächste Berührung kommt, und diese verlangt daß der Mann, der bei manchen Reisen nur auf wenige Wochen, bei anderen aber auf *viele Monate* nicht allein ihr Leben unter seinem Schutz, nein auch ihre ganze Bewirthung und Behandlung in der Gewalt und unter Aufsicht habe, ein *gebildeter Mann* seyn und findet sie das auf dem einen Schiff, bei dem einen Rheder nicht, so geht sie zu einem anderen.

Gebildete junge Leute fangen jetzt an zur See zu gehen, und wir verdanken dabei viel unserer »deutschen Seemacht« wenn diese auch leider nur als Schattenspiel über die Bühne ging – der Dienst auf einem Kriegsschiff mit Aussicht auf Avancement hatte mehr Verlockendes als das monotone Geschäft eines Kauffahrers, aber diese werden selbst nur zu häufig wieder durch das rohe Betragen der Capitäne, unter denen sie fahren müssen, zurückgeschreckt, welche Herren meist ein förmliches Vorurtheil gegen solche junge Leute haben, was aber auch darin sehr natürlicherweise begründet liegt daß es sie ärgert, wenn ein gewöhnlicher Matrose, ja nicht einmal das, noch ein Schiffsjunge oder leichter Matrose, was Navigation, Berechnungen oder Astronomie betrifft, mehr versteht als sie selber.

Der letzte Capitän mit dem ich fuhr, der von seinem eigenen Rheder, allerdings ungerecht, der gebildetste der Bremer Capitäne genannt wurde, sagte in meiner Gegenwart, wie sich sein Steuermann, ein so dickköpfiger Matrose als je ein Deck gewaschen – beklagte, daß zwei der leichten Matrosen den Augenblick, wie sie ihre »Wacht zur Coje hätten,« über den Büchern säßen, »ja, sie hätten sollen Professors werden.«

Aber noch einen anderen Grund gibt es, der die Rheder zwingen wird sich eine »neue Generation« zu Capitänen heranzuziehen und die wenigen guten, die sie schon haben, besonders warm zu halten.

Dampfschifffahrt, Eisenbahnen, wie außerdem noch die elektro-magnetischen Telegraphen haben einen neuen Umschwung in die Geschäfte gebracht. Früher segelte der Capitän mit seinem Schiff nach dem fremden Hafen, und war es ein gutes Fahrzeug, so machte er eine schnelle Reise und kam eher oder wenigstens so rasch zurück, als andere Nachrichten von dort her eintreffen konnten. Der Rheder gab damals dem Capitän seine Instruktionen mit, und war das Schiff erst einmal in See, so ließ sich daran nichts mehr ändern. Ob sich die Preise in der Heimath für die verschiedenen Produkte indessen so oder so gestalteten, blieb sich gleich, der Auftrag mußte, wie einmal gegeben, auch ausgeführt werden. Jetzt kann ein Schiff nach Indien z. B. schon zwei Monate in See seyn und den Ort seiner Bestimmung fast erreicht haben und doch ist es möglich neue Nachrichten dorthin zu bringen, ehe es Anker geworfen, zugleich erfährt der Schiffer selber von anderen Orten, zwischen denen früher kaum eine Verbindung bestand, Nachrichten über die Preise der nämlichen Produkte, über die sein Rheder noch nichts wissen kann noch erfährt, bis er seine Ladung genommen, und jener wird unendlichen Nutzen daraus ziehen, wenn er selber im Stande ist, in solchem Fall für sich zu handeln, und vortheilhaften Einkauf zu benutzen, anstatt sich an den Buchstaben seines Auftrags zu halten.

Alles das erfordert aber eben mehr als nur einen *Matrosen*, auch die Kauffahrer haben eine *Cadettenschule* nöthig, und der Vortheil, der dadurch den Rhedern erwüchse, wird bald augenscheinlich werden.

Doch um wieder auf das Verhältniß der Passagiere mit dem Capitän zurückzukommen, so sind es ebenfalls nur zu häufig auch die ersteren, welche mit einen großen Theil der Schuld tragen. Zu viele nur geben sich, wenn sie besonders als Cajütenpassagiere eingeschrieben sind, den kühnsten Erwartungen einer mit jeder Bequemlichkeit ausgerüsteten Seefahrt hin, und viele scheinen dabei wirklich den Glauben zu haben, daß sie, wenn sie nicht offenbaren Verlust leiden sollen, ihren vollen Passagepreis unterwegs herausessen müssen. Die Passage selbst ist ihnen nichts, »so und so viel haben sie bezahlt, dafür kann der Rheder eine so und so große Quantität, und eine so und so gute Qualität Lebensmittel angeschafft haben, und das muß ihnen werden, sonst sind sie verrathen und verkauft und werden unwürdig und schändlich behandelt.«

Daß sie sich dabei das Leben selber, ganz unnöthigerweise, verbittern, daran denken sie gewöhnlich gar nicht, und doch spielen sie sich dabei den größten Possen. An das Schiffsleben nicht gewohnt, und mit den gedruckten Versprechungen der Rheder in der Tasche, die sie sich nicht etwa so wie sie gemeint waren, sondern wie sie selbst es erwartet, ausgelegt haben, treten sie, sobald sie sich nur im mindesten in ihrem Rechte gekränkt glauben, ungestüm auf, und fordern dabei oft Sachen, die sie nicht einmal zu fordern haben. Ist nun der Capitän ein vernünftiger ruhiger Mann, der sich von vornherein nichts vergeben und Anspruch auf die Achtung der Passagiere hat, so kann er mit ein paar freundlichen Worten und einigen Berichtigungen oder Versprechungen ungemein viel ausrichten. Selbst mit mittelmäßigen Lebensmitteln kann der Capitän, wenn nur eine gute Ordnung eingeführt wurde, und die Passagiere sehen, er thut was in seinen Kräften steht, die Menschen, die er über das Meer führen soll und die in der Zeit Gefahren und Aufenthalt mit ihm theilen, zufrieden stellen – die besten werden ihnen dagegen nicht genügen, wenn ein schroffes Betragen des Capitäns sie dazu nöthigt, sich nur immer und immer wieder unter sich selber auszusprechen. Dort findet sich dann selten jemand, der ihnen genügende Auskunft geben könnte – und wenn er sich wirklich fände, würden sie ihm nicht glauben, und mehr und mehr erbittert wächst der Unmuth, bis er endlich zum unheilbaren Bruche wird.

Die Leute haben dabei gewöhnlich gar keinen Begriff von einer Seefahrt, wissen nicht einmal wie sie sich selber unterwegs benehmen müssen, und wollen dabei noch Capitän und Aufwärtern ihre Pflichten vorschreiben. Nur eine Sache will ich, des Beispiels wegen, erwähnen – das *Waschen* der Passagiere in der Cajüte (Damen natürlich ausgenommen) wie im Zwischendeck auf Auswandererschiffen, wie das Halten von Nachtgeschirren; wäre ich Capitän, ich würde es unter keiner Bedingung dulden, und lieber zum Waschen eine Vorrichtung am Deck anbringen, es geschieht aber nur zu häufig. Die Passagiere glauben sich auf einem Schiff wie in einem Gasthof einrichten zu können, hetzen den armen, vielleicht im Anfang selbst seekranken Cajütenjungen bald hin bald her, und zwar um Sachen, die sie sich selbst recht gut und ohne ihrer Würde als Cajütenpassagiere etwas zu vergeben, besorgen könnten, und schleppen oder lassen sich das Wasser in die engen Räume ihrer Schlafstellen oder Cajüte hineinschleppen. Die geringste Bewegung des Schiffs verschüttet ihnen jedenfalls, wann sie nicht gar das ganze Becken umstößt, einen Theil der Flüssigkeit, die nun ihrerseits wieder verdunsten muß und die inneren Räume mit einem schlechten Dunst und Schmutz erfüllt. Selbst beim Hinaustragen ließe sich, während das Schiff schwankt, das Uebergießen kaum vermeiden, und nachher sollen ein oder zwei unglückselige Geschöpfe von Stewards oder Aufwärtern, die mit ewigem Hin-und Hergeschick gehetzt werden, nun auch noch im Stande seyn, sich selber zu reinigen, Cajüten und Geschirre sauber und in Ordnung zu halten. Es ist wahr, diese Burschen sehen auf den Passagierschiffen oft genug zum Anekeln aus, und wären im Stande dem hungrigsten Magen das Essen, das sie auftragen, zu verleiden, gewöhnte man sich nicht endlich an sie und ihr schmutziges Geschirr. Das ist aber auch nicht anders möglich, so lange nicht die Passagiere sich die größte Mühe geben, alles das, was sie sich selbst holen, was sie selbst verrichten können, auch wirklich selber zu holen und zu verrichten, und dadurch die paar Aufwärter (denn für jeden Passagier kann nicht gut ein Bedienter gehalten werden), ihren nöthigeren Geschäften nicht mehr zu entziehen.

Allerdings muß man sich dabei, selbst wenn man Cajütenpassagier ist, vieles auf einem Schiff gefallen lassen und ertragen, was man auf dem festen Lande nicht zu ertragen brauchte, dafür ist man aber auch auf Reisen und sollte sich *das* besonders immer und immer wieder selber vorerzählen. Klug ist es dabei von den Passagieren gehandelt, wenn sie sich mit dem Capitän so gut als möglich stellen – sie brauchen ihm gar nicht zu schmeicheln, sie sollen sich nichts vergeben – ich wäre der letzte, das von ihnen zu verlangen, aber sie dürfen sich auch, unbeschadet ihrer eigenen Würde, in manche Laune, oder das wenigstens was ihnen Laune zu seyn scheint, fügen, manches erbitten, was sie vielleicht ein Recht zu fordern hätten, das schadet gar nichts, sondern stellt sie im Gegentheil auf einen freundschaftlichen Fuß mit dem Capitän an Bord, der, wenn er bösen Willen genug dazu hat, sie chicaniren, ärgern und knapp halten kann so viel er will. Möge mir keiner darauf erwiedern: »das kann und darf er nicht, oder wir machen ihn im nächsten Hafen dafür verantwortlich,« weiß er es klug anzufangen, so kann und darf er alles, und die Passagiere sind es dann stets, die darunter leiden müssen.

Die Consuln in fremden Hafenplätzen haben dabei keineswegs, wie viele irrthümlich glauben, eine entscheidend richterliche, sondern nur eine vermittelnde Stimme. Ueber den Proviant und Wasservorrath des Schiffs haben sie allerdings ein gewichtiges Wort zu sprechen, sie können nach vorgebrachten Klagen deßhalb die Vorräthe untersuchen lassen und den Capitän nöthigen, das den Passagieren gesetzlich Versprochene zu halten, sonstige Klagen aber gehören, besonders wenn sie ernsterer Natur sind, vor die wirklichen Gerichte der verschiedenen Länder, und wer noch nicht weiß was es mit »wirklichen Gerichten« in irgend einem Theil der Welt für eine Bewandtniß hat, der kann, das auf Kosten seiner Zeit und seines Geldbeutels in jeder fremden Hafenstadt, am bequemsten aber (wenn das überhaupt bequem ist) im eigenen Vaterland erfahren.

Nein am vernünftigsten ist es jede Streitigkeit gleich von vorn herein so viel als möglich zu vermeiden, und thun das die Passagiere, so werden sie mit nur geringer Erfahrung bald einsehen, daß sie sich selber am besten dabei gestanden haben.

Als ich die Reform damals betrat, waren denn auch sämmtliche Parteien an Bord – Passagiere wie Capitän, Feuer und Flamme. Die Passagiere auf Deck erklärten mir daß sie mit dem Capitän nicht weiter gingen, er stehe ihnen nach dem Leben und lasse sie halb verhungern, und der Capitän in der Cajüte versicherte mich dasselbe. Sein Leben sey, wie er fest behauptete, bedroht worden, und selbst seine Matrosen weigerten sich weiter mitzugehen, wenn die Rädelsführer nicht erst beseitigt wären.

Es war ordentlich komisch die schrecklichen Geschichten der beiden Parteien zu hören, doch zweifelte ich nicht im geringsten daß sich das in Valparaiso schon Alles reguliren würde, und hütete mich, weder bei der einen noch der anderen Partei etwas d'rein zu reden.

Die Reform hatte eine ziemlich glückliche Reise um Cap Horn gemacht, überhaupt ist diese Reise, die als das Schreckbild einer Winterfahrt wohl schon manchen armen Reisenden wochenlang vorher geängstigt hat, wenn er an all das Eis, all den Schnee, all die furchtbaren Stürme und Wellen dachte die dort seiner warteten, in letzter Zeit von sehr vielen Schiffen, und zwar glücklich zurückgelegt worden. Zur Beruhigung manches Reiselustigen, dem vielleicht nur noch vor dieser bösen Tour graut, will ich deßhalb das, was ich darüber von vielen Passagieren und Capitänen gehört, mittheilen; es mag vielleicht dazu dienen hie und da eine irrige Meinung zu berichtigen.

Sehr viele Seefahrer behaupten, daß die Sommerfahrt für eine Reise von Osten nach Westen, um Cap Horn herum, die bessere sey, andere dagegen nehmen die Monate Mai und Juni aus in denen, wenn es auch sehr kalt zu dieser Zeit in so hoher südlicher Breite ist, die östlichen Winde doch vorherrschen und gutes klares Wetter eine rasche glückliche Fahrt aus dem atlantischen in den stillen Ocean sollen erwarten lassen.

Gerade jetzt sind mehre Schiffe hier eingelaufen die in den letzten Monaten Cap Horn ungemein rasch und glücklich umsegelten. So hatte die *Reform* eine Reise von 42 Tagen von Rio de Janeiro bis Valparaiso; eine norwegische Barke kam in 31 Tagen von Buenos Ayres hier an, und eine englische Barke hat ebenfalls nur 34 Tage dazu gebraucht. Der *Talisman* ist in 42 Tagen von Rio herumgekommen, und noch viele andere Fahrzeuge hatten ungemein schnelle und gute Reisen. Nichtsdestoweniger hängt aber dennoch, wie bei jeder Seefahrt, so viel von Schiff und Capitän als auch von Glück dabei ab, denn zwei gleichschnell segelnde Schiffe können zufällig in zwei verschiedene Windströmungen gerathen, so daß das eine, welches gerade den günstigen Strom getroffen, seine Reise ruhig und schnell fortsetzt, während das andere zurückgehalten, vielleicht noch von einem Sturm überholt und ganz aus seinem Cours herausgebracht wird. So kam hier kurze Zeit vor der Reform eine oldenburgische Brigg an, die nicht weniger als 104 Tage von Rio Janeiro gebraucht hatte. Auch durch die Magellanstraße hat kürzlich ein Hamburger Schiff, die *Athene*, die Reise versucht, aber freilich durch eine entsetzlich lange und beschwerliche Fahrt schwer dafür büßen müssen. In der Magellanstraße herrschen nämlich meistens Windstillen, und bei ungünstigem Wind gestattet wieder das schmale Fahrwasser keinen hinlänglichen Seeraum, so daß die Schiffe dann jedesmal vor Anker gehen, und dadurch viel schöne und kostbare Zeit vergeuden müssen.

Der Athene war es so gegangen, 40 Tage trieb sie sich in der Magellanstraße herum und bekam dadurch eine Reise von 151 Tagen von Liverpool aus.

Die durchschnittliche Reise von Deutschland nach Valparaiso ist 110 Tage. Die Reise von hier nach Californien kann in sechs bis acht Wochen recht gut zurückgelegt werden.

In letzter Zeit sind allerdings einige Schiffe bei Cap Horn untergegangen, man bedenke aber erstlich die ungeheure Zahl von Fahrzeugen die jetzt dem neuen Eldorado entgegenstreben, und es werden nur wenig Procente herauskommen, die hier dem wilden Meere zum Opfer fielen. Ueberdieß haben besonders die Nordamerikaner in letzter Zeit, wo der Ruf nach Fahrzeugen zu einem allgemeinen Schrei wurde, von der Aussicht auf Gewinn gedrängt, sämmtliche alte, schon vielleicht in Vergessenheit gerathene oder beseitigte Kasten wieder vorgesucht und aufgetakelt, das alte mürbe Holz mit trügerischer Farbe neu übermalt, und der See Leben und Eigenthum der Passagiere und Mannschaft auf oft gewiß unverzeihlich leichtsinnige Weise anvertraut; kein Wunder dann, wenn so ein altes Gestell den stürmischen Wogen des Caps nicht mehr gehörig widerstehen konnte, und bei längerer anstrengender Fahrt lebensmüde auseinander ging.

Vielen Spaß machten mir an dem Morgen, wo ich an Bord der Reform kam, die »Geier der Küste« die sogenannten Schiffsmäkler, von denen dreie zu gleicher Zeit die Reform »enterten« dem Capitän ihr eigenes Geschäft zu empfehlen und – wie das selten oder nie dabei unterlassen wird, das ihrer übrigen Collegen nach besten Kräften herunterzureißen. Nirgends habe ich diese guten Leute aber in größerer Verlegenheit gesehen – und sie sind sonst eben nicht leicht in Verlegenheit zu bringen, als gerade hier. Die beiden ersten Boote hatten nämlich schon eine ganze Zeit lang liegen und warten müssen, da kein Fuß das Schiff betreten darf, bis nicht das Gesundheitsboot seine Visite gemacht und alles in Ordnung gefunden hat, das dritte hatte sie dann überholt und sie kletterten fast zusammen die Fallreepstreppe hinauf. Diese drei Schiffsmäkler oder *shipchandlers* gehörten nämlich drei verschiedenen Häusern an, waren einander natürlich bitter feind (denn in keinem Geschäft herrscht wohl ein schlimmerer Brodneid als gerade bei diesem) und wurden von dem Capitän, der in seiner Unschuld zu glauben schien die Leute seyen nur an Bord gekommen ihm guten Tag zu sagen, auf das freundlichste in die Cajüte geladen und mit Wein bewirthet. Dort saßen sie nun einander gegenüber, jeder mit einem Glas vor sich und mit einem gezwungenen freundlichen Gesichte. – Jeder scheute sich dabei den Mund aufzuthun, sein eigenes Geschäft zu empfehlen, und das der anderen in Mißcredit zu bringen ging ja doch jetzt, in ihrer Gegenwart, gar nicht an. Dabei wurde noch die schöne herrliche Zeit versäumt, denn zwei andere Schiffe liefen ebenfalls in den Hafen ein, doch keiner mochte diese aufsuchen, weil er damit das einmal betretene Schiff total aufgegeben hätte – und bei einem deutschen Schiffe dachten sie doch wahrscheinlich immer ein wenig mehr zu schneiden.

Der Capitän beendete indessen seine »*shore*« Toilette und fuhr richtig an Land, ehe die drei Männer im feurigen Ofen zu einem Resultat gekommen wären – ach wie lieb sie sich einander hatten, und wie freundlich sie einander guten Morgen boten, als sie von Bord gingen, und wie mag's ihnen dabei im Herzen ausgesehen haben.

Mit der Reform war auch der Naturforscher von Bibra angekommen, den ich das Vergnügen hatte hier kennen zu lernen. Herr von Bibra wollte anfänglich mit demselben Schiffe bis San Francisco weiter gehen, durch das häßliche Verhältniß an Bord aber bewogen, gab er die Reise nach Californien auf, und beschloß sich zuerst Chile einmal ordentlich anzusehen. Wir verlebten einige recht angenehme Stunden mitsammen, und ich bedauerte nur, ihn jetzt als Reisegefährten verlieren zu müssen.

Passagiere wie Capitän verklagten sich indessen wirklich gegenseitig in Valparaiso, und zwar der Erstere die Letzteren auf mörderische Absichten, wobei er sich auf die Drohung eines Einzelnen, eines noch sehr jungen Mannes stützte, der ein Messer gezeigt haben sollte – die Passagiere den Capitän dagegen wegen erhaltener schlechter und verdorbener Provisionen. Das Gericht zu dem sie dabei gehen mußten, war der russische Consul – da ja die Reform unter russischer Flagge segelte – und dieser ernannte eine Kommission, die Lebensmittel zu untersuchen.

Das russische Consulat, hier durch einen englischen Kaufmann vertreten, den das überhaupt nur zum Schein unter russische Flagge gestellte Schiff wenig genug interessiren mochte, und sich auch wahrscheinlich nicht lange und groß damit zu befassen wünschte, gab sich keine besondere Mühe, genau auf Grund oder Ungrund der Klage zu kommen. Die ernannte Commission, ein Engländer und ein Amerikaner, besichtigten zwei oder drei Fässer Fleisch und einige andere Provisionen nur höchst oberflächlich, frühstückten mit dem Capitän und ruderten dann sehr selbstzufrieden an Land zurück.

Das Resultat war nun daß sämmtliche Provisionen für gut befunden wurden, und man dem Capitän nur aufgab Wasser, wie einige andere Erfrischungen, als Eier, Gemüse, etwas frisches Fleisch u.s.w. einzunehmen.

Die Passagiere, die es dabei herzlich satt bekamen in Valparaiso liegen zu bleiben – noch dazu da die Unzufriedensten gerade das wenige Geld was sie bis dahin überbehalten, verzehrt hatten, drängten ebenfalls wieder fort, und hüteten sich wohl große Einsprüche zu thun – sie waren froh daß die Sache ein Ende nahm. Der Capitän drang auch nicht weiter auf *seine* Klage wegen bedrohtem Leben, weil er damit vor den chilenischen Gerichtshof gemußt hätte und eben auch keine Beweise aufbringen konnte, und so schien sich die Sache viel friedlicher zu lösen, als beide Parteien im Anfang geglaubt haben mochten.

Um diese Zeit gerade kam ein Deutscher nach Valparaiso, der sehr viel Aufsehen machte – der Mann war seines Handwerks nach Schuster gewesen und vor einem Jahr oder acht oder neun Monaten nach Californien gegangen, von wo er gerade jetzt mit, nach Einigen, ungemessenen Schätzen, nach Anderen mit acht tausend Dollaren, zurückkehrte. Die ganze Stadt sprach von ihm, er wurde als aufmunterndes Beispiel hingestellt und hieß überall der »californische Schuster.« Die Golddürstigen sahen auch wirklich mit einer Art Ehrfurcht zu ihm auf, und das Geheimnißvolle, womit er überhaupt Californien behandelte, mochte nicht wenig dazu beitragen. Einige behaupteten sogar er habe eine fabelhaft reiche Stelle entdeckt, die noch kein anderer Mensch wisse, und er sey nur nach Chile gekommen einen Theil seines Goldes in Sicherheit zu bringen, wonach er augenblicklich wieder nach Californien zurückkehren werde.

Der »californische Schuster« beabsichtigte aber in der That nichts weniger als nach Californien zurückzukehren, und hatte dafür seine triftigsten Gründe, denn zufälligerweise kam ich später genau in dieselbe Gegend, wo er die »reiche Stelle« gehabt hatte und mit denselben Leuten zusammen mit denen er, während seines Aufenthalts in Californien verkehrte, und hörte da, kaum zu meinem Erstaunen, denn ich fing an derlei Sachen gewohnt zu werden, daß dieser gute Schuster ein nichtswürdiger Betrüger war, der sein Gold dadurch erworben hatte, daß er an zwei verschiedenen Orten Maulthiere und Provisionen auf Credit nahm, damit in die Minen ging und die ganze Partie verkaufte, dann das nämliche in einer andern Stadt wiederholte und noch einmal durchbrannte. Von Californien war auch schon Jemand hinter ihm her, wie ich aber kürzlich erfahren habe, zu spät gekommen, denn der schlaue Schuster hatte seinen Credit und die Leichtgläubigkeit der Valparaiser zu benutzen gewußt, seinen Schatz selbst in Chile zu vermehren, und war auch von dort spurlos verschwunden.

Mancher Beutel mit Gold der von Californien kommt, ist wohl auf solche Art erworben.

Am 23. August sollte die Reform endlich segeln; d. h. wir wurden Morgens an Bord gerufen, der Capitän erklärte aber hier seinen Passagieren daß er nicht eher mit ihnen in See gehen würde, bis sie nicht einen Contract den er ihnen vorlegen wolle, unterschrieben haben.

Dieser Pact, der wunderbarer Weise unter lauter Deutschen von einem Deutschen englisch aufgesetzt war, und den sieben Achtel der Passagiere natürlich gar nicht verstanden, wurde natürlich von allen verworfen, überdem enthielt er nur Artikel welche die Passagiere an *ihre* Pflicht banden, keinen dagegen, der den Capitän auf irgend eine Art verbindlich gemacht hätte. So ungern ich mich nun auch, besonders gleich von vorn herein, in die mir fremden und mich gar nichts angehenden Streitigkeiten mischte, lag mir doch zu viel daran bald in See zu kommen, und da sich auf andere Art gar keine Einigung herauszustellen schien, übernahm ich es endlich eine Schrift aufzusetzen, von der dann beide Parteien erklären sollten, ob sie damit einverstanden seyen oder nicht. Das geschah denn auch; die ganze Sache war indessen doch nur Form, denn wer hätte später in Kalifornien wegen an Bord vorgefallener Streitigkeiten klagen wollen; ich setzte deßhalb eine Schrift mit, ich weiß nicht mehr wie viel Paragraphen auf, in der sich beide Parteien eigentlich zu gar nichts verpflichteten, beide Parteien waren aber damit vollkommen einverstanden, und während wir noch, der Capitän ein Exemplar und wir das andere, unterzeichneten, rasselten oben an Deck die Ankerketten in die Höhe. Eine halbe Stunde später flatterten die Segel von den Raaen; ein paar andere Schiffscapitäne, die noch bei uns an Bord waren, suchten ihr eigenes Boot, um zum Lande zurückzurudern, und mit günstigem, aber sehr schwachem Wind verließen wir langsam die von Bergen dicht eingeschlossene Bai.

Anders wurde es jedoch als wir hinauskamen – hui, wie es vom Süden scharf und schneidend heraufpfiff; all die leichten Segel mußten augenblicklich eingeholt werden, und ich glaube, wir hatten die Nacht sogar ein Reef in den Marssegel. Pfeilschnell durchschossen wir die schäumende Fluth, und höher und höher, je weiter wir in die offene See hinauskamen, hoben sich die Wellen. Prachtvoll war dabei das Panorama der Cordilleren, die in ihrer ehrwürdigen riesigen Herrlichkeit den Hintergrund der bewegten Seescene bildeten; die weißen blitzenden Kuppen schauten gar freundlich, wie grüßend, nach mir herüber – es waren ja alte Bekannte, die ich in ihrer eigenen Heimath besucht hatte – und es überkam mich ein gewisses behagliches Gefühl der Sicherheit, diese gigantischen Bergriesen, die ich auf der anderen Seite drüben mit einer Art scheuer Ehrfurcht betrachtet, jetzt zurückgelegt und hinter mir zu haben. So großartig schauten sie aber auf dieser Seite doch nicht drein als damals, wie ich, aus den Pampas kommend, mich dem kleinen Städtchen Mendoza näherte, zu sehr wurden sie hier von anderen Bergen, den Küstenhügeln, verdeckt, während ich dort gleich den ganzen vollen Anblick ihrer sämmtlichen ungeheuren Massen vom Fuß bis zum Gipfel in mich aufnehmen konnte.

Unser Cours war WNW., Temperatur von Luft und Wasser 14°.

Am nächsten Morgen befanden wir uns in offener See – selbst die Cordillerenkette lag außer Sicht hinter uns, eine frische, ja scharfe Brise stand uns voll in die Segel, und wir liefen wohl acht bis neun englische Meilen die Stunde. Schiffe ließen sich ebenfalls nirgends erkennen, und unsere einzigen Begleiter waren die Captauben, die wir im atlantischen Ocean etwa auf derselben Höhe angetroffen, und eine kleine Art mir noch fremder Seemöven, die in ihrem Flug wie Aussehen ungemein dem deutschen Sperber glichen. Ebenfalls sahen wir wieder die kleinen Seeschwalben, die über den ganzen Ocean vertheilt scheinen; der Engländer nennt sie »*mother careys chickens,*« der Deutsche, Gott weiß weßhalb, Malesiten. Es sind kleine, liebe, geschäftige Thierchen, und ich sehe sie gar zu gern im Fahrwasser des Schiffes. Die der Südsee haben übrigens eine Eigenheit, die ich an denen des atlantischen Meeres noch nicht beobachtet habe; sie laufen nämlich weit mehr als diese über das Wasser hin und schnellen sich dabei durch einen plötzlichen Ruck wieder in die Höhe.

Von den Captauben fingen wir einige an ausgeworfenen, mit Speck besteckten Angeln; sie kamen in Schaaren darum hergeflogen und ließen sich ungemein leicht bethören. An Deck ließen wir sie frei umherlaufen, sie konnten sich von den festen Planken gar nicht wieder emporheben, nach wenigen Minuten schon wurden sie aber seekrank, oder brachen wenigstens eine weiße ölige Flüssigkeit aus.

Doch auch ein Wort über unsere Passagiere: Es sind meistens junge Männer und fast lauter Kaufleute, die großentheils mit Waaren nach San Francisco gehen und gerade nicht über die keineswegs günstigen Berichte in Valparaiso erfreut sind. Angenehm ist der Aufenthalt in der Cajüte dadurch, daß wir fast ohne Ausnahme nur gebildete Leute darin haben, andererseits wird er aber nur zu häufig durch ewige Streitereien und Häkeleien verbittert. Das Verhältniß zwischen diesen und dem Capitän ist dabei ein durchaus gespanntes, und obgleich die Provisionen jetzt bedeutend besser seyn sollen als sie von Rio nach Valparaiso gewesen, so bin ich doch überzeugt, daß auf einer längeren Fahrt der alte Groll und Unfriede jedenfalls wieder ausbrechen würde. Das gute Wetter hat jedoch auch viel mit dazu beigetragen den Frieden in etwas zu erhalten; die Leute können sich beschäftigen und fallen deßhalb nicht aus reiner Langeweile auf unnützen Zank und Streit. Besonders viel Schach wird gespielt, und interessant sind dabei die Gruppen der Herumstehenden, denen Einreden streng verboten ist, die aber dennoch gewöhnlich nicht an sich halten können und bei nächster Gelegenheit jedesmal in heftigsten Wortwechsel gerathen. Auch Whist, Lhombre und Mariage wird viel gespielt, aber nichts um Geld, sondern höchstens zu geringen Sätzen, um Citronen, Apfelsinen oder Cigarren.

Bis zum 1. September behielten wir, fast mit gleicher Stärke, den herrlichsten Wind, der uns näher und näher zum Aequator und dadurch auch in eine wärmere Temperatur brachte, denn bei dem herrschenden scharfen Südwind war es bis dahin, trotz den rasch abnehmenden Breitengraden, noch immer recht frisch gewesen. Unser Cours lag fast so viel gen Westen als gen Osten, des erwarteten Nordwestpassats wegen, den wir über der Linie treffen sollten (San Francisco liegt auf etwa 122° westlicher Länge von Greenwich – etwa 38° nördlicher Breite). Die Temperatur der Luft war 17°, die des Wassers 15°.

Am 2. September Windstille, und das fatale Hin-und Herschlingern des Schiffes, das von einer Seite auf die andere Rollen, das um so mehr ermüdet, da man die Zeit des Stillliegens als eine total verlorene betrachten muß, begann. Diese Bewegung ist, für mich wenigstens, auch die fatalste, denn man kann sich wenig oder gar nicht dagegen schützen, und fliegt gewöhnlich in Zwischenräumen von einer halben Minute, aus einer Ecke in die andere, wenn man nicht nämlich seine ganze Zeit darauf verwendet, sich fest zu halten.

Vergebens hofften wir dabei einen Hai zu fangen, die sich fast stets bei ruhigem Wetter zeigen, es wollte uns keiner der gefräßigen Burschen einen Besuch abstatten. Selbst mehre Delphine, die wirklich zum Schiff kamen, hielten sich nicht auf, sondern gingen wieder in die Tiefe.

Unter den Passagieren selber hatte es indessen so viel Streit und Zank gegeben, daß uns die Sache zuwider wurde, und da sich der meiste Lärm auf nur wenige Personen zurückführen ließ, fielen wir endlich auf ein Mittel, diesen ewigen Streitigkeiten, die sogar nicht selten in gemeines Schimpfen ausarteten, ein Ziel zu setzen.

Wir fertigten eine richtige, ehrliche, hausbackene Nachtwächterschnarre in breitestem Format an und belehnten einen der Passagiere, mit feierlicher Rede und späterem Umzug um das Quarterdeck (ein vernünftiger Mensch auf festem Land hat gar keine Idee davon, was für tolles Zeug selbst die ruhigsten und gesetztesten Leute oft an Bord eines Schiffes, und längere Zeit in See, angeben), mit diesem Werkzeug der Autorität und dessen »unverantwortlicher« Ausübung.

Sowie nämlich zwei in Streit geriethen, wurde es seine Pflicht zu wachen – Debatten über irgend einen Gegenstand durfte er dabei, sie mochten so hitzig werden wie sie wollten, nicht unterbrechen, artete aber der Wortwechsel nur im mindesten aus, wurde er nur im entferntesten persönlich, ja kam es gar zu einem Schimpfwort, so fuhr er plötzlich mit dem schmetternden Instrument dazwischen, das, mit dem Lachen der Uebrigen jedes weitere Wort schon übertäubte, jeden weiteren Zank aber rein unmöglich machte. Natürlich fielen dabei die komischsten Scenen vor und die Schnarre wurde ein wahrer Segen für den Frieden unserer Cajüte.

Am 5. erhob sich endlich eine frische treffliche Brise, mit der wir rasch wieder, und jetzt zwar vor dem Wind, unserem Ziele entgegenstrebten.

Am 9. September befanden wir uns schon unter 9° südlicher Breite, und dem 106° westlicher Länge von Greenwich (Temperatur der Luft 19°; des Wassers 18). Die Nähe der Linie kündete dabei besonders häufige Regenschauer an, die mich vor allen andern am meisten trafen, da ich schon seit dem 28. in einer Hängematte am Deck schlief, ich hielt aber ruhig aus. obgleich ich ein paarmal ordentlich naß wurde. So wie warme Nächte eintraten, schliefen mehrere der Passagiere an Deck, der Regen scheuchte sie aber jedesmal heim in die zwar trockenen, aber doch dunstigen schwülen unteren Räume, und wie Schatten der Nacht huschten, sie dann mit ihren weißen wollenen Decken unter dem Arm, rasch und vorsichtig den dunkeln Eingang hinab.

Am 15. Morgens früh passirten wir unter 110° 15' westl. Länge die Linie, und so kühl blies der Wind die Nacht in den Segeln herunter, daß ich in meiner Hängematte ordentlich fror.

Ein alter lieber Bekannter von mir, der Nordstern, kam jetzt ebenfalls wieder zum Vorschein, wenn uns auch der fast stets bewölkte Himmel nur höchst selten seinen freundlichen Anblick gestattete. Luft wie Wasser waren 21°.

Am 18. und 19. Regen – Regen was vom Himmel herunter wollte, und es wollte viel herunter. Der Aufenthalt in Cajüte wie Zwischendeck ist an solchen Tagen entsetzlich, die Luken können schon der Hitze und des Dunstes wegen nicht festgemacht werden, und der Regen sickert dadurch fortwährend, theils in seinen Tropfen, theils dann und wann in förmlichen Rinnen von den Segeln herunter, in die unteren Räume. Einzelne der Passagiere, die nicht unausgesetzt die Stickluft einathmen können oder mögen, gehen eine Zeitlang hinauf, und kommen dann ebenfalls wieder mit ihren durchnäßten Kleidungsstücken zurück, durch das Zusammendrängen der Passagiere werden auch fortwährend Getränke und Flüssigkeiten verschüttet, die meisten sind selbst zu faul zum Waschen an Deck zu gehen, und thun das ebenfalls unten, und jeden nur möglichen anderen Raum füllen dann Karten-und Schachspieler aus.

Eine wahre Pein waren bis jetzt die verschiedenen Instrumente: kein einziges, außer einer Guitarre und Flöte, wurde wirklich ordentlich am Bord gespielt, aber in jedem Winkel studirte an schönen Tagen hier einer die Cither oder Guitarre, dort quälte einer die Flöte, rechts davon zerriß ein anderer die Ohren der Zuhörer durch die Pickelflöte, und links kauerten zwei mit Waldhorn und Trompete – jeder sich den Teufel um den Nachbar scherend und unbekümmert seiner eigenen Melodie, seinem eigenen Takte folgend. Ein paarmal wurde die Sache so arg, daß sämmtliche Passagiere, den Heidenlärm zu übertäuben, nach allen möglichen Werkzeugen, Gefäßen und Instrumenten griffen, und die Fische im Meere müssen sich dann über den Skandal entsetzt haben. Mörser, Klingel, Schnarre, Sprachrohr, Blechtöpfe und Pfeifen spielten dabei die bedeutendste Rolle, und dazu heulten die Hunde und die, welche nichts hatten, den Lärm zu vergrößern, brauchten wenigstens nach besten Kräften ihre Stimmen. Aus den Cajüten selbst verbannten wir übrigens diese musikalischen Uebungen einzelner durch einen Beschluß der Versammlung – einstimmig gegen drei – daß nur auf freiem Verdeck ein Instrument gespielt oder geübt werden durfte – eine höchst wohlthätige Einrichtung.

Das Regenwasser des Quarterdecks wurde übrigens fortwährend sehr sorgfältig aufgefangen und theils, in Fässer gefüllt, um später zum Trinkwasser zu dienen, theils gleich zum Waschen von den Passagieren benutzt. Wunderlich feuchte, aber fleißige Gruppen sieht man da, meist nach einem starken Regen, an Deck, nach allen Richtungen hin zerstreut, und Wäsche wird an allem stehenden Takelwerk, oft freilich noch in dem traurigsten Zustand, manchmal aber auch, sehr zum Aerger der Matrosen, an dem laufenden aufgehängt und getrocknet.Stehendes und laufendes Takel-und Tauwerk bedarf vielleicht einer kurzen Erklärung. Stehendes ist alles das was so befestigt ist, daß es nicht verändert werden kann – wie Wanten, Pardunen und Stage – was sämmtlich zum Stützen und Halten der Maste dient; laufendes Tauwerk sind dagegen die Falle und Brassen etc., die zum Stellen der Raaen oder Einnehmen der Segel benutzt werden und durch nichts behindert werden dürfen.

Am Donnerstag den 20. bekamen wir wieder Windstille, und damit auch trockenes Wetter. So ruhig aber auch Luft und Meer seyn mochte, so wild und unruhig ging es an Bord bei uns zu. Der »Schnaps war alle geworden« wie der Capitän sagte, und Zwischendecks-wie Cajütenpassagieren wurde ihre bis dahin bestimmte und ebenfalls durch den Schiffscontract festgestellte Ration entzogen. Das Zwischendeck schien aber nicht gesonnen sich diese Neuerung, ohne eine andere Vergütung dafür zu bekommen, so ruhig gefallen lassen zu wollen; der Ruf »Schnaps,« »Schnaps« wurde erst hier und da vereinzelt, dann in vollem Chore laut – bald dabei in lautem, halb lachendem, halb zornigem Aufschrei, bald in volltönendem langgetragenem Akkord, bald nach der Melodie irgend eines, bekannten Liebes. Das Resultat blieb aber dasselbe, der Branntwein trotz dem aus, und wenn auch das Rufen und Singen mehrere Tage anhielt, so mußten sich die Leute doch endlich darüber beruhigen.

Der Leser auf dem festen Lande lacht vielleicht über einen solchen Spektakel, der eines Glases Branntwein wegen erhoben wird, aber er muß auch bedenken daß auf einem Schiff, das abgeschlossen von der ganzen übrigen Welt nur allein auf sich selber angewiesen ist, solche uns hier unbedeutend scheinende Dinge und Fälle allerdings von Bedeutung sind. Die Leute können sich für das, an das sich viele vielleicht gewöhnt haben, und das ihnen jetzt plötzlich entzogen wird, keinen Ersatz verschaffen, der Stoff zu Gesprächen ist überdieß lange erschöpft und was auf dem festen Lande in wenigen Stunden vergessen wäre, bildet hier in den engen Räumen die Unterhaltung für Wochen. Leicht erklärlich ist es deßhalb, daß sich die Passagiere selbst über einen so geringen Gegenstand, als ein entzogenes Glas Branntwein an und für sich seyn mag, nicht so schnell wieder zufrieden geben wollten.

Wir trieben uns jetzt eine Zeitlang mit Windstille und Regen, der traurigen Zugabe des Aequators, herum, ich wurde fast allnächtlich in meiner Hängematte naß, und das Schlimmste – der Wind drehte sich dabei, als er endlich wieder zu wehen anfing, nach der verkehrten Seite herum. Wir waren nämlich, wie mehrere mit der Südsee bekannte Capitäne dem unsrigen auch in Valparaiso besonders angerathen hatten, in Erwartung eines späteren Nordwestpassats, sehr stark westlich gegangen, ja befanden uns schon am 22. auf demselben Längengrad mit San Francisco, jetzt aber, anstatt einem Nordwest, kam ein richtiger Nordnordostwind, mit dem wir ganz ordentlich Nordwest anliegen mußten.

Am 26. hatte ich eine interessante Jagd auf Schweinefische, von denen ich einen harpunirte, die Harpune riß aber wieder aus, ehe wir ihn heraufbekommen konnten. Es ist überhaupt ungemein schwierig diese gewichtigen Fische an scharfer Harpune aus dem Wasser zu ziehen, und gelingt, besonders wenn nicht gleich nach dem Wurf der Fortgang des Schiffes durch Backlegen der Segel gehemmt wird, nur selten. Auf dem Talisman haben wir bis Rio fünf harpunirt, ohne einen einzigen zu bekommen, und dieses war auf der Reform ebenfalls der fünfte, mit nicht besserem Erfolg. Nichtsdestoweniger ist schon der Anstand auf diese Fische das Schönste und Belebenste, was man sich in dieser Art denken kann.

Draußen, in Wirklichkeit *vor* dem Schiff, nur durch ein paar dünne Taue oder Ketten und ein sie ausspreizendes Holz gehalten, von dem Schiff bald hoch emporgehoben, bald so tief gesenkt, daß die aufleckenden Wellen den Fuß berühren und darunter das rege schäumende Meer, der helle zischende Gischt, der von dem rasch die Fluth theilenden Bug des Fahrzeugs zurückgeworfen wird, das Herausschnellen der großen stattlichen Fische dabei und ihr blitzschnelles Vorüberschießen, belebt die Nerven auf eine schwer zu beschreibende Art, und ich habe manche lange Stunde da draußen in nicht zu ermüdender Lust gestanden.

Noch erregender ist aber die Jagd bei Nacht, wenn der blitzende Schaum der Wogen leuchtet und glüht, und die Fische wie Feuerstreifen durch die tiefe und dort dunkle Fluth ziehen. Wie ein Gluthstrahl zuckt die Harpune nieder in das Meer und wird sie emporgezogen, tropfen die hellen Funken davon herunter in den Schooß der Mutter zurück.

Aber die Jagd war es nicht allein was uns beschäftigte, und ein komischer Zwischenfall kommt mir hier wieder ins Gedächtniß, den ich erzählen will. Er mag dem Leser beweisen, was für tolles Zeug an Bord eines Schiffes oft angegeben wird, denn wo so viele junge Burschen zusammen sind und den ganzen lieben geschlagenen Tag Monate lang keine Beschäftigung haben, da weiß der Eine, was dem Anderen nicht einfällt, und gnade dann Gott dem, den sich die Masse zum Opfer ausersehen.

Unter den Passagieren befand sich ein junger Schweizer, seinen Namen habe ich vergessen, ein Bursche von etwa neunzehn bis zwanzig Jahren, der, allerdings etwas von der Natur in seinen Verstandeskräften vernachlässigt, schon mehrmals zum Besten gehabt war und es stets seiner Schlauheit zuschrieb, sich aus den verschiedenen Affairen so glücklich herausgezogen zu haben.

Diesen frug eines Morgens, wir befanden uns nicht mehr weit südlich vom Aequator, zufällig einer der Passagiere, ob er einen Pockenimpfungsschein bei sich führe, und als er darauf ein etwas erstauntes *nein* erwiederte, kam ein Anderer auf die Idee, auszurufen: »Ja, dann darfst Du ja gar nicht nach Californien hinein!« und auf einmal stürmte Alles auf den jetzt wirklich bestürzten armen Teufel los, dem nun von dem einen Theil der Passagiere klar gemacht wurde, daß ein neues amerikanisches Gesetz, wie ihnen der Consul in Valparaiso selber angekündigt habe, *keinem* Fremden, unter welcher Bedingung es auch sey, die Landung in San Francisco gestatte, wenn er nicht einen solchen Schein beibringe, während sich der Andere wunderte, daß er das noch nicht wisse.

Der Schiffsarzt weigerte sich dabei hartnäckig ihm einen solchen Schein auszustellen – und er bat endlich inständigst darum – wenn er sich nicht vorher auch wirklich impfen lasse, denn er durfte ebenfalls, wie er sagte, den geleisteten Eid nicht brechen. Dem Schweizer blieb also zuletzt nichts übrig, als sich in der That impfen zu lassen, und die »Exekution,« wie es allgemein an Bord genannt wurde, war wirklich komisch.

Mit einer alten Lancette und etwas süßem Oel, das als Lymphe gelten mußte, wurden ihm auf jedem Arm fünf solche Einschnitte gemacht, daß zwei Lancetten dabei abbrachen (der Doktor befaßte sich natürlich nicht damit, und die ganze Sache blieb im Zwischendeck) dann wurde er in zwei dicke wollene Decken eingepackt – es war eine Hitze daß man es unten kaum in der leichtesten Kleidung aushalten konnte – und in seine Coje gelegt. Dort mußte er in einer Temperatur die einen Ochsen gebraten hätte, zweimal vierundzwanzig Stunden liegen bleiben. Während der Zeit wurde er mehrmals untersucht, ob das Pockengift angeschlagen hätte und seine Coje nahm dafür sein Fleisch, seinen Kaffee und seinen Branntwein, denn damals gab es noch welchen, in Beschlag, da ihm diese Artikel von seinem Arzt – einem Apotheker, der sich ebenfalls mit unten befand – auf das strengste verboten waren.

Am dritten Tag durfte er erst in der Mittagstunde, bei einer Hitze von 32°, aber dicht in seine Decke gewickelt eine Stunde auf Deck und in der Sonne auf-und abgehen, und mußte dann wieder hinunter, und erst am siebenten Tag erklärte man ihn gesund – oder vielmehr er erklärte sich selber so, denn er fing an zu merken daß man ihn zum Besten gehabt.

Uebrigens brauchte er acht Tage bis er sich wieder vollkommen erholte, so bleich und elend war er durch das unausgesetzte und erbarmungslose Schwitzbad geworden.

Noch möchte ich hier ein Unternehmen erwähnen, das damals an Bord ungemeines Interesse erweckte, hätte nicht der Charakter der Leute selber schon von vorn herein jeden Erfolg als unmöglich herausgestellt. In Rio Janeiro nämlich schon verbreitete sich das Gerücht – das später in Valparaiso eine Art Bestätigung erhielt – daß der neue kalifornische Gouverneur gesonnen sey, so wie er kalifornischen Boden betrete, ein Gesetz ergehen zu lassen, nach welchem

Ausländern – oder vielmehr nicht amerikanischen Bürgern – das Bearbeiten der Minen für ihre eigene Rechnung verboten würde.

Unter den Passagieren der Reform befand sich aber ein alter Matrose, ein wunderlicher alter Bursche der viel im Leben gesehen hatte – und zwar viel mehr als er Lust zu haben schien wieder zu erzählen. Ungemein praktisch, wie ihn ein so langes Umhertreiben natürlich machen mußte, wußte er von allem ein wenig, von manchem sogar sehr viel, pfuschte in alle Handwerke hinein, verstand etwas von der Astronomie, war ein ausgezeichneter Segelmacher, schnitt sehr gut in Holz – und fast das halbe Schiff hatte Petschafte von ihm, die er ausgeschnitzt – und saß, wenn er einmal eine halbe Stunde rastete, was aber sehr selten vorkam, stets still und sinnend in einer Ecke und simulirte. Dieser hatte also – dem gefürchteten Gesetz zu begegnen – einen Gegenplan entworfen, nach welchem er ein Zinkboot mit einem Bohrer herrichten wollte, den Flußsand aus den Strömen aus dem Bett heraufzuholen und gleich im Boot auszuwaschen. Auf dem Wasser mit seinem Boot zugleich lebend, glaubte er dadurch auch der Gerichtsbarkeit der Vereinigten Staaten enthoben zu seyn, und trotz allen Gesetzen das edle Metall in Masse auswaschen zu können.

Dieß Unternehmen, das er gleich auf der Fahrt bis Rio de Janeiro gesucht hatte auf Aktien zu gründen, fand aber bei den Passagieren, öffentlich wenigstens, gar keinen Anklang, und schien schon bis zur Ankunft in Brasilien aufgegeben. Die Leute begriffen damals kaum vollkommen das rein Wahnsinnige eines solchen Plans und es war möglicher Weise mehr Instinkt, der sie von dem alten Burschen zurückhielt; das Ganze schlief aber so ein, daß gar nicht einmal mehr davon gesprochen wurde. Da stellte sich jedoch plötzlich heraus, daß das Unternehmen keineswegs aufgegeben sey, sondern im Gegentheil grüne und blühe. Es fanden in Rio de Janeiro Ankäufe statt an Zink, Tau- und Segelwerk, und die Passagiere der Reform fanden zu ihrem Erstaunen, daß der alte Bursche, ganz unter der Hand, vier Passagiere, drei aus dem Zwischendeck und einen aus der Cajüte, angeworben und von dem letzteren sogar eine hinreichende Summe, d.h. alles, was er bei sich hatte (etwa 120) Dollars), erhalten habe, seinen Plan ins Werk zu setzen.

Wie schlau der alte Matrose bei der ganzen Geschichte zu Werk gegangen war, bewies er schon durch die Wahl seiner Leute – zuerst hatte er sich die herausgesucht die baar Geld bei sich führten, und von diesen wieder solche, denen es, wie sie auch schon durch die Annahme der ganzen Geschichte bewiesen, an dem gehörigen Mutterwitz fehlte. Er selber war ihnen an Erfahrung wie an Geist weit überlegen, und mit den andern Plänen, die er noch daneben hatte, und die fast alle auf gleiche Chimären hinausliefen, brauchte man eben kein Prophet zu seyn, um das Ende des Unternehmens vorauszusehen.

An Bord hießen die vier Angeworbenen übrigens jetzt die Haimonskinder.

Eine andere höchst interessante Persönlichkeit hauste ebenfalls im Zwischendeck. Es war dieß ein gewöhnlicher Bauerknecht, der nicht mit der Hoffnung, nein mit der festen Ueberzeugung nach Californien ging, das Gold dort in Masse und wirklichen Klumpen zu finden und dann schnurstracks als steinreicher Mann zurückzukehren. Seine – Erwartungen kann man es dabei eigentlich gar nicht nennen, denn er erwartete gar nichts, er wollte sich das Gold nur abholen – hatte er dabei auch auf ein bestimmtes Gewicht festgesetzt und zwar 100 Pfund – nicht etwa Troy, sondern zweiunddreißig Loth das Pfund – und die Naivetät, mit der er über diese Sache sprach, ist ordentlich rührend.

Einer der Passagiere frug ihn einmal, was seine Zwecke in Kalifornien eigentlich seyen, und er antwortete ihm ganz ruhig und ernsthaft, »der Amtmann in seinem Dorfe habe ein hübsches Gut, was 30,000 Rthlr. kosten sollte, das wollte er gerne kaufen und sich das Gold dazu »hier in Kalifornien abholen.« »Aber lieber Freund,« erwiederte ihm der Frager, »dazu braucht Ihr ja denn auch nicht die vollen 30,000, wenn Ihr erst 15,000 baar niederzahlt, werdet Ihr's ebenso gut bekommen können.« Der Bauerbursche schüttelte aber mit dem Kopf und meinte dagegen, »mit Schulden wolle er nicht gerne anfangen.«

Donnerstag den 4. Oktober befanden wir uns 130° w. L. und 30° n. B. – in sechs Tagen können wir, wenn der seit drei Tagen eingesetzte Südwestwind stet bleibt, in Californien seyn.

Heute begleitet uns auch ein sogenannter Dogfisch (Hundefisch), von etwa vier bis fünf Fuß Länge, der fortwährend, theils hinter, theils neben dem Schiff, aber immer dreißig Schritt ungefähr davon entfernt, herläuft. Die Angel mag er dabei nicht annehmen und zur Harpune kommt er nicht nah genug. Er hat im Schwimmen Aehnlichkeit mit einem kleinen Hai, zu dessen Geschlecht er gehört, nur ist der Kopf kleiner und spitzer; er soll auch nach Menschen im Wasser beißen. Die Matrosen sagen, daß er oft zwei bis drei Tage in ganz gleicher Art neben dem Schiff bleibe.

An Bord werden jetzt schon bedeutende Vorbereitungen zum nahen Landen getroffen, Koffer gepackt, Wasserstiefeln geschmiert, Jagdtaschen, Gewehrriemen und Gürtel hergerichtet, Gewehre und Pistolen (was gegen das Gesetz nicht abgeliefert worden) gereinigt, und Kleider und Lederzeug ausgebessert. Die Haimonskinder nähen auch an ihrem Segelwerk, um dort gleich ernsthaft an ihren Bau gehen zu können, und das Verdeck bietet jetzt, besonders noch bei dem schönen Wetter, ein fortwährend reges, geschäftiges Bild.

Es sind gar wunderliche Gruppen die sich da oft bilden und herausstellen, und die Hoffnungen, die bis jetzt noch Jedes Phantasie umschweben, vergolden seine Träume und Gedanken. – Und wie sollten die bei Vielen, o so sehr vielen verwirklicht werden?

Jener schöne große Mann mit dem stattlichen Schnurrbart und blonden Haar, der so reizend die Flöte spielt und jetzt, in komischer Gravität den Capitän nachahmt wie er die Sonne nimmt, daß das ganze Zwischendeck ihn jubelnd umsteht und den Leuten vor Lachen die Thränen an den Backen herunterlaufen – sechs Monate später liegt er, eine Choleraleiche in seinem Zelt auf der blanken Erde.

Jener junge Bursche, der dort mit dem Bruder die Pläne beredet, wie sie nun ihren Zug am besten durchführen wollen, in kurzer Zeit mit dem *erworbenen* Geld die Heimath, die Eltern wiederzusehen, noch ist das Jahr nicht vorüber und mit zerschmettertem Schädel modert er – ein Selbstmörder, unter einer Eiche, im Herzen des so heißersehnten Landes.

Jener Matrose, der lachend die Wand hinaufklettert und oben schon seine buntjubelnden Pläne baut wie er, in San Francisco gelandet, entkommen und nach den goldenen Schätzen graben will – vier *fremde* Männer tragen ihn in der Weihnachtszeit ohne Sang, ohne Gebet in sein kaltes Grab.

Aber fort, fort mit den Gedanken – wahnsinnig könnte man werden, wenn man dergleichen ausdenken wollte – der größte Segen den Gott dem Menschen erwiesen, ist der, daß er seinen Blick in die Zukunft mit Nacht umhüllt. Die Hälfte von uns würde Selbstmörder oder schleppte ein elendes Daseyn elend durchs Leben, wäre es anders.

An Bord herrschte auch in dieser Zeit nichts weniger als trübe Gedanken, es wurde gelacht und gesungen bis spät in die Nacht hinein – der Steuermann mußte fast jeden Abend um acht Uhr Ruhe gebieten, daß die zu Coje gehende Wacht schlafen konnte. Das junge Volk lebte wild in den Tag hinein, Californien war nahe, das Leid des Schiffslebens bald überstanden und mit frohen frischen Kräften konnten sie ein neues Leben beginnen. Was dahinten lag kümmerte sie nicht – und wenn es die eigene Leiche gewesen wäre. –

Der Capitän, um sich in etwas an den Passagieren, für manchen Aerger den ihm diese bereitet, zu rächen, verheimlichte unter anderem auf das sorgfältigste die Längen-und Breitengrade, auf denen wir uns jeden Tag befanden. Frug ihn einmal Einer zum Spaß danach, bekam er jedesmal eine falsche Antwort – er wußte aber gar nicht, daß der Steuermann jeden Mittag, wenn er zum Essen gerufen wurde, seine Tafel in der eigenen Coje ließ, auf der die genaue Berechnung jeder mittäglichen Observation stand, und diese Zeit wurde dann auch von den Passagieren regelmäßig benützt, den Ort, wo sie sich befanden, auf Minute, und Sekunde zu erfahren.

Sonnabend, der 6. Oktober, brachte uns wieder Windstille – ich sollte aber eigentlich gar nicht Sonnabend, sondern *Stockfisch* sagen, denn das ist wenigstens der Schiffsname, den wir diesem Wochentag gegeben haben. Die übrigen Tage mußten sich nämlich dasselbe gefallen lassen, und wir theilten demnach die Woche in »Pudding« (als Sonntag), »Erbsensuppe« (Montag), »Pöckelfleisch« (Dienstag), »Weinsuppe« (Mittwoch), »Hutzeln« (Donnerstag), »Pöckel«

(Freitag) und wie gesagt »Stockfisch« Sonnabend – es sollte das übrigens keine Schmeichelei für die Namen seyn.

Dienstag den 9. Es ist Morgens um 4 Uhr, und ich warte nur das dämmernde Tageslicht ab, um in den Mast hinaufzusteigen, und nach Land umzuschauen. Gestern hatten wir den ganzen Tag ziemlich dichten Nebel, der unseren Gesichtskreis auf einen sehr engen Horizont beschränkte, wir mußten deßhalb sogar Abends, statt dem letzten Cours NNO. NNW., ja sogar WNW. steuern; ebenfalls bekam das Meer jene grüne Färbung, die stets die Nähe des Landes anzeigt. Trotzdem läugnete der Capitän daß wir uns wirklich nahe dem Lande befänden, und behauptete wenigstens noch acht Tage davon entfernt zu seyn. Der gute Mann hatte keine Ahnung, daß wir die Entfernung vom Lande so genau wußten als er selber.

Der Landgeruch war gestern morgen ungemein stark und deutlich, und wehte wie frischer Heuduft zu uns herüber, aber noch immer haben wir auf der ganzen Reise, heute schon 46 Tage, nicht ein einziges Segel gesehen, und es ist fast, als ob wir ganz mutterseelen allein auf dem weiten stillen Ocean herumtrieben.

Damit sollte es aber auch noch nicht einmal abgemacht seyn. Am nächsten Morgen kamen wir allerdings in Sicht des Landes, da jedoch weder Capitän noch Steuermann die Küste kannten, die Umrisse des Landes bei dem trüben Wetter nicht zu erkennen waren und Lootsen noch nicht existirten, ein tüchtiger Südwester uns aber gerade auf die Klippen hinauszujagen drohte, so blieb kein anderer Rath als eben wieder umzudrehen und dahin zurückzukehren, von wo wir gekommen waren. Drei Tage wiederholte sich dasselbe Manöver, wir bekamen, wie's der Seemann nennt, recht tüchtig »Einen auf die Nase« und das Land wurde uns immer nur gezeigt um davor zu fliehen.

Als wir am dritten Tag die Küste wieder anliefen und diesmal zwar mit ruhigerem Wetter, waren wir immer noch um nichts gebessert, denn wir konnten den Eingang nicht finden und kreuzten den ganzen Nachmittag vergebens auf und ab.

Unterhaltung hatten wir aber dabei genug, denn eine wahre Unzahl von Wallsischen, die kleine *humbug*, nach Anderen *humpback* genannte Art, spielte überall um uns her, blies die hellen Strahlen hoch in die Luft und tauchte manchmal mit dem breiten schwarzen Rücken fast dicht neben dem Schiff empor. Der *humbug* soll übrigens nicht allein sehr schlecht zu tödten seyn, da er auf der Oberfläche des Wassers blitzesschnell entflieht, und wenn er getödtet ist, auch noch sinkt, so daß die Boote in beiden Fällen genöthigt sind, ihre Eisen zu kappen, und nur in seichtem Wasser, wie hier, ganz nah an der Küste, könnte die Jagd mit einigem Erfolg betrieben werden, wäre die Küste eben wieder nicht so gefährlich. Deßhalb nennen ihn die Fischer aber gerade *humbug* weil sie ihn trotzdem für die bessere Art halten, anzulaufen suchen, und ihre Zeit, den Irrthum erst später einsehend, damit versäumen.

Endlich am vierten Tag, an einem wunderherrlichen Morgen, kamen wir in Sicht mehrerer Segel und sahen sogar eine chilenische kleine Brigg aus dem ersehnten Hafen heraushalten. Der Wink wurde auch nicht versäumt, selbst alle übrigen Fahrzeuge, die in Sicht waren und augenscheinlich ebenfalls auf einen derartigen Fall gepaßt hatten, änderten ihren Cours und es war wirklich ein herrlicher Anblick, wie der dünne Nebel, der bis dahin auf der Oberfläche des Meeres gelegen, plötzlich sank, und eine förmliche Flotte von Segeln enthüllte, die erst mit ihren Bugen bald da-bald dorthin hielten und jetzt, kaum den Punkt erkennend dem alle zustrebten, rasch ihre Segel umbraßten und nun, von einer frischen Brise begünstigt dem Ziel ihrer langen beschwerlichen und auch wohl gefährlichen Reise zueilten. Nachmittags um zwei Uhr etwa steuerten wir gerade dem sogenannten »goldenen Thor Californiens« entgegen, und vor uns öffnete sich die schöne herrliche Bai San Francisco's.

www.ingramcontent.com/pod-product-compliance
Lightning Source LLC
LaVergne TN
LVHW050626200726
843506LV00010B/1127